内蒙古师范大学第九批教学研究课题"教学设计类课程"专项建设项目资助

中学心理健康教育教学设计

主　编　阿　娜
副主编　解翠玲　格根图雅
编　委　王双喜　韩智雅　郑彩花

陕西师范大学出版总社　西安

图书代号　JC22N0991

图书在版编目(CIP)数据

中学心理健康教育教学设计／阿娜主编. —西安：陕西师范大学出版总社有限公司, 2023.1(2024.7 重印)
ISBN 978-7-5695-3078-0

Ⅰ.①中… Ⅱ.①阿… Ⅲ.①中学生—心理健康—健康教育—研究　Ⅳ.①G444

中国版本图书馆 CIP 数据核字(2022)第 116120 号

中学心理健康教育教学设计
ZHONGXUE XINLI JIANKANG JIAOYU JIAOXUE SHEJI

阿　娜　主编

责任编辑	古　洁
责任校对	孙瑜鑫
封面设计	张欣茹　雷　青
出版发行	陕西师范大学出版总社 (西安市长安南路 199 号　邮编 710062)
网　　址	http://www.snupg.com
经　　销	新华书店
印　　刷	西安报业传媒集团
开　　本	720 mm×1020 mm　1/16
印　　张	18.25
字　　数	286 千
版　　次	2023 年 1 月第 1 版
印　　次	2024 年 7 月第 2 次印刷
书　　号	ISBN 978-7-5695-3078-0
定　　价	56.00 元

读者购书、书店添货或发现印装质量问题，请与本社高等教育出版中心联系。
电话:(029)85303622(传真)　85307864

高等师范院校学科教学设计系列教材编委会

主　　任　阿拉坦仓
副 主 任　张海峰
顾　　问　徐宝芳
编　　委　（以姓氏笔画为序）
　　　　　王素坤　　王海燕　　王喜贵　　史风春
　　　　　包桂英　　边　琦　　毕力格图　朝　鲁
　　　　　齐玉梅　　那日苏　　李玉珍　　李春兰
　　　　　李凤新　　杨　楠　　杨俊海　　张　钧
　　　　　阿　娜　　阿拉木斯　陈　梅　　孟根巴根
　　　　　顾媛媛　　徐喜平　　徐慧颖　　高　慧
　　　　　翟晓云

高等师范院校学科教学设计系列教材

丛 书 主 编　韩　巍
丛书副主编　苏贵斌　乌兰格日乐　银福成

总　序

教材是学校教育教学的基本依据,是落实立德树人根本任务的关键要素和重要载体。教材工作是高等教育体系的战略性、基础性、先导性工作,构建高质量的高等教育体系离不开高质量的教材建设。

党的十八大以来,以习近平同志为核心的党中央高度重视和关心教材建设。教材是学校教育教学的基本依据,是解决"培养什么人、怎样培养人、为谁培养人"的根本问题的重要载体,是贯彻党的教育方针、实现教育目标不可替代的重要抓手。习近平总书记关于教材工作的重要指示,为我们以培养德智体美劳全面发展的社会主义建设者和接班人为目标,用心打造更多培根铸魂、启智增慧的精品教材指明了前进方向,提供了根本遵循。

近年来,内蒙古师范大学深入贯彻落实习近平总书记重要指示精神,弘扬学校多年形成的重视教材建设的优良传统,有组织、系统化地开展精品教材建设,有力地推进了相关学科专业教育教学改革,提高了人才培养质量,产生了广泛的影响。这套"学科教学设计系列教材"就是其中的优秀成果之一。

首先,该系列教材来源于教师教育一线教学改革实践,又紧紧服务于一线教学改革实践。随着内蒙古师范大学教师教育改革工作的不断推进,涌现出一批教师教育课程骨干教师,产生了丰硕且具有影响力的教师教育教学研究成果。本系列教材就基于我校教师教育改革实践,由各学科教师教育课程骨干教师组成编写团队,充分发挥其学术基础、专业素养、教学能力、实践经验等多重优势编写而成。教材编写基于教师教育主干课程——"教学设计"类课程,紧扣教学一线需求,结合"教学设计类课程改革与教材建设项目"课题研究,充分体现了教师教育课程与教师教育教材一体化建设的新理念,具有较强的育人功能与较高的时代价值。

其次,该系列教材的编写是基于对《义务教育课程方案与课程标准(2022年版)》《普通高中课程方案与课程标准(2017年版2020年修订)》的深刻理解。新的课程标准以核心素养为导向,体现正确价值观、必备品格和关键能力的培养要求,在此基础上,优化了课程结构,明确了学业质量标准。该系列教材的编制,正是围绕着核心素养,从立德树人根本任务出发,聚焦于课程内容的改革,探索综合学习目标下的大单元教学,任务群建构具有前瞻性。特别是与"双减"政策的落实相呼应,注重在教学组织、课程评价、作业设计等方面的整体设计与实施,致力于核心素养的落地,突出课堂及学校教育的主阵地作用。

再次,该系列教材充分体现了成果导向教育(OBE)理念。师范类专业认证对高等师范教育提出了要以学生为中心,落实践行师德、学会教学、学会育人、学会发展的导向和要求。基于这样的产出导向,该系列教材在编写过程中致力于课程内容的革新,重视课堂教学在培养过程中的基础作用,紧密围绕着课程目标的达成制定教学内容、教学方法、考核内容与方式。尤其在促进学生主动深度学习和优化综合实践活动的实施等方面进行了积极的探索。

最后,该系列教材以多样化数字资源服务信息化教学改革、课程思政建设。依托着"以本为本"课程建设的持续推进,该系列教材积极为线下、线上、线上线下混合、虚拟仿真等各类课程教学形态开拓实施空间,着力服务学生泛在学习,提高学生的学习效果。同时,编写团队把从教理想信念教育、师德教育等元素有机融入教材内容和教学案例中,引导学生在教师教育课程学习中树立争做未来"四有"好老师,争做立德树人的"大先生"的坚定理想信念,在润物无声中铸魂育人。

教书育人,教材先行。在教育部等八部门联合印发《新时代基础教育强师计划》之际,这套"学科教学设计系列教材"的出版,恰逢其时。衷心期待它能在推进国家教师教育课程改革进程中留下浓墨重彩的一笔,能在培养更多高素质、专业化、创新型优秀中小学教师,服务教育强国建设的新征程上彰显"内师智慧",做出"内师贡献"!

2022 年 5 月 24 日

(李树林,内蒙古师范大学校长)

Contents 目录

第一章 中学心理健康教育教学设计概要 ... 1
- 第一节 心理健康教育发展历程 ... 1
- 第二节 教学设计概述 ... 11
- 第三节 心理健康教育课程体系的构建及教学设计的发展 ... 18

第二章 心理健康教育教学设计的理论基础 ... 27
- 第一节 脑神经基础 ... 28
- 第二节 心理学基础 ... 33
- 第三节 团体动力学理论基础 ... 41
- 第四节 积极心理学理论基础 ... 47

第三章 心理健康教育程序的教学设计 ... 56
- 第一节 心理健康教育活动设计基本流程 ... 57
- 第二节 心理健康教育活动课教学阶段设计 ... 61
- 第三节 心理健康教育活动形式 ... 64
- 第四节 心理健康教育活动内容设计 ... 74

第四章 心理健康教育教学目标的教学设计 ... 85
- 第一节 心理健康教育教学目标的概念与作用 ... 85
- 第二节 不同视角下学校心理健康教育教学目标体系 ... 93
- 第三节 心理健康教育教学目标的分类 ... 100
- 第四节 心理健康教育教学目标的编写 ... 106

第五章　心理健康教育学习者分析与教学设计 …… 113
第一节　中学生心理发展特征分析 …… 113
第二节　中学生学习风格分析 …… 120
第三节　学习者实际能力分析 …… 127

第六章　心理健康教育教学策略与教学设计 …… 141
第一节　心理健康教育教学策略与分类 …… 141
第二节　心理健康教育教学策略实施步骤 …… 150
第三节　心理健康教育教学策略形式 …… 154
第四节　教学策略的教学设计案例 …… 162

第七章　心理健康教育教学评价的教学设计 …… 171
第一节　教学评价概述 …… 172
第二节　如何评价一节优秀的心理健康课 …… 182
第三节　教学设计案例评析练习 …… 197

第八章　初中阶段心理健康教育内容与设计案例 …… 204
第一节　学习篇 …… 205
第二节　自我意识篇 …… 219
第三节　交往篇 …… 226

第九章　高中阶段心理健康教育内容与设计案例 …… 244
第一节　情绪篇 …… 245
第二节　性心理篇 …… 254
第三节　择业篇 …… 264

参考文献 …… 277
后记 …… 281

第一章 中学心理健康教育教学设计概要

▶ 内容提要

本章主要概述心理健康教育的概念、发展历程,以及心理健康教育教学设计的基本界定、特点、构建方式与发展历程。

▶ 学习目标

1. 知识与技能:掌握心理健康的标准,掌握心理健康教育的基本界定与发展历程,了解心理健康教育课程的内涵及类型。
2. 过程与方法:明晰教学设计的基本内容和过程,可以进行简单的教学设计。
3. 情感态度与价值观:领会、感悟心理健康教育的重大意义,反思心理健康的标准。

第一节 心理健康教育发展历程

中学心理健康教育,是提高中学生心理素质、促进其身心健康和谐发展的教育,是进一步加强和改进中学德育工作、全面推进素质教育的重要组成部分。中学生正处在身心发展的重要时期,随着生理、心理的发育和发展,社会阅历的扩展及思维方式的变化,特别是面对社会竞争的压力,他们在学习、生活、自我意识、情绪调节、人际交往和升学就业等方面会遇到各种各样的心理困扰或问题。因此,在中学开展心理健康教育,是学生身心健康成长的需要,是全面推进素质教育的必然要求。

一、心理健康标准

长期以来,人们对"健康"的理解,主要囿于机体的生理方面,认为健康就是没有躯体疾病。教师、家长,还有学生本人,对健康的关心大多集中于身体发育方面的一些生理指标或生理疾患上,如身高、体重是否符合标准,眼睛是否近视,身体是否患病等。学生心理健康方面的问题往往被大家所忽略。近年来,有关中学生心理障碍问题日益引起社会及教育部门的重视,心理方面的健康问题也就逐渐被人们所关注。1989 年,联合国世界卫生组织对健康做了新的定义,即健康不仅是没有疾病,而且包括躯体健康、心理健康、社会适应良好和道德健康。也就是说,健康的人要有强壮的体魄和乐观向上的精神状态,并具有良好的心理素质,能与其所在的社会及自然环境保持协调的关系。可见,健康的目标是追求一种更积极的状态、更高层次的适应和发展,是一种身心健康、社会幸福的完满状态。

心理健康的标准有很多不同的说法。综合各方面的基本要点,联系 2016 年 22 部委联合发布的《关于加强心理健康服务的指导意见》,结合学校心理健康工作的实践要求,心理健康的标准可以从以下几个方面来把握:

1. 智力发展正常

智力正常是一个人学习、生活、工作最基本的心理条件,是人适应周围环境,谋求自我发展的心理保证,因此是心理健康的首要标准。国内外各种医疗机构及其行业标准,均将智力发育不全或阻滞视为一种心理障碍和异常行为。

2. 情绪稳定乐观

情绪稳定乐观是心理健康的主要标志。心理健康的人积极情绪多于消极情绪,乐观情绪占主导地位。这是因为只有一个人经常保持愉快乐观的情绪,才能从生活中寻找乐趣,对生活充满希望。当然,一个人在生活、学习及工作中难免会遭遇挫折从而产生消极情绪,心理健康与不健康的主要区别不在于是否产生消极情绪,而是这种消极情绪持续的时间长短,以及它在人的整个情绪生活中所占比重是否恰当。心理不健康者陷入消极情绪不能自拔,而心理健康者则能主动调控自己的不良情绪以适应外界环境,这就是情绪稳定性的表现。情绪稳定还表现在情绪的表现强度和持续时间上:心理健康者情绪反应与客观刺激相适应,表现适度,适可而止。

3. 意志品质健全

意志是人的高级心理过程,是人的意识能动性的集中体现,是个性的重要精神支柱。一个人的意志是否健全主要表现在意志品质上。心理健康者的意志品质具有如下特点:

(1)行动目标明确,独立性强。能按照个人主观意志规划目标,并主动支配自己的行动以达到目的。

(2)善于明辨是非,适时而又当机立断地采取决定并坚决执行,不会犹豫不决或者莽撞草率。

(3)坚持性强,在执行决定过程中不屈不挠,能够坚毅地克服困难、排除干扰、坚持不懈。

(4)自制力强,能够在完成任务的过程中保证不受内外界的侵扰,矢志不渝,也可以为了目标的实现忍受各种磨难痛苦,毫不动摇。

4. 行为协调有度

人与动物的根本区别在于,人的行为有自觉的目的,受意识的支配。在正常情况下,对一个有自我意识的人来说,他总是知道自己在做什么,也知道为什么做,并能预见行为的过程和结果,使自己的行为服从于一定的目的和要求。人的心理活动的各个方面都会在人的行为中得到反映,所以,人的行为像是心理的镜子,通过它可以反映出人的心理是否正常。心理健康者的行为应具有:

(1)行为方式必须与年龄特征相一致。

(2)行为方式必须与行为者的社会角色相一致。

(3)行为反应强度必须与刺激强度相一致。

(4)行为的一贯和统一。

5. 人际关系和谐

人际关系是人与人之间由于交往而产生的一种心理关系。人际关系和谐既是心理健康的重要标准,也是维持心理健康的重要条件之一。人际关系和谐的具体表现是:

(1)乐于与人交往,既有广泛而稳定的人际关系,又有知己的朋友。

(2)在交往中能保持独立而完整的人格,知人知己,不卑不亢。

(3)能客观地评价别人,取人之长,补己之短,严于律己,宽以待人。

(4)在交往中能用尊重、信任、友爱、宽容和理解的态度与人友好相处,能接受和给予爱与友谊。

(5)与集体能保持协调的关系,能与他人同心协力、合作共事并乐于助人。

6. 人格独立完整

人格是指一个人的整个精神面貌,即具有一定倾向性的心理特征的总和。人格的各种特征不是孤立存在的,而是有机结合的,是具有一定关联的整体。人格能够对人的行为进行调节和控制。如果各种成分之间的关系协调,人的行为就是正常的;如果失调,就会造成人格分裂,产生不正常的行为。人格健全完整的主要标志有:

(1)人格的各个要素都不存在明显缺陷与偏差。

(2)具有正确的自我意识,了解自己、接受自己、客观评价自己,既不妄自尊大,也不妄自菲薄,生活目标与理想切合实际,不产生自我同一性的混乱。

(3)以积极进取的、符合社会进步方向的人生观、价值观作为人格的核心,具有高度的社会责任感,希望通过对自己身心潜能和创造力的开发来体现自身的价值并奉献于社会。

二、心理健康教育

心理健康教育是学生全面发展的重要组成部分,也是推进社会心理服务体系建设中不可缺少的重要环节。2016年，国家卫生计生委、中宣部等22个部门联合发布的《关于加强心理健康服务的指导意见》中明确指出，要"全面开展心理健康促进与教育"，各地要"广泛运用门户网站、微信、微博、手机客户端等平台，传播心理健康知识，倡导健康生活方式，提升全民心理健康素养，培育良好社会心态"。"中小学校要重视学生的心理健康教育，培养积极乐观、健康向上的心理品质，促进学生身心可持续发展。"心理健康教育的重要性已经上升到国家政策层面。

（一）心理健康教育的基本内涵

对于心理健康教育的界定，官方的正式概念见于1999年8月13日教育部颁发的《关于加强中小学心理健康教育的若干意见》中。文件中正式使用了"心理健康教育"的概念，对各级各类学校使用相关术语进行了规范。2001年3月15日，第九届全国人民代表大会第四次会议批准通过的《中华人民共和国国民经济和社会发展第十个五年计划纲要》中也明确要求："大力倡导社会公德、家庭美德和职业道德，特别是加强青少年的思想政治、道德品质、心理健康和法制教育。"这是我国第一次把青少年的心理健康教育列入国民经济和社会发展的五年计划。从那以后，国家颁布了多个指导学校心理健康教育工作的文件。心理健康教育已经在各级各类学校广泛开展，教育理念也逐渐深入人心。

1. 心理健康教育是一种现代教育理念

在大量的理论研究和实践积累的基础上，人们渐渐意识到心理健康教育不只是一种教育的内容、方法或者技术，也是一种科学的教育理念，是一种渗透在所有教育活动中的教育信念和态度。心理健康教育是素质教育或全面发展教育的重要组成部分。作为一种教育理念，心理健康教育存在于学校教育工作的各个方面，贯穿于学校教育工作的全部过程。心理健康教育不只是学校教育中的一项具体工作，也是指导所有教育者教育行为、教育实践的教育思想。

心理健康教育不仅仅是针对个别学生的心理咨询和治疗，而且是一种融合于学校教育目标的教育模式,以发展性为主,矫治性为辅,是一项面向全体学生,动员全体教师,利用一切教育资源,面对学生心理品质提升的工作。心理健康教育的主要任务是提高学生的心理素质水平,促进学生的心理健康。

2. 心理健康教育是一项具体的教育活动

心理健康教育既是一种教育理念,又是由一系列具体的教育活动构成的教育工作。作为学校的一项重要教育教学活动,心理健康教育有着自己独特的教学内容、教学组织、教学设计和教学方法。2012年,教育部印发的《中小学心理健康教育指导纲要(2012年修订)》(以下简称《纲要》)中明确指出,心理健康教育的主要内容包括普及心理健康知识,树立心理健康意识,了解心理调节方法,认识心理异常现象,掌握心理保健常识和技能。其重点是认识自我、学会学习、人际交往、情绪调适、升学择业,以及生活和社会适应等方面的内容。《纲要》还对学校心理健康教育的途径和方法进行了明确的规定,指出要在学校开设专门的心理健康教育课。"心理健康教育课应以活动为主,可以采取多种形式,包括团体辅导、心理训练、问题辨析、情境设计、角色扮演、游戏辅导、心理情景剧、专题讲座等。"除此之外,心理健康教育还需要由专业心理咨询师为学生提供科学、专业的心理辅导。"心理辅导是一项科学性、专业性很强的工作,心理健康教育教师应遵循心理发展和教育规律,向学生提供发展性心理辅导和帮助。"学校还要配备相关的人员,每所学校至少配备一名专职或兼职心理健康教育教师,并逐步增大专职人员配比,其编制从学校总编制中统筹解决。

总之,心理健康教育是学校中的一项专门化、具体化的教育工作,与学校的其他学科教学一样完成独特的教育过程,承担独特的教育功能。

(二)心理健康教育与邻近概念的关系

在心理学领域中,与心理健康教育邻近的概念主要是心理辅导、心理咨询及心理治疗。

1. 心理辅导

心理辅导是指在一种建设性的人际关系中,心理辅导人员运用其专业知识与技能,给学生以满足其需求的协助与服务,帮助学生正确了解自己、认识环境,能够根据自身条件确立有助于个人发展和社会进步的生活目标,能克服成长中的障碍,在学习、工作及人际关系等方面,调整自己的行为,增强社会适应,做出明智的抉择,充分发挥自己的潜能。

2. 心理咨询

心理咨询是咨询者运用心理学的理论和技术,借助于语言、文字或其他信息传递方式,给来访者以帮助、启发和教育,以维护和增进其身心健康,促进其人格完善和潜能发挥的过程。

3. 心理治疗

心理治疗是指在良好治疗关系的基础上,由经过专业训练的治疗者运用心理学的有关理论和技术,对当事人进行帮助,以消除或缓解当事人较为严重的心理问题和障碍,促进其人格健康协调地发展,恢复其心理健康的过程。

从上述概念的描述和界定中可以看出,这三者与心理健康教育在某些方面是相似的,例如工作范围、工作目的等。但是,心理健康教育与心理辅导、心理咨询、心理治疗还有着很多差异,综合国内外学者的意见,四者之间的关系可以用图1-1表示。

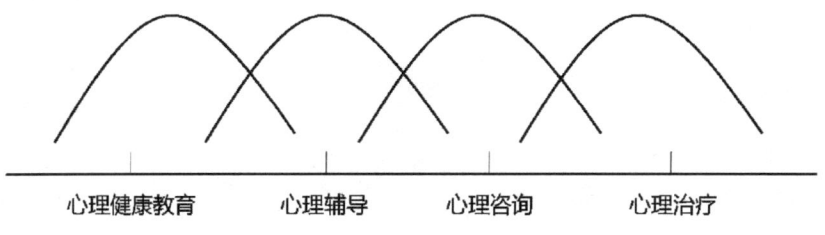

图1-1 四种心理服务的关系

从图中可以看出,心理健康教育、心理辅导、心理咨询与心理治疗各自以一个连续体的不同区段作为各自的工作重心。

就工作对象和工作者而言,心理健康教育和心理辅导多以正常学生为主,工作者是学校的教师或辅导员;心理咨询工作中,工作对象被称为来访者或求助者,主要是在适应和发展方面有某些心理困扰或轻、中度心理障碍(或轻、中度心理问题)的正常人,工作者是咨询员或咨询师等;在心理治疗中,工作对象被称为患者或病人,主要指患有较严重心理障碍(或称心理疾病、重度心理问题)的人,工作者主要是临床心理学家和精神病医生,他们要接受医学专业训练或专业心理学训练才能胜任。

除此以外,四者在工作方式、工作时间、工作过程、工作方法等方面也有不同。在工作方式上,心理辅导、心理咨询和心理治疗一般多以个别工作为主,而心理健康教育则综合运用个别和团体的方式进行工作。在工作时间上,心理健康教育和心理辅导都可以是终身的,伴随整个教育过程,甚至是人的整个生命历程,而心理咨询和心理治疗的时间可短可长,一般不会维持终身。在工作过程上,心理辅导和心理健康教育都是辅导人员积极主动工作,超前介入工作对象的心理发展,而心理咨询和心理治疗相对被动,需要求助者主动求助,在时间上具有滞后性的特点。在工作方法上,心理辅导和心理健康教育有更多的组织、计划和具体方法等结构化成分,而心理咨询和心理治疗则更加灵活,富有变化和针对性,需要工作者因地制宜地进行调整。

上述四种心理服务活动既有区别,又有联系,在内容、服务对象等方面存在重叠和交叉。单就服务范围来说,四者存在的包含关系可以用图1-2表示。

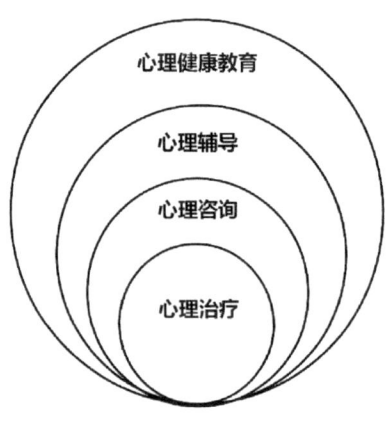

图1-2 四种心理服务的服务范围

三、心理健康教育的发展现状

作为一门学科和一项服务的心理健康教育,其产生和发展主要得益于19世纪末和20世纪初,心理卫生、心理测量和职业辅导三个领域的发展及推动。现代意义上的心理健康教育起源于美国。中国的心理健康教育正式开展于20世纪80年代,虽然我国这方面的工作起步较晚,但是发展很快,工作卓有成效,发展趋势良好。

(一)西方心理健康教育的发展历程

1. 西方心理健康教育的兴起

西方心理健康教育的发展历程可以分为三个阶段:第一个阶段,从19世纪末至20世纪40年代,这是国外心理健康教育发展的初期,主要是运用心理测量手段进行心理诊断;第二个阶段,从20世纪50年代至60年代末,这是心理健康教育初步获得发展的时期,主要是在学校进行心理咨询和心理辅导;第三阶段,从20世纪70年代至今,这一阶段是心理健康教育的繁荣时期,各种综合性心理健康教育活动均衡发展。在西方心理健康教育发展的历史进程中,一般认为是三种运动起到了有力的推动作用,即心理卫生运动、心理测量运动和职业辅导运动。

当代心理卫生运动发端于如何正确认识和对待精神病及患者。这方面的倡导者和先驱当属法国人皮内尔。1793年,皮内尔在担任巴黎比萨托尔精神病院院长时,改变了传统的对病人简单粗暴、整齐划一的看管方式,代之以人道主义的待遇和治疗,这是人类历史上精神医疗观念的真正教学改革,具有划时代的意义。

心理卫生运动引起了全社会对人的心理健康的重视,促进了对儿童行为问题的关注,也推动了心理咨询和心理辅导等活动走进学校,成为学校教育的重要组成部分。

如果说心理卫生运动将心理健康纳入了人们的视野中,那么心理测量则为心理健康提供了科学的研究方法。法国心理学家比奈在1904年用鉴别测定法对弱智儿童进行了研究。1905年,他与西蒙合作,发表了由30个问题构成的量表——比奈-西蒙量表,并提出了智力测验的标准。比奈首创性地使用心理测量的方法解决了儿童智力诊断的问题,成为现代心理测量的先驱者。

此后,心理测量作为一门技术得到公认,并在第一次世界大战中被应用于军队,且很快影响到教育领域。心理测量使心理健康教育有了更科学的手段和工具,有了更可靠的依据和保证。

职业辅导是心理健康教育服务于社会大众的第一个切入点。1894年,美国旧金山加州工艺学校在梅瑞里的领导下,开展了最早的职业辅导工作,包括个人分析、个别咨询、就业辅导及追踪研究等内容,为心理健康教育服务大众做了有益的尝试。

2. 西方心理健康教育发展的表现

在心理学走入学校教育之后,心理健康教育在欧美获得了快速的发展。主要表现在以下几个方面:

(1)心理健康教育的人才培养快速推进。

(2)心理健康教育的内容日趋完善。

(3)心理健康教育的途径、方法丰富多样。

(4)心理健康教育研究进展迅速。

(5)心理健康教育的监督管理日趋严格。

(二)我国心理健康教育的发展历程

心理健康教育在我国正式开展只有近30年的时间,虽然发展快、成效大、势头好,但是面临着底子薄、水平低、问题多等挑战。

与西方心理健康教育发展类似,我国心理健康教育的兴起也是源于心理卫生运动、心理测量运动和职业辅导运动。在中华人民共和国成立之前,各高等院校和地方政府先后开展了相关的心理辅导、心理测量,以及职业辅导工作,但是由于时局动荡,大多成就有限。心理健康教育真正的发展是在我国改革开放以后。

改革开放之后,我国越来越重视心理健康教育工作。从1994年开始,陆续颁布了多个心理健康教育工作的指导性文件。

在党和政府的正确领导下,全国各地部署并开展了广泛深入的心理健康教育工作。在心理健康教育的组织协调、政策制定、科研培训、检查评估等方面做了大量工作。近年来,中国心理学会、中国心理卫生协会、中国社会心理学会、中国教育学会等一些国家级群众学术团体以及各省市有关群众学术团体也开展了大量的培训工作,为心理健康教育师资队伍建设做出了较大贡献。

第二节 教学设计概述

一、教学设计的概念

(一)教学设计的定义

教学设计是依据对学习需求的分析,提出解决问题的最佳方案,使教学效果达到最优化的系统决策过程。

教学设计是以学习理论、教学理论和传播理论为基础,应用系统科学理论的观点和方法,通过调查、分析教学中的问题和需求,确定目标,建立解决问题的步骤,选择相应的教学活动和教学资源,并评价其结果,从而使教学达到最优化。

从以上定义可以看出:

(1)教学设计的任务是提出解决问题的最佳设计方案。

(2)教学设计的依据是学习的需求,包括内部需求和外部需求。

(3)教学设计的目的是使教学最优化。

(二)教学设计的基本内容

教学设计一般围绕四个基本问题展开,即为什么要开展教学,需要学习者学习什么内容,如何帮助学习者达到预期的教学目标,教学的效果如何等。具体来说,包括以下工作内容:

1. 前期分析

前期分析是教学开始前进行的一系列调查研究活动,为后续工作提供决策依据。调查分析集中于学习需求,包括内部和外部需求。具体来说,要解决以下问题:

(1)教学目标是什么?教学目标制定的依据是什么?

(2)学习者的特征是什么?现有的能力水平、学习态度及学习动机如何?

(3)要开展教学,改进学习者目前的状态,有哪些资源(如师资、时间、教学设施等)可以利用?

(4)在资源有限的情况下,哪些问题应优先得到解决?

2. 组织教学课题

在前期分析的基础上,选择为达到课程教学目的而要求学习者学习的课题,以确定"需要学习者学习什么内容"。就心理健康教育课而言,内容选择灵活性强,实现教学目标的课题选择范围广,组织教学课题更需要精心分析学习者的需求和外部环境的要求,契合国家、社会对青少年心理素质培养的要求,与时俱进,力求最大化实现教学目标。

3. 分析知识要点

组织教学课题的成果是一套系统化的教学内容提纲,包括一系列明确的教学课题和比较具体的单元教学目的。分析知识要点就是要更详尽地分解教学课题,以确定以下内容:

(1)教学课题具体包括的知识要点都有哪些?涉及什么类型的知识?这些知识要点之间的关系是怎样的?

(2)学习者已经具备了学习这些知识和技能的基础了吗?

4. 阐明学习目标

通过教学活动,学习者相应的成绩应得到一定的提高,相应表现应得到一定改善。阐明学习目标就是对学习者通过教学活动以后的预期成就提出明确、具体的考核指标,并将这些指标转化为考核学习效果的测试手段。一般来说需要阐明以下几点:

(1)期望学习者掌握哪些知识?具体指标是什么?

(2)期望学生掌握哪些技能?能解决什么问题?具体指标是什么?

(3)期望学生形成怎样的态度?具体表现如何?

(4)达到指标的具体表现如何?怎样判断教学产生了效果?

5. 制订教学策略

明确的教学目标和任务需要由有效的教学策略来实现。对此,教学设计者需要解决的问题包括:

(1)采取什么样的教学内容顺序更有利于学习者的习得?

(2)设计哪些教学活动能有效地推动学习活动的进行?

(3)可以选择哪种或哪些教学方法和形式来确保教学活动的有效开展?

(4)可以选择哪些教学媒体?如何组合这些媒体来促进教学任务的完成?

(5)在进行上述决策时,如何依据或接受相关理论的指导?

6. 编写教学脚本

编写教学脚本就是将教学方案的设想转化为媒体专家制作教材所依据的本子。在这项工作中,教学设计者需要应用教学设计的原理和相关的研究成果,对教学内容的表现形式和教学方法等进行细致的处理,以提高教学传播的效果。心理健康教育课重点在于和学习者的互动,以现场体验来达到教育效果,因此,教学信息的安排设计要充分考虑学习者的现场表现与反应,必要时须及时调整教学措施,保证教学效果。

7. 开展形成性评价

形成性评价几乎渗透于教学设计的全过程,主要是为完善教学设计的

过程和成果提供"差距"信息。在教学设计的形成性评价中,教学设计者需要运用科学评价方法,搞清楚以下问题:

(1)如何确定教学设计成果的评价标准?心理健康教育课提高学生心理素质的目标如何体现?

(2)用什么方法或工具来进行评价?心理健康教育所用的心理量表、测验,如何运用到实际评价中?

(3)需要收集哪些类型的评价资料?学生在心理健康教育课上的认知观念、行为表现、情绪流露、人际互动等,怎么收集、利用?

二、教学设计模式

(一)面向复杂学习的整体性教学设计模式

荷兰开放大学麦里恩博尔教授在接受《中国电化教育》杂志采访的时候提出了面向复杂学习的整体性教学设计模式,即4C/ID模型。4C/ID模型的中心任务是复杂技能即学习活动的设计与实践技能的确定,也就是与学习者实际面对的情境、面临的问题及其案例的结构等有关系。

4C/ID模型四要素分别是"学习任务""辅助信息""程序性信息"和"子任务练习"。其核心要素是"学习任务",以"支持性信息""即时性信息"和"分任务练习"为辅助要素。该模型强调学习者能够将学得的知识应用到真实的学习实践和解决问题中。

(二)基于认知弹性理论的教学设计模式

认知弹性理论是由建构主义学习理论代表人物斯皮罗提出的。斯皮罗意指以多种方式同时重建自己的知识,以便对发生根本变化的情境领域做出适宜的反应。为此,曹贤中(2013)提出了基于认知弹性理论的教学设计模式(如图1-3所示)。

第一章 中学心理健康教育教学设计概要

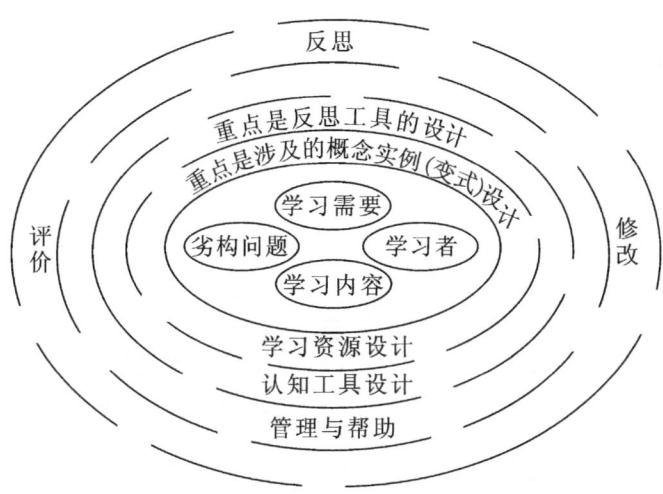

图1-3 基于认知弹性理论的教学设计模式

具体来说,认知弹性理论教学模式包括主题创设、学习资源设计、认知工具设计、管理与帮助、评价工具以及反思工具设计。以反思工具设计为例:

表1-1 基于认知弹性理论的教学设计结构化反思工具

基本环节	反思项目	自我判断	
		是	否
主题创设	1.主题是否真实;2.主题是否符合教学目标要求;3.主题能否适应学习者特征;4.主题是否符合"多角度、多层次、易学易懂逐步升级"原则		
学习资源设计	5.设计的案例是否包含概念的若干变式;6.设计的案例是否具有层次性;7.资源是否丰富;8.是否符合寓教于乐的要求		
认知工具设计	9.使用是否方便;10.工具是否有利于学生的反思,是否有利于学生元认知水平的提高;11.是否支持协同学习		
管理与帮助	12.是否有相应的支架性支持,如启发性问题等;13.帮助是否及时和有针对性;14.教学是否有总结		

续表

基本环节	反思项目	自我判断	
		是	否
评价设计	15.是否与教学目标直接相联系;16.是否评价了以下方面的能力:推理能力、批判性思维、理解多元观点、认知灵活性、探究的能力、自我调控、反思意识		

如表1-1所示,这一反思工具将教学设计过程分成主题创设、学习资源设计、认知工具设计、管理与帮助、评价设计等环节。应用该反思工具时,使用者可以按照顺序完成每个环节的任务。每个环节包括一系列反思问题,每个问题存在两种选择性的回答:"是"或"否"。如果回答为"是",说明该要素已经包含在设计中;如果回答为"否",表明本要素并没有包含于设计之中,需要进一步修正。每个问题的回答,都有利于教师实现基于认知弹性理论的教学设计的反思。

(三) ADDIE 教学设计模式

ADDIE 是分析(analysis)、设计(design)、开发(development)、实施(implementation)和评价(evaluation)五个阶段的首字母缩写,ADDIE 模式由美国佛罗里达州立大学创设开发,是教学设计里使用最普遍的模式(如图1-4所示)。

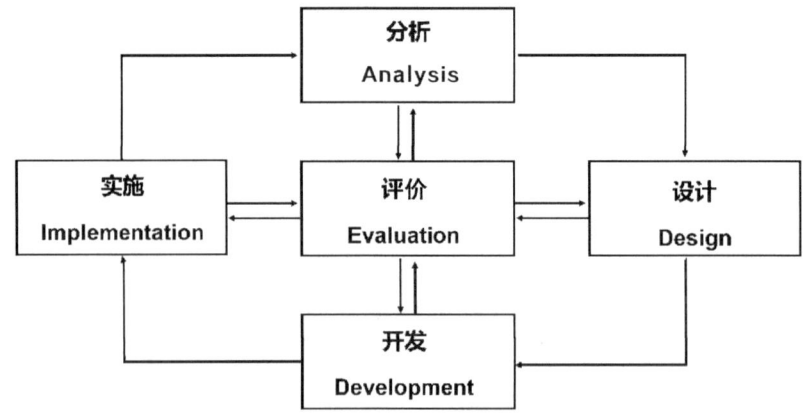

图1-4 ADDIE 通用模型

随着互联网技术的不断发展,信息社会已经到来。信息的极大丰富和传播的极大便捷都从根本上改变了人们的学习方式。未来,在大数据利用和云教育方面,教学设计还有很多问题需要解决,也会以此为契机改变教学的模式。

三、心理健康教育教学设计的内容

综合以上教学设计模式,结合心理健康教育课程的特点,心理健康教育课程教学设计的基本内容应该包括:

(一)学习者分析

对教育对象的分析是教学设计的第一步。学习者心理发展的阶段特点、对应的学校教育培养的要求,这些都是学习者分析的依据。学习者分析要在分析学习者的能力基础、技能准备,以及学习动机和学习态度的基础上,结合教学目标设计阶段性教学内容、教学策略及教学评价方案。

(二)教学目标设计

教学目标设计就是依据学校教学的总目标,结合学习者特征,设计心理健康教育的教学目标。具体来说,就是要对心理健康教育总体目标进行分解,结合心理健康教育的教学内容确定每一堂课的具体目标,主要从中学生的认知、行为、情感态度等多方面进行考量。在设计时应努力发挥心理健康教育课程自助性、活动性的特点,鼓励和提倡学习者积极参与,主动进行探索与建设。相关主目标的设计要以学习者特征为依据,以总的教学目标为导向,坚持"多角度、多层次、强过程、重体验"的原则。

(三)教学策略选择与设计

在教学目标设计完成的基础上,教学设计者需要考虑通过组织教学课题、分析知识要点、了解学习者的初始能力和编写学习目标等工作,初步确定"教(学)什么"和"如何教(如何组织学)",以达成教学目标。心理健康教育课程形式包括学科课程、活动课程、融合课程等,这些不同类型的课程要求教师要有针对性地选择教学策略,充分体现心理健康教育的活动性特点。具体来说,心理健康教育教学策略的选择应该完成学习主题的确定、活动形式的选择、教学环节的安排以及教具的制作等任务。

(四)教学评价设计

教学评价一方面是教师对一堂课教学效果的反思与评估,另一方面也是通过评价促使中学生对教学内容的同化与吸收。心理健康教育课程的教学效果不仅仅体现在学生的课堂参与表现上,更重要的是通过反思任务的设计与跟进,促进学生在学习和生活中融会贯通,将心理健康教育课堂上学到的知识灵活运用于实际生活中,在生活和学习中养成反思与内省的习惯,以延伸心理健康教育课程的教育后效。

第三节 心理健康教育课程体系的构建及教学设计的发展

一、我国心理健康教育课程的发起

我国心理健康教育课程发端于20世纪90年代初期,当时很多教育工作者认识到学校开展心理健康教育不是仅仅关注个别心理有问题的学生,更要面对全体学生,培养学生健康的心理品质。为了实现这个目标,心理健康教育课程探索逐渐引起学校实践工作者的重视。在20世纪90年代,开设的心理健康教育课程主要包括活动课程和知识讲授课程两大类。

(一)活动课程

1992年,国家教委将活动课正式列入基础教育的课程体系,因此,最初的心理健康教育课程是以活动课的形式出现的。心理健康教育活动课程是指根据社会发展需要和学生身心发展的特点,依据心理学、教育学的有关原理,有目的、有计划地引导全体学生自行设计、组织、参加一系列活动,在其自身的体验与感悟中提高心理素质,增进心理健康,开发心理潜能的一种课程。

(二)知识讲授课程

20世纪90年代初,很多人认为推广心理健康教育首先要将心理健康知识进行普及宣传,让更多的人获得相关的知识和概念,便于心理健康理念深入人心。知识讲授课程是以系统传授心理发展和心理健康基础知识为主要内容的一种课程,其主要目的是教给学生心理健康教育这门学科的基本知识结构,使学生获得必要的心理健康知识和心理发展知识,有助于对自身心理的认识。

二、心理健康教育课程体系建构

从课程体系建设的角度探究心理健康教育课开始于20世纪90年代后期。相关专家认为,从课程建构形式来看,心理健康教育课程可以划分为两大类:独立型课程和融合型课程。

(一)独立型课程

1. 心理健康教育学科课程

心理健康教育学科课程实质上就是指知识传授型课程,是以学科教学的方式向学生传授心理发展和心理健康基础知识的课程形式,与学校教育中其他学科课程教学相同。

2. 心理健康教育活动课程

心理健康教育活动课程是指教师根据学生心理发展的规律特点,通过学生主体性活动方式,有目的、有计划、有组织地使学生心理品质受到实际锻炼,进而培养和提高学生心理品质的一种课程形式。心理健康活动课程是心理健康教育整体课程体系中的核心部分。心理健康教育活动课与其他教育形式相比更多地呈现出实践性特征,重视学生直接经验的获得,强调学生心理素质的提高。而活动课程符合人的心理形成、发展规律及心理健康教育的特殊性,有利于心理健康教育全面、有针对性地展开。因此,心理健康教育活动课程是心理健康教育理想的、有效的载体,在心理健康教育整体课程体系中居于核心地位。

3. 心理健康教育环境课程

心理健康教育环境课程是指学校通过教育环境(包括物质的、文化的和社会结构的)有意无意地传递给学生关于心理发展方面的非公开性教育经验的一种课程形式。心理健康教育环境课程建设的关键是营造有利于学生充分发展潜能的、形成健全人格的教育环境。它是心理健康教育整体课程体系的必要部分。学校的物质环境、人际关系状况、校风、班级组织机构,学校中的次级文化与各种非正式团体组织,以及各种社会背景因素,如政治制度、教育体制、社会环境等,都会对学生的心理发展产生重大影响。因此,充分发挥环境课程对学生心理发展的积极、正向作用,研究环境课程在心理健康教育中的实施问题,以便创设良好的心理发展环境,无疑是学校心理健康教育课程设计与实施的一个重要任务。

(二)融合型课程

心理健康教育融合型课程是指在学校常规教育教学活动中,在传递知识、掌握技能、形成良好行为习惯的同时,注重挖掘学科课程、活动课程和环境课程中的心理健康教育资源,并引入心理健康教育的方法和技术,帮助学生提高认知和技能、情感特质和人格素养,从而完善心理机能的一种课程形式,包括与学科课程、环境课程以及活动课程的融合。

1. 学科课程中的融合

学科课程是我国现行学校课程的主体,在学科课程中融合心理教育的思想与目标,体现出心理健康教育进入了以发展性心理教育为核心的更为广阔的领域,这一融合的体系可以通过课程内容、课程教学及课程评价三个途径,充分挖掘学科课程的心理教育资源。

2. 活动课程中的融合

从心理教育的角度来看,在活动课程中融合心理教育是现代活动课程的必然要求,活动课程的特点也能较好地承载融合型心理教育课程的思想。

在日常的教育教学中,教师可以将心理健康教育活动课程融合于学校的常规活动、各种文体竞赛、游戏运动等活动中。在这些活动中既可以培养学生的责任感、爱国心等高级情感,也可以锻炼学生的意志品质,丰富学生的情感体验,从而达到改善学生心理品质的目的。

3. 环境课程中的融合

心理健康教育环境课程是包容在整个学校情境中,通过间接的、内隐的、非特定的心理反应(感染、熏陶、认同等)对学生产生影响的课程,是一种隐性课程。隐性课程的心理教育层面是核心部分,因为隐性课程是建立在一系列心理机制、心理反应基础上的,其作用方式首先表现为一种心理教育功能。尽管隐性课程对学生的作用是无意识的、非预期的,但对隐性课程的设计则完全能够做到有意识和可预期。可从物质环境的构建、人际关系的构建,以及校风班风的建设等方面入手来进行融合,让学生在优美的校园环境、和谐融洽的人际关系和积极向上的校风班风的濡染、影响下健康成长。

三、心理健康教育独立型课程教学设计

独立型课程是学校心理健康教育的主要阵地,是保证学校心理健康教育目标实现的重要途径。因此,独立型课程的教学设计一定要保证充分的教育效果。

(一)主题设计

心理健康教育有自己独立的学科教育目标和内容体系,不同于学校其他的学科知识。在实际教学中,很多学校和教师还是混淆了心理健康教育与思想政治教育、班级一般管理的界限,在心理健康教育内容挖掘分解、主题阐释解读方面混同于一般的说教、训导。这种做法一方面无法保证心理健康教育课程效果,另一方面也容易激起学生的逆反心理,抵触心理健康教育,排斥心理老师,造成后续心理健康教育的失效。

心理健康教育要突出心理性,要围绕年幼学生的心理发展特点,深入学生的心理世界解读学生的行为,为学生的健康成长保驾护航。

(二)教学策略的设计

独立型课程设计要强调教学过程中学生的参与度和体验感。

心理健康教育课程与一般学科课程的重要区别是课程效果的评价。心理健康教育课程重视的是学生在整个教学过程中的心理感受和触动,通俗地说就是"重过程"。这就对教师选择有关的教学活动或者内容提出了明确的要求。具体来说就是以体验为主,以讲授为辅。

当然,强调参与度和体验感也不要矫枉过正,舍本逐末。有一些教师担心把心理健康教育课上成一般学科课程,用力过猛,在教学过程中加入了太多的活动、体验的环节,结果一节课眼花缭乱,应接不暇,活动一个接着一个,学生完全来不及充分体验和回味,一节课下来只记得好有趣、好兴奋、好累。教学设计要始终针对最初的目标,每一个教学环节和教学行为都要扎扎实实地收到实效,张弛有道,教学相长,保证学生能够收获教学活动中蕴含的教育价值。

(三)教学评价的设计

独立型心理健康教育课程虽然通常是以课堂教学的方式进行,但是其教学目标不是以掌握知识的多少作为衡量标准的。在对心理健康教育教学过程进行评价时,要注意突出心理健康教育课程的活动性、体验性特点。

1. 发挥学生在评价中的主体地位,避免知识化评价倾向

独立型课程评价时,建议采用学生分享交流等方式,通过主题班会、校园文化活动、心理健康知识宣传等,一方面可以检测学生基础的心理学知识的掌握情况,另一方面可以扩大心理学常识的宣传。在评价过程中要避免学科考试化的倾向,切忌使用纸笔考试、知识问答等形式进行,不能偏离心理健康教育的目标。

2. 充分发挥同行评价的积极作用,以教师互评等方式促进课堂教学效果的改善

心理健康教育本质上是一种助人、自助的活动,是通过人际互动推进教学的过程。因此,在进行教学效果评价的时候,要积极发挥其自助的特点,通过与同行教师的交流,促进个人对教学设计的反思,以评促建,以评促改,在互评中达到教师教学反思的目的,同时也对教师自身的心理健康进行维护。

四、心理健康教育融合型课程教学设计

融合型课程是为充分挖掘学校一切教育资源,为学生营造良好的心理教育环境而设计的课程。因此,在构建课程的过程中,要注意:

(一)挖掘教学资源中的心理教育元素

从教育者的视角看,学校中的一切,教师、学生、管理人员、教室、教具、运动场馆,甚至走廊、操场、卫生间,都是包含着教育元素的。而教育也恰恰需要挖掘校园中一切人员、物资、环境的教育价值,全方位、无死角地对学生进行春风化雨般的滋润与濡染。心理健康教育同样可以依托、融合于这些元素。融合课程的设计首先要充分考虑到心理健康教育的需求,在各种活动和环境设计中融入心理健康教育。希望所有教职员工都能够具备心理健康教育的意识与基本素养,时刻牢记教育者育人的天职,从呵护学生、教育学生的角度出发,充分利用一切资源促进学生健康成长。

(二)融合形式与路径的设计

学科课程的本质目标还是传授知识、训练技能。挖掘心理健康教育元素不能妨碍原本的活动,要与原本的学科内容完美地融合在一起,不露痕迹。在实际教学中,有很多教师在学科教学中融汇了多重教育目标,但是有时融合得比较生硬,难以让学生心悦诚服地接受。例如,语文课中心理健康教育价值的发挥要依赖教学的设计。八年级上册的文言文《三峡》,作者用瑰丽传神的文字描绘了三峡雄奇险峻,清幽秀丽的风光,读起来令人心生向往,胸襟开阔,是一篇进行审美教育不可多得的文章。那么怎样设计才能更好地让学生领略到三峡绝美壮丽的自然风光呢?这就要借助于现代多媒体

技术,用声色俱全的影像资料让学生直观地感受自然风景的美好,体验纯粹的美带给我们的享受,再结合文字就能够有效提升教育的心理效果。可以说是融合得天衣无缝,相得益彰。

【案例分析】

"认识心理弹性"教学设计案例分析

一、案例(略)

二、教学设计分析

(1)本节课是一节以传授知识为主的心理健康教育学科课程。教学的目的是让学生认识心理弹性及其构成要素。

(2)心理弹性是学生面对挫折时所表现出来的抵抗能力和恢复力,对于学生良好人格的养成具有重要意义。

(3)设计点:

①首先进行学习者分析。本节课的教学对象选择初一年级的学生是基于以下几点原因:初一学生已经进入了青春期,随着生理和心理的发育,他们内心的矛盾与冲突增加;初一的学生刚刚进入一个新的阶段,对周围的环境、同学和老师还不熟悉;升入初中后,学习任务加重,老师对学生要求更加严格等;中学生可能会面临人际关系冲突、家庭变故等突发性事件。如果学生不能够很好地适应这些新变化,则会对学生以后的生活和学习造成非常不利的影响,甚至会影响到个体身心的健康发展。

②其次进行具体教学环节设计。本节课开始以多个实际例证引入心理弹性的概念,结合具体生动的实例介绍概念更容易被学生理解和接受。然后引导学生思考并讨论影响心理弹性的因素,教师在学生讨论过程中抓住时机进行引导,水到渠成地进入第三个环节——领悟。教师在领悟环节对讲授内容和学生的讨论进行升华与总结,点出本节课的主题,然后在歌曲《阳光总在风雨后》中结束。本节课教学设计紧凑而流畅,首尾呼应,学生在整个教学过程中被教师严密地掌控并引导,教学实效较好。

【本章小结】

（1）关于心理健康的标准及内涵，不同时代、不同文化背景下的学者都有各自的阐述。

（2）综合各方面的基本要点，联系2016年发布的《关于加强心理健康服务的指导意见》，结合学校心理健康工作的实践要求，心理健康的标准可以从以下几个方面来把握：①智力发展正常，②情绪稳定乐观，③意志品质健全，④行为协调有度，⑤人际关系和谐，⑥人格独立完整。

（3）心理健康教育是学校中一项专门化、具体化的教育工作，与学校的其他学科教学一样完成独特的教育过程，承担独特的教育功能。具体来说，心理健康教育既是一种教育理念，同时还是一项具体的教育活动。

（4）在心理学领域中，与心理健康教育邻近的概念主要是心理辅导、心理咨询及心理治疗。心理健康教育、心理辅导、心理咨询与心理治疗各自以一个连续体的不同区段作为各自的工作重心。

（5）作为一门学科和一项服务的心理健康教育，其产生和发展主要得益于19世纪末和20世纪初，心理卫生、心理测量和职业辅导三个领域的发展及推动。现代意义上的心理健康教育起源于美国。中国的心理健康教育正式开展于20世纪80年代。虽然我国这方面的工作起步较晚，但是发展很快，工作卓有成效，发展趋势良好。国外这方面的代表人物主要有皮内尔、比奈、梅瑞里等。目前我国心理健康教育工作还存在一些问题，心理健康教育教学随着这些问题的解决不断推进发展。

（6）教学设计是依据对学习需求的分析，提出解决问题的最佳方案，使教学效果达到最优化的系统决策过程。

（7）教学设计一般包括前期分析、组织教学课题、分析知识要点、阐明学习目标、制订教学策略、编写教学脚本、开展形成性评价等环节。

（8）目前在教学设计实践中常见的模式主要有4C/ID模型、基于认知弹性理论的教学设计模式、ADDIE教学设计模式等。心理健康教育教学设计包括的内容有学习者分析、教学目标设计、教学策略选择与设计，以及教学评价设计。

（9）我国心理健康教育课程发端于20世纪90年代初期,在当时,开设的心理健康教育课程主要包括知识讲授课程和活动课程两大类。

（10）从课程体系建设的角度探究心理健康教育课开始于20世纪90年代后期。相关专家认为,从课程建构形式来看,心理健康教育课程可以划分为两大类:独立型课程和融合型课程。

（11）独立型课程主要包括学科课程、活动课程以及环境课程,融合型课程主要指的是在学科教学中融合、在活动中融合,以及在环境课程中融合。

（12）结合教学设计的基本理论与模型,独立型心理健康教育课程教学设计要重点关注教学主题的设计、教学策略的选择与教学评价的设计；融合型课程则要重点关注心理健康教育元素的挖掘及融合。

【实践演练】

请比较心理健康教育活动课程与学科课程的异同。

【拓展阅读】

1.李炳南.简论学校心理健康教育专门课程[J].现代教育科学,2003(11):72-74.

2.潘永刚,刘俊强.我国教学设计的发展历程:浅析我国教学设计的历史、现状和发展趋势[J].现代教育技术,2007,17(11):13-17.

3.方双虎.学校心理健康教育课程建设的困境与出路[J].中国教育学刊,2007(8):53-56.

【二维码】

心理健康教育发展历程

教学设计模式

第二章 心理健康教育教学设计的理论基础

▶ 内容提要

本章主要对心理健康教育的理论基础进行探析。心理健康教育是涉及多层次、多角度的教育活动。本章内容涉及心理学、脑神经科学、团体动力学、积极心理学等方面,为心理健康教育教学设计的重要理论基础。

▶ 学习目标

1.知识与技能:掌握不同理念下教学设计的侧重点,了解各理论的基本观点,了解心理健康教育活动课的设计如何考虑脑神经发展的规律。

2.过程与方法:根据团建活动,分析自己的团体领导风格;可以结合理论回答课后的思考题。

3.情感态度与价值观:感悟心理健康教育理论的思想源头。教学设计的最终目的是形成合理的心理健康观,建构积极心理品质。

第一节　脑神经基础

一、神经系统的发展

(一) 脑神经发展特点及规律

1. 神经系统

神经科学主要研究神经系统,特别是神经系统的结构、功能、发展过程、基因和神经递质的变化,是理解人类的行为、认知和情感的物质基础。所有心理现象都是在神经系统的调节与控制之下完成的。基于此,心理健康教育教学设计必须考虑神经系统发展的特点及规律。

人的神经系统分为中枢神经系统(包括脑和脊柱)以及周围神经系统(包括躯体神经系统和自主神经系统)。中枢神经系统的主要功能是从感觉器官获得所有信息,并对此做出反应。脊柱是中枢神经系统的组成部分,它对脊髓、中枢神经和内脏器官起到保护作用。脊柱中的脊髓的主要功能是传递大脑的指令及向大脑传递信息,这决定了脊柱是人体内最复杂的器官。神经元是大脑信息加工的基本单位,神经元将信息传遍整个神经系统。大脑可以调动1400亿个神经细胞(神经元)通过研究神经系统的活动特点与规律来了解和控制人的思想、情绪和行为。

2. 神经联结

每个神经元都由细胞体、树突和轴突组成。一个神经元与另一个神经元的连接处,称突触。不同类型和强度的外界环境刺激,会引发突触形态的变化,如微弱而短暂的外界环境刺激,可引发几分钟至几小时的突触形变,从而使大脑产生短时记忆;而强烈且持久的外界环境刺激会引发蛋白质合成,促使突触形态固化,提升信息传递效率,最终使大脑产生长时记忆。神经联结机制说明环境和个人经验对学习和记忆具有重要影响。心理学的许多实验也说明了神经联结是促进学习能力形成的重要机制。

实验将老鼠放在两种环境中,一种是复杂环境,里面充满各种定期更换的活动设施,比如滚轮和梯子,群居的老鼠有机会进行探索和玩耍;另一种是贫乏环境,只有一个空荡荡的笼子,老鼠独自或与其他一两只老鼠生活,当这些老鼠发育成熟后,让它们完成走迷宫等学习任务。结果发现:复杂环境中成长的老鼠学习速度更快,更少犯错误。如果给予奖励,在复杂学习任务中,它们比贫乏环境中成长的老鼠表现更加突出。复杂环境中成长的老鼠,视皮层中的突触拥有量,比贫乏环境中成长的老鼠高出20%~25%。

这个研究说明,儿童成长依赖于健康的人际交往和丰富的生活经验的不断刺激,如果生存环境被剥夺会导致大脑发育迟缓或停滞。

大脑发育规律与特点对心理健康教育课程设计的启示是:教学设计要考虑对学生的视觉、听觉、触觉、味觉和肢体运动觉等多种感官的充分刺激,并激发学生积极主动地投入心理健康教育课程之中,使自身的认知、情感、人际交往、价值观和人格等方面得到发展的机会,在完成任务和人际互动中,通过神经联结促使突触形态固化,促进学习能力形成。

(二)神经发展与心理能力的关系

1. 学习与训练对心理的影响

人的大脑神经联结会因学习与练习而发生改变。视觉、语音辨别等能力可以通过补救训练获得功能改善。表2-1列出了不同心理能力与脑区的关系。

表2-1 不同心理能力与脑区的关系

	心理能力			
	认知能力	技术能力	关系能力	情绪能力
主要功能	思考	动手	交流	感受
功能模式	逻辑和推理	运动和智力	言语和非言语	非理性和冲动
学习方法	认知性	程序性	经验性	联想性
记忆	陈述性知识	程序性记忆	关系性记忆	情绪性记忆
相应脑区	海马体与大脑皮层	大脑皮层、梭状回、小脑	大脑皮层	杏仁核和前额叶

海马体与个体的记忆力相关,海马体大的个体记忆力显著高于海马体小的个体,海马体的大小随着使用频率而变化,这意味着人们的记忆力可通过后天的刺激发生改变。持续的刺激会使信息传递通路变得敏感,从而可以通过加强特定的神经网络联结提升人们的学习能力。

2. 学习与训练对生理的影响

学习和训练还会引发生理变化,也就是说,学习新概念、掌握新技能可以影响大脑结构与功能的改变。心理健康教育课程设计要根据大脑结构与功能会因不断学习与训练而得到改变的特点,帮助学生形成积极乐观、发展的眼光,对学习和未来生活持有积极进取的态度,不轻言放弃,养成终身学习的信念和习惯,勇于拓宽视野,积极参与活动,善于表达自己。

(三)神经递质对生理、心理生活的影响

大脑神经元之间实现信息传递的生物化学物质,就是神经递质。目前在大脑中已经发现了100多种神经递质,对神经递质功能的研究主要集中在神经递质活动水平发生变化时会有哪些后果。一些神经递质刺激神经元兴奋,一些神经递质抑制神经元兴奋,还有一些神经递质既有刺激作用,又有抑制作用。这些神经递质的功能对人类的工作、学习、情绪、躯体和感觉,都具有重要影响。

1. 主要的神经递质及功能

主要神经递质及其功能如表2-2所示。

表2-2 神经递质及功能

神经递质	主要功能
血清素/ 5-羟色胺	负责调节行动、情绪及思维过程,控制多巴胺和去甲肾上腺素,调节睡眠、情绪、专注力和学习
R-氨基丁酸	可减少突触后活动,抑制神经兴奋,从而表现为抑制一些行为和情绪,但它最主要的功能是缓解焦虑
去甲肾上腺素	抑制神经兴趣,参与血压与心率处于高位。影响呼吸与应激反应

续表

神经递质	主要功能
多巴胺	控制随意运动,影响探索、睡眠、情绪、专注、学习和识别奖赏的能力
乙酰胆碱	刺激神经兴奋,参与肌肉运动、学习和记忆
胺多酚	刺激神经兴奋,保护身体免受疼痛,减轻压力感

2. 影响神经递质的因素

一些实验表明心理社会因素直接影响神经递质水平。例如,英塞尔等用相同的方法饲养两组恒河猴,但这两组恒河猴在各自的笼子里对事物的控制有所不同。一组可自由地获得玩具和食物,而另一组只有当第一组得到玩具和发食物后才能得到。换句话说,第二组有同样数量的玩具和食物,但它们不能选择。所以,它们身体对环境的控制较小。在心理学实验中,我们将第二组称为第一组的"支配组",因为它们的待遇完全依赖于第一组的情况。第一组的猴子们在生活中发展出对事物的控制感,而第二组则没有。

后来,在它们的生活中,所有的猴子都被给予苯二氮䓬类物质的反激动剂,这种神经生化物质具有与神经递质 GABA 相反的效用,效用为焦虑的极度爆发。当恒河猴被注射这种物质之后,结果是不同的。对环境没有什么控制的猴子跑到笼子的拐角处蜷缩着,表现出严重的焦虑和痛苦。但有控制感的猴子的表现则完全不同,它们一点焦虑的样子都没有。它们看起来很愤怒,具有攻击性,甚至攻击周围其他的猴子。根据猴子们心理经历的不同,相同水平的神经生化物质(有类似神经递质的作用)却有着完全不同的功效。

英塞尔及其同事(1988)的实验是一个重要的神经递质和心理社会因素交互作用的例子,揭示了心理社会因素会直接影响中枢神经系统的功能与结构。心理学家发现心理社会因素经常能改变许多神经递质系统的活动水平,也能通过学习和经历改变神经元的结构本身。例如,威廉·格里诺和他的助手们研究了协调和控制运动的小脑,揭示了心理社会因素是如何影响大脑的功能和结构的,他们发现,在需要学习和移动的环境中喂养的老鼠,与终日被关在笼子里的老鼠相比,发展出完全不同的神经系统。活动的老鼠在小脑的神经细胞之间有更多的链接,长出更多的树突。研究者发现脑结构在个体经历的作用下,具有巨大的可塑性。学习及社会经历改变着我们的神经系统,而且这种作用伴随着我们一生。

二、脑神经发展对教学设计的启示

脑神经科学对课程设计和教学有以下几点启示(王建雅 等,2009):

(1)刚出生的婴儿已经具备与成人数量相当的神经元,其发展重点在于形成与其他神经元交汇的突触网络。大脑各区皮质发育速率不同,感官皮质比组织思考皮质优先成熟,因此感官训练应先于思考学习。

(2)突触的存留取决于突触被激活的频率与程度,因此,学生主动投入、经常练习的学习成果总是被优先保留。教学应以孩子熟悉的事物为起始,从微系统的生活能力培养拓展至大系统的社会适应。

(3)学习终身有用。部分感知能力,如语音辨别的能力,虽有较佳的教育时机,但成人大脑仍具可塑性,人们不应因错失敏感期而忽略给学生提供学习的机会。

(4)环境的刺激对大脑具有滋养作用。人类的大脑皮质终其一生都会随着经验而发生改变,不断学习与适应环境是大脑的本质。

(5)学习过程的增强与回馈将促发多巴胺的分泌,巩固学习的联结,特别是立即给予具体多元的回馈是必要的。

21世纪以来,脑结构和脑功能扫描技术日益成熟,如核磁共振脑成像仪(MRI)、正电子发射断层扫描仪(PET)、脑电图扫描仪(EEG)等技术,随着脑神经科学的发展与掌握,为理解学生认知、行为背后的脑神经原理和大脑机制提供了科学依据,这对于我们设计出的心理健康教育课具有科学性的保障。

第二节　心理学基础

教学设计的最终目的是让学生更好地学习,以学习为研究中心的学习论在教学设计过程中是不能回避的理论基础。学习理论是研究学习的本质及其形成机制的心理学基础,心理学界对学习的心理本质及过程的理解存在着众多的流派,但对教学设计影响较大的主要是:行为主义心理学、建构主义心理学与人本主义心理学这三大心理学流派。本节将围绕这三种学习理论对教学设计的影响展开阐述。

一、以行为主义为基础的教学设计

行为主义学习理论的主要内容包括桑代克的联结主义学习论、斯金纳的强化理论、班杜拉的观察学习理论等。该理论对学习心理和行为的解释特别重视可观察到的行为,认为行为的建立是在多次快乐或者难过的后果的联结、强化和观察后建构了个体的行为模式。

(一)联结学习观及其对教学设计的启示

桑代克通过著名的饿猫迷笼实验提出学习的实质在于形成刺激—反应联结。任何动物都遵循相同的学习规律。学习的过程是盲目的尝试与错误的渐进过程。由此,他提出了学习必须要遵循的三条重要原则:

1. 准备律

准备律指学生在学习开始时的准备。学生只有在有所准备并且给以活动刺激时才能感到满足,如果有准备而没有活动刺激,或者没有准备就进行强制活动,都会使学生感到不适、焦虑,甚至烦躁、反感。所以,在教学中要注意学习环境的创设和学习内容的预设,使学生在充分准备的基础之上适当给予活动刺激,只有这样才能引发学生的学习兴趣,更好地促进学生学习,提高学习效率。因此,在教学设计中,教师要充分了解学生的内心发展水平,有针对性地设计活动,调动周围环境中的积极资源开展活动。

2. 练习律

练习律指多次重复一个学会了的反应,会增加刺激与反应之间的联结。换言之,也就是 S—R 联结受到练习和使用的次数越多,这种联结就会变得越强;反之,就会变得越来越弱。另外,S—R 联结只有通过有奖励的练习才能逐步强化,取得预期的效果。因此,在教学设计中,利用好奖励机制对学习者的学习进行强化,通过这种 S—R 过程深化学习者对课程内容的记忆与掌握。

3. 效果律

效果律指学习者在接受刺激并作出反应之后如果得到的是一个令学习者快乐或适宜的结果,那么学习者不断重复这种反应的机会就会增加;如果反应之后跟随的是一个令学习者不悦或者厌烦的结果,就会引发学习者在重复动作中的抵触,进而减少这个行为的重复。由此我们可以发现,反应效果对学习者未来行为起着关键作用。教师在课堂设计时,应注重对学生行为的积极评价,尽可能地发现学生课堂行为的闪光点,不断提升学生对自己行为积极的反馈,进而提高学习的主动性与积极性。

情绪脑与心理健康教育

Jane(化名)就是一场灾难,看起来她来上学的唯一目标,就是投身于与老师的战斗。她鄙视所有人,从学校办公室人员一直到校长。学校的规章制度对她来说毫无意义。Jane 上课时会戴着她的耳机,在课堂上,她会未经许可就离开教室,然后在门厅与她的朋友打电话交谈。一位不知情的老师只是问:"你不是应该在教室里吗,年轻女士?"话音刚落,一连串的辱骂声立即就会喷薄而出,常规的纪律约束对于她基本上是无效的,因为她的行为总是表现出适应不良。

Jane 所在班级的心理老师基于刚刚学到的新知识"设置一种积极的情绪氛围",决定让全班学生一起参与一个小小的实验。他们会在一周内无条件地对 Jane 保持友好,无论她是多么气人,无论她说了什么,还是做了什么,无论她怎么把情绪带到活动里来制造骚乱,他们都要对她很友好。第一个对 Jane 做出敌意反应的人将会输掉。当然,整个班级都参与这个赌局,打赌一直持续。

开始,Jane看起来根本没有注意到,对于同学们和心理老师对她无故发飙的忽视,依然保持一副对抗的姿态。然而到第二天,她开始怀疑:"你们为什么都不对我发火了?"这时,她离开班级的次数从平均4次下降到0次。在她的行为评估表上,使用脏话和其他破坏性的行为,在心理老师的课堂上已经下降了60%之多。值得注意的是,她在另外三个课堂的行为评估表上没有什么明显的改变。

到第三天,心理老师打电话给Jane的家里,汇报Jane在学校巨大的行为转变,Jane真正开始参与一些课堂活动,甚至在被提问时没有像以前一样发脾气,而是放下她的耳机。到第四天,Jane开始主动参与到整个班级里来,她不再是一个表面上看起来破坏性十足的学生了。到第五天,心理老师最终向Jane说明了这个实验,她看起来有些受宠若惊,因为得到了那么多人的积极关注。再也没有什么能否认设置一种积极的情绪氛围所产生的力量了。

思考:在这个案例中,心理老师做了哪些工作在短短一周让Jane发生巨大改变。

(二)操作性学习观及其对教学设计的启示

斯金纳的强化理论认为行为发生变化主要就是因为强化作用,在他看来,强化意味着能增强反应率的效果。教师在进行强化时,应该遵循以下原则:

1. 注重即时强化

行为主义学习理论特别强调的原理就是,后果紧跟行为比后果延缓要有效得多。因此,教师在教授新的教学内容时,应该及时强化,使新知识及时得到巩固。

2. 强化正确行为

对每一个正确行为在行为早期要优先强化。

3. 强化的目的是引导学生掌握正确行为

在强化的过程中要保证对学生行为的引导,而不是要求做到完美无缺、不犯错误,有时错误的体验对教学内容的掌握效果更好。注意不要无意中强化不希望的行为。

(三)观察学习观及其对教学设计的启示

班杜拉的观察学习理论认为,学生通过观察他人的行为而习得社会行为,这些观察可以帮助学生学会模仿。模仿的产生经历了四个过程:

1. 注意过程

学生在这一过程中,注意观察榜样情境中的各个方面的关联与内涵,也就是观察被模仿者的言谈举止与结果。

2. 保持过程

学生将他们观察到的榜样行为通过语言和表象两种表征系统储存在大脑中。这些信息会以符号的方式在记忆中得到保存。

3. 复制过程

学生从记忆中调取复制自己从榜样观察中所习得的行为。学生实现行为由观察到符号记忆转化成适当的行为动作的转化。

4. 动机过程

如果学生的模仿行为得到激励和强化,强化将提供对行为的预期,影响学生关注观察到的榜样行为,激励观察者编码和记忆那些可以被模仿、有价值、能实践的行为。

班杜拉的观察学习理论对教师的启示是,在教学设计中,教师要善于挖掘可以起榜样示范作用的人与事,勇于从自身做起,引导学生通过观察模仿进而习得相同的品质,如,如何进行情绪控制,观察其他同学进而养成良好的行为习惯,尊重他人,正确评价自己与他人等。

二、以建构主义为基础的教学设计

自20世纪80至90年代以来,建构主义心理学的学习理论就对现代教学设计产生着越来越深刻的影响。按照建构主义学习理论的基本观点,学习是学习者在自己原有经验、知识、概念、技能、信仰、习惯等因素的基础上,所进行的主动的、积极的意义建构的过程。建构主义学习理论特别强调学习者在学习过程中的自主建构、自主探究和自主发现,并要求将这种自主学习与基于情境的学习相配合。

(一)当代建构主义学习理论的主要观点

1. 建构主义知识观

知识并不能绝对准确无误地概括世界的法则,提供对任何活动或问题解决都适用的方法。在具体的问题解决中,知识是不可能一用就准,一用就灵的,而是需要针对具体问题的情境对原有知识进行再加工和再创造。知识是人们对客观世界的一种解释、假设或假说,它不是问题的最终答案,它必将随着人们认识程度的深入而不断地变革、升华和改写,出现新的解释和假设。知识不可能以实体的形式存在于个体之外,尽管我们通过语言赋予了知识一定的外在形式,并且获得了较为普遍的认同,但这并不意味着学习者对这种知识有同样的理解。对知识的真正理解只能由学习者自身基于自己的经验背景而建构起来,取决于特定情境下的学习活动过程,否则,就不叫理解,而是死记硬背或生吞活剥,是被动的复制式的学习。

2. 建构主义学习观

当代建构主义者主张世界是客观存在的,但对于世界的理解和赋予的意义却是由每个人自己决定的。学习不是由教师把知识简单地传递给学生,而是由学生自己建构知识的过程。学生不是简单被动地接受信息,而是主动地建构知识的意义,这种建构是无法由他人来代替的。我们是以自己的经验为基础来建构的,或者说是在解释现实,每个人的经验世界是用我们自己的头脑创建的,由于我们的经验及对经验的信念不同,于是我们对外部世界的理解便也千差万别。

(二)建构主义学习理论对教学设计的启示

由于学习是在一定的情境及社会文化背景下,借助其他人的帮助,即通过人际协作活动而实现的意义建构过程。因此,心理健康教育教学设计应考虑建构主义学习理论强调的学习环境中的四大要素,即"情境""协作""会话"和"意义建构"。

1. 情境

学习环境中的情境必须有利于学生对所学内容的意义建构。这就对教学设计提出了新的要求,也就是说,在建构主义学习环境下,教学设计不仅要考虑教学目标分析,还要考虑有利于学生建构意义的情境的创设问题,提供实际情境所具有的生动性、丰富性。这有利于学生对知识的意义建构顺利完成。

2. 协作

协作发生在学习过程的始终。学习者与周围环境的交互,对于学习内容的理解起着关键性的作用。学生们在教师的组织和引导下共同建立起学习群体,一起讨论和交流。在这样的群体中,共同批判地考察各种理论、观点、行为和假说,进行协商和辩论,先内部协商,即和自身争辩到底哪一种观点正确,然后再相互协商,即对当前问题摆出各自的看法、论据及有关材料,并对别人的观点做出分析和评论。通过这样的协作学习环境,学习者群体的思维与智慧就可以被整个群体所共享,即整个学习群体共同完成对所学知识的意义建构,而不是其中的某一位或某几位学生完成意义建构。

3. 会话

会话是协作过程中不可缺少的环节。学习小组成员之间必须通过会话商讨如何完成规定的学习任务的计划。会话是达到意义建构的重要手段之一。

4. 意义建构

在建构主义学习环境中,强调学生是认知主体,是意义的主动建构者,这是整个学习过程的最终目标。所要建构的意义是指事物的性质、规律及事物之间的内在联系。在学习过程中帮助学生建构意义就是要帮助学生对当前学习内容所反映的事物的性质、规律及该事物与其他事物之间的内在联系达到较深刻的理解。学习过程中的一切活动都要从属于意义建构,都要有利于完成和深化对所学知识的意义理解和技能掌握。

为了支持学习者的主动探索和完成意义建构,在学习过程中要为学习者提供各种信息资源,比如各种类型的教学媒体和教学资料。这些媒体和资料是用于支持学生的自主学习和协作式探索的。对于信息资源应如何获取、从哪里获取,以及如何有效地加以利用等问题,是主动探索过程中迫切需要教师提供帮助的内容。

三、以人本主义为基础的教学设计

人本主义学习理论的代表人物是美国心理学家马斯洛和罗杰斯。他们主张把人当作一个整体来研究,所关注的是个人的经验和创造潜能的开发,积极引导学习者肯定自我,实现自我。这些是使一个人不同于另一个人的内部行为。在他们看来,如果学习内容对学生没有什么个人意义的话,学习就不大可能发生。因此,他们感兴趣的是自我概念的发展、人际关系的训练,以及其他情感方面的内容。

罗杰斯在《患者为中心的治疗》中提出,学校要培养的人是能从事自发的活动,并对这些活动负责任的人;能理智地选择和自定方向的人;是批判性的学习者,能评价他人所做的贡献的人;不是为他人的赞许,而是按照自己的社会化目标而工作的人。罗杰斯"以学生为中心"的教学理论观点主要是:

(一)知情统一的教学观

罗杰斯认为情感和认知作为精神世界中不可分割的组成部分,在教学活动过程中也是紧密结合的一体,教学活动的目的就是不断提升人的情感与认知,不断促进精神世界的完善。因此,罗杰斯的人本主义学习理论强调教育教学要以培养"全人"为目标。"全人"的定义就是"躯体、心智、情感、精神、心理融汇一体"。这种全人教育要求学校教育要促进变化和学习,培养能够适应变化和知道如何学习的人。在这个世界中,变化是唯一可以作为确立教育目标的依据,这种变化取决于过程而不是静止的知识。可见,人本主义学习理论强调的是教学过程的展开与相关教学方法在实际教学活动中的应用实施。

(二)有意义的自由学习观

有意义学习是罗杰斯特别强调的。有意义学习更加强调学生学习的自发性与主动性,认为学习即便是受到了外界的推动,学生自身的寻求发现、获得、掌握的感觉仍然是来自内部。也就是说,学习是一种在教师帮助下的自我激发、自我促进、自我评价的过程。学生是学习的主体,是主要参与者。这种有意义学习将从行为、能力、性格等方面对学生产生重大的影响。学生在学习过程中的自我感受是非常重要的,是学习活动进行好与坏的重要指标。

(三)"学生中心"的学生观

罗杰斯认为教师的任务是为学生营造一种促进学习的氛围,提供丰富的学习资料,让学生自己决定如何学习。教师应充当一个"学习促进者"的角色。罗杰斯主张学生主动参与,教师给学生更多的时间和更大的空间,充分发挥学生的主观能动性,达到自我实现。教师通过与学生建立起融洽的关系,促进学生的成长。促进者的作用表现为四个方面:

(1)帮助学生澄清自己想要学习什么。
(2)帮助学生安排适宜的学习资料和学习活动。
(3)帮助学生弄清他们所学东西的意义。
(4)维持促进学习的气氛。

(四)人本主义学习理论对教学设计的启示

(1)人本主义学习理论的教学设计要充分考虑师生之间的情感因素,强调人际关系对教学以及学习成功的重要影响,在教学目的上,强调培养完整的人。

(2)在教学过程和教学方法上强调非指导性教学,强调学生的发展。人本主义教育家以"健全的人格"和"自我实现"作为教学设计的重点,注重人的全面发展。

(3)教育由以前的知识本位转向以人的发展为本位,强调充分发挥学生的能动性。把培养"学会怎样学习的人""学会怎样适应和变化的人"作为教育目标,注重培养学生学会学习和适应变化的能力。

第三节 团体动力学理论基础

一、团体动力学理论概述

团体动力学是研究团体生活动力的学说,由美国心理学家勒温建立。它是团体辅导的重要理论基石。勒温在1939年发表的《社会空间实验》一文中,首次提出"团体动力学"这一术语。团体动力学的研究对象是以人与人的面对面直接接触关系为特征的小型团体。研究内容包括团体气氛、团体成员间人际关系、领袖与领导方式、团体中成员间的凝聚力和团体决策过程等。

1945年,勒温在美国麻省理工学院创办了"团体动力学研究中心",团体动力学作为一种专业和学科得以成立。团体动力学的影响几乎涉及社会生活的各个领域。

心理健康教育课的最大特点,是学生在团体环境中学习。心理健康教育课的设计必须考虑团体的影响,引导团体学习的积极因素。团体动力学有很多典型的研究主题,如,团体凝聚力、团体领导者和团体氛围,都是心理活动课设计无法避开的主题。

二、团体动力学理论的主要思想

(一)团体动力学的理论基础是勒温的场论

从场论的观点看,团体不是个体的个别属性的简单相加,它是在一定生活空间里的一个完整的系统。作为团体,它不是由各个个体的特征所决定的,而取决于团体成员相互依存的那种内在关系,每个成员的状况与行动都同其他成员的状况与行动密切相关、相互制约、相互影响。

（二）团体具有改变个体行为的力量

团体对个体具有较强的支配力。要改变个体应该先使其所属团体发生变化，这远比直接改变个体更容易。勒温在1943年做的关于饮食习惯的研究就证实了这种观点。他发现说服家庭主妇增加对牛奶的饮用，更为有效的方法是通过组织家庭主妇集体讨论决定是否饮用，这种方法远比讲演、授课效果更佳。勒温指出，只要团体的价值观没有改变，就很难使个体放弃团体的标准来改变原有的价值观。

（三）团体决策的动力作用

团体决策的力量是促使团体的价值观和行为发生变化的基础。勒温把团体决策看作是联系动机与行为的中介，是团体促进个体变化的一种动力。因而，单有团体成员的变化动机还不能引起团体行为的变化，还必须要有足以打破社会习惯和解冻团体原有标准的力，团体决策就可以起到这种力的作用。

三、团体动力理论的核心要素

（一）团体的凝聚力

团体凝聚力是以团体中的人际吸引为基础的。团体中的人际吸引包括成员之间的相互吸引、领导者对成员的吸引，还有团体对成员的吸引。成员之间的相互吸引主要是成员之间兴趣爱好、价值观、所面临的问题的一致性；领导者对成员的吸引力与领导者对成员的个人吸引力有关，诸如身份、地位、人格魅力、才能、性格等；对成员有吸引力的团体，通常能满足成员需求。团体目标与成员的期待和需求一致，是产生凝聚力的一个重要条件。

凝聚力是团体发展的动力机制，没有凝聚力，团体是无法由最初松散状态、冲突状态、矛盾状态达到整合、和谐的状态的。凝聚力也是团体发展成熟的标志，凝聚力越高，成员遵循团体规范就越自觉，参与团体活动越积极、主动,成员之间关系越和谐、亲密,团体的支持、包容、效能也就越高。

团体凝聚力越强,对团体成员的影响力越大。团体在很大程度上影响着个体的认知和态度。成员在凝聚力强的团体中,倾向于按照团体规则和要求行事,在行动上与其他成员保持一致。团体凝聚力的强弱是心理健康教育课能否成功的重要因素。2005年樊富珉提出,凝聚力强的团体有七个特征。

(1)团体的团结不是由外部压力造成,而是来自团体内部。

(2)团体内的成员,没有分裂为相互敌对的小团体的倾向。

(3)团体本身具有适应外部变化的能力,并具有处理内部冲突的能力。

(4)团体成员彼此之间有强烈的认同感,成员对团体有强烈的归属感。

(5)每个团体成员都能明确团体的目标。

(6)团体成员对团体的目标及领导者持有肯定的、支持的态度。

(7)团体成员承认团体的存在价值,并具有维护此团体继续存在的意向。

团体是社会的缩影,团体的反映是社会的真实反映。心理健康教育课在设计时,要充分考虑影响团体凝聚力的这些因素,并进行权衡协调。

(二)团体的规范

在社会群体中,规范主要是指风俗、文化、语言、时尚、舆论、规则,以及各种不同的价值标准。例如,宗教团体的膜拜要求、参加重要场合要着装整齐、拜访他人不可空手等,都是一种规范。规范是群体成员必须做到的或遵循的行为准则。人若违反了群体规范,就会受到群体的排斥和拒绝,得不到其他成员的认同。规范对人的影响是非常广泛的,小到起居饮食、言谈举止,大到统一行动规范,如,尊老爱幼、爱岗敬业等。团体规范集中反映了团体期待的动力和团体的价值观。团体规范作为社会控制的主要手段,强有力地控制着成员的行为,促进团体目标的达成。

团体规范有如下作用:

1. 维持团体的作用

团体是以整体性形式存在的,表现在团体成员的认知、情感和行为上的一致性。团体规范对其成员的观点、看法及行为的标准是一致的。

2. 认知的标准化作用

规范就像衡量对错的一把尺子,制约着每个成员对问题的认识和评价趋向一个统一标准,从而形成了共同的看法和意见。即使有个别人持不同的意见,但由于规范的压力和个人的从众性,也迫使其与团体规范保持一致,认知的标准化作用就是可以统一成员意见、看法。

1935年,M.谢里夫的游动效应实验就证实了规范的认知标准化作用。在实验中,被试者被带进一个暗室,坐在一张桌子面前,桌子上安放着一个电钮。实验者告诉被试者,房间变暗后,在前面不远的墙壁上会出现一个光点,只要光点一出现,你们必须去按电钮,以便让光点移动,然后让被试者估计出光点移动的距离。实际上光点是不动的,但在黑暗的背景中注视一个微弱的光点,人人都会产生"游动效应"。被试者在判断光点移动的距离时,明显地受到他人的影响,使自己的判断逐渐靠拢他人,与他人一致。谢里夫认为,这就是群体中产生的规范,制约着人的认识活动。规范是一种评价尺度,它可以用来评价行为、活动、信念,或与群体有关的任何对象的可以被接受的程度及必须加以反对的范围。

3. 行为的定向作用

规范对行为的定向作用,主要是为成员规定活动范围,规定团体活动的行为方式,也就是告诉人们应该做什么、如何去做、不应该做什么等。规范可以是团体内部预先规定的,也可以是在团体中逐渐形成的。有积极的规范,也有消极的规范,教学设计可以根据人的模仿、榜样、暗示、遵从等心理特点,塑造希望的团体行为,以促成积极规范的建立。

20世纪20至30年代,组织行为学者梅奥,在美国西方电气公司霍桑工厂进行了著名的为期8年的霍桑实验,以研究影响工人生产效率的因素有哪些。其中,有一个实验室采取计件工资制,目的是鼓励工人超额完成工作量,提高生产效率。但令研究者困惑的是,实验组没有一个工人愿意超定额。后经深入调查发现,这是工人群体的一种规范在控制成员的行为,这个规范就是,既不能干得太多,也不能干得太少。干得太多,被认为是假积极,干得太少,则背上"磨洋工"的黑锅。此外,群体还设计了一套加强这种规范的不寻常的办法,组内任何人违反这个规范,都可能受到别人的"提醒",这种提醒就是往偏离者的肩上打一下。工人们心甘情愿遵守这一规范,是因为他们相信,它保护了大多数人的利益,既不会被辞退,也不会让厂主一再提高工作定额。

(三)团体领导者的风格

团体领导者是在团体运作过程中,带领和指引团体成员,实现团体目标的人。由于学生的差异性,导致他们在行为模式和互动模式上也存在巨大差异,教师在课堂中是班级团体的自然领导者,要想建立具有凝聚力的、快速实现团体目标的团队,教师要善于倾听不同意见,并始终持有真诚与一致的态度,体验并理解不同感受,利用团体的功能化解冲突,解决问题,和成员共同成长。

勒温系统研究了不同领导风格对团体的影响,提出了专制型、民主型和放任型三种团体领导风格,概括了三种领导风格的特点、对人的假设、行为表现及沟通形态。(徐西森,2003)。

表 2-3 不同团体领导风格的比较

	专制型	民主型	放任型
特点	团体所有事均由领导者决定;所有步骤方法由领导者指挥;成员的任务由领导者决定,成员不知下一步该如何;领导者凭借个人观点评价成员工作;领导者在团体过程中对人冷淡	领导者鼓励并协助所有事务的讨论和决定;目标与步骤达成共识;成员自由与任何人共事,工作分配由团体共同决定;领导者客观评价成员工作,不过多介入团体活动	领导者避免参与决定,完全由成员决定;领导者只在成员要求时提供信息,但不参与讨论;领导者不参与工作分配;领导者对成员的活动与团体过程不评价,不调整

续表

	专制型	民主型	放任型
对人的假设	否认人的独立判断力，认为人无成熟的鉴别力，从事任何工作都必须由专家和权威决定	拒绝接受一个固定责任来引导团体，认为团体的成长并不是领导者的全然责任，而是应该由每个成员来负责	团体成员自己负责团体的发展，领导者相信成员的角色与自己相同，拒绝接受任何的功能、责任、关系，认为人是无法加以约束的
行为表现	对成员的行为会做许多分析、解释，以帮助人解决困难；若是带领小团体，倾向于去做判断和评价	希望了解团体成员能力、需求，适当地以团体关系来帮助成员发挥，用技巧协助成员了解团体，提供良好氛围与资源给成员，协助成员消减其焦虑	对成员的一切不予引导，完全取决于大家的讨论；将团体模糊不清的事务、状况扔给成员自己去解决，不做指导
沟通形态	成员彼此互动少，各自与领导者交流，常见于团体初期	成员之间沟通充分且有系统，常见于团体中期以后	团体沟通混乱，无目标，成员私下互动，影响团体动力

四、团体动力学对教学设计的启示

（一）设计良好人际关系

班级团体是学生社会化的重要场地。根据团体动力学的原理，这种互动是通过成员之间语言和非语言信息的沟通，达到彼此之间思想和情感的交流，促进成员之间相互理解、相互认同。心理健康教育课程是一个积极的人际互动的过程。心理健康教育课程设计应考虑学生在班级里进行交往的过程中，对感情等各种需求的冲突，通过团体促使学生认识到尊重自己和尊重他人的重要性，助人的相互性等，因为他人的意见可以使自己反省，能帮助自己更好地了解自己。同时,成员之间互相倾诉、表露,也可以让别人更好地了解自己,也对别人有了进一步的了解,这有利于培养学生的同情心、同理心,与他人建立良好的人际关系。

团体活动中学生也学会了如何遵守规范和规则,通过积极参与团体活动,体验到团体生活的乐趣和同学之间的团结互助、友爱和温暖。通过活动促进他们对社会价值观的理解与内化,做出利他行为,树立起博爱精神、社会责任担当与分担。

(二)关注场的环境建立

一个健康的团体应有严密的组织纪律和规范,有积极向上的集体舆论,如不随意发表消极言论、不轻易否定他人与自己等。这些纪律规范和集体舆论使学生对所依赖的团体产生亲切感与归属感,感受到群体压力和社会环境的要求,在思想上和行为上追随大众,与大多数成员保持一致性,快速达到团体的目标。

第四节 积极心理学理论基础

《中小学心理健康教育指导纲要(2012年修订)》明确提出要培养学生积极心理品质,这与积极心理学倡导的理念相符。积极心理学兴起于20世纪90年代,是由美国著名心理学家马丁·塞利格曼教授首先倡导的。1998年塞利格曼正式开始担任美国心理学会主席一职以后,由于他的大力倡导,西方心理学界掀起了一场声势浩大的积极心理学运动,积极心理这一概念便逐渐在心理学界得到了明确的界定。

积极心理学主张心理学不仅要研究人类的各种问题,同时更要研究人类的美德和各种积极力量;不仅要修复损坏的地方,也要努力构筑生命中美好的东西;不仅致力于治疗抑郁痛苦的创伤,也致力于帮助健康的人们实现人生价值。所涉及的领域包括积极情绪、积极心理品质、积极人际关系等。

一、心理学对积极的理解

积极一词在香港和台湾经常被翻译为"正向的"意思,经常把积极心理学称为正向心理学。拉丁文原意是指"实际而具有建设性的"或"潜在的"意思。目前认为积极既包括了人外显的积极,也包括了人潜在的积极。也许让我们从生活的具体事件中来认识积极的含义会更深刻。我们通过一个故事来理解积极。在沙漠深处看到半瓶水时,你想到了什么?是"还有半瓶水"还是"只有半瓶水"?面对同样的事实"半瓶水",当你分别用"还有半瓶水"和"只有半瓶水"来进行描述时,你的心态就不同,前一种是积极的心态,而后一种则是消极的心态。生活中我们会经常遇到这样的事件,如果用"还有半瓶水"去解释,我们的心态会轻松很多,尽管客观事实是一样的。

根据积极心理学所倡导,教师在教学设计过程中应积极寻找并研究社会或社会成员中存在的各种积极力量(包括外显的和潜在的),并在社会实践中对这些积极力量进行扩大和培育;寻找或创造一种良好的社会环境,使每一个成员的积极力量能在这种环境中得到充分的表现和发挥,培养全体社会成员的积极品质。

二、积极心理学的主要观点

(一) 实现平衡的心理学价值观

1. 积极心理学是对二战后心理学性质和价值的反动

强调心理学应实现其本体价值回归的再次平衡。二战后心理学逐渐把注意力集中在了纠正人生命中所存在的问题上。这种价值理念下,心理学工作重心必然导向对心理问题的评估和矫正上,侧重于研究负面社会环境、刺激给人心理所带来的消极影响及其消解方法。把心理问题纳入生理病理学的框架之中,以身体疾病的模式来对待人类的心理问题,使心理学具有了病理学的特性而成为了一种"类医学",因此,被称为消极心理学。这就使得个体的许多正常的积极功能受到了极大的限制,如个体的自我完善、自我激励自我教育等功能,背离了心理学发展的初衷——心理学是研究人的科学。

2. 心理学的研究重心

消极心理学的理论会使人对这种社会文化产生偏向,即偏向于有问题的一面,由此带来的危险逐渐使人变得麻木不仁,直至人变得被动、因循守旧而逐渐失去了创新和创造的精神,如同温水煮青蛙一样。

二战以后,由于战争带来的社会问题,如基础建设的大破坏、失去亲人、食物短缺、社会秩序动荡不安等问题带来的心灵创伤,摆在心理学面前的主要任务就是对各种心理问题的修复和解决。随着社会的发展,当今的心理学的研究重心应重新考虑心理学价值观的平衡,心理学不应再是只为少数人服务的科学,而应为社会中的大多数普通人服务。

3. 当代心理学的任务是使普通人过上更幸福、更有积极意义、更有人性的生活

一些心理学研究工作者发现了一些令人困惑的临床现象,如一个人许多时候可以快乐和悲伤并存,还有心理工作者努力帮助抑郁症患者摆脱了抑郁,却仍然不能保证让这些人变得快乐,也就是说只能帮助他改变抑郁症状却无法唤起人们所希望的积极心理品质出现。快乐不等于不悲伤、不焦虑或不愤怒等。随着政治、经济、教育的快速发展,生活环境发生了巨大变化,人类的心理发展面临新的发展内容,今天的社会已达成一个共识:使一切生命过得更有积极意义、更有人性,更幸福。为了促进人和社会的和谐发展使人更好适应环境,需要培养人们的积极品质。

培养人们的积极品质,心理学需要做的就是预防心理问题的产生。心理健康教育教学设计要引导学生发现,只有人善于挖掘自身的积极品质和积极力量,如爱心、担当、发现美、乐观、勇敢、热情、开放、不服输、怀揣希望等,才是预防心理问题产生的最好品质。积极品质将影响人的心理选择与人的行为模式。

(二)积极心理品质

积极心理学提倡心理学要研究人所具有的积极力量。在现实生活中主要体现在以下几个方面:如何看待过去、现在和将来;积极人格的发展,如智慧、友好、尊严、正直、善良等人格;积极人际关系的建立。

塞利格曼和彼得森于2004年出版的《优秀品质和美德:手册与分类》对积极心理品质提炼出各种文化普遍接受的六种美德,即智慧与知识、勇气、仁慈、正义、自制和超越自我。表2-4呈现的是与这六种美德对应的24种积极心理品质。

表2-4 对应六种美德的24种积极心理品质

美德	优势
智慧与知识	1. 创造力,喜欢用非传统的方式考虑问题和做事
	2. 好奇心,对世界中的一切都很感兴趣并喜欢探索和发现
	3. 开放的思想,能够客观并理性地过滤信息,不会草率下结论,以事实为根据做出良好的判断
	4. 热爱学习
	5. 视野,人们特意去寻找拥有这一品质的人,去了解他们的观点,利用拥有这一品质的人的经验与观点来解决自身的问题
勇气	6. 真实性,诚实、正直、真实,也很现实
	7. 勇敢,是指勇猛地面对风险和危险,即使感到恐惧
	8. 坚持不懈,不会虎头蛇尾,总会完成已经开始的事,很勤奋,做事灵活
	9. 热情,通常精力充沛,无论做什么都会全心全意,竭尽全力
仁慈	10. 友善,有同情心,经常帮助别人并且从中得到快乐
	11. 爱,拥有爱的人很珍惜与别人亲密的关系
	12. 社会职能,能够了解和理解自我与他人;有很好的社交技巧,能够很容易地识别自己和他人心情的变化与气氛的变更;会很准确地找到自己的位置,充分地把自己的优势和兴趣利用起来
正义	13. 公平,不会使自己的偏见影响任何决定,会给任何人同样的机会
	14. 领导能力,很会组织活动,是有效而仁慈的领导
	15. 团队精神,有凝聚力,尊敬领导,做分内的事但绝不会愚昧而自动地去顺从

续表

美德	优势
自制	16. 宽恕,懂得宽恕的人,会给别人第二次机会,不会报复
	17. 谦虚,低调、不张扬、不装腔作势,他们觉得自己的成败并不很重要
	18. 谨慎,很小心并且非常细心,有远见,会控制自己暂时的冲动而达到长远的目标
	19. 自律,很容易地控制自己的冲动和需求,直到适当的时机,管理自己的感觉和行为
超越自我	20. 欣赏美和完美,会去欣赏每个领域和情境中的美
	21. 感激,会随时表达他们的谢意,他们欣赏他人身上的优点和品德,拥有一种惊异感,不会把好事当成理所当然,对生命的本身很珍惜,很感激
	22. 希望,会认为好事总会发生,对未来持有积极的观点,积极地为未来做计划但又兴高采烈地生活在现实环境中
	23. 幽默感,会为别人带来欢笑
	24. 宗教信仰,知道自己在大千世界中明确的位置,他们有着一致并深刻的信仰,相信每个人每件事都有更高更深奥的目的和意义

(三)对问题的积极的解释

生活中遇到各种各样的问题是我们无法避免的,但如何看待问题,做出何种解释却取决于我们的思想。

每个人都有自我内心冲突,也有自我完善的内在能力,心理健康教育教学设计要培养人固有的积极力量和积极品质而使人成为一个真正健康幸福的人,引导学生体验积极力量和积极品质带给人们的快乐。每一个人都具有的积极力量和积极品质,包括爱、同情、感恩、满足、理解、宽容、利他、乐观、坚持等,当一个人拥有爱的品质,就可以让他学会"理智"和"善良"。

积极心理学主张从两个方面来寻求问题的积极意义,一是探寻问题产生的根本原因,二是从问题本身去获得积极的体验(Miller & Harvey,2001)。原因本身并不重要,重要的是我们怎么去归因。如果把原因归结为可控制的、暂时的,就会以一种积极的态度去面对问题。积极心理学常常从另一个角度对问题做出新的解释和理解,见表2-5。

表2-5 对问题做出新的解释

问题现象	传统解释	积极的解释
性欲缺乏	无法达到性快感	能不以身委人
抑郁	被动的情绪低落	能对冲突做出深刻的情绪反应
懒惰	没志气、不勤奋、性格软弱	能避免争强好胜
神经性呕吐	食欲缺乏、青春期过分地追求苗条	能约束自己,能用饥饿摆脱女性角色,能分担世界饥荒

学习从自己现在所处的境况及自身所具有的资源中看到希望是积极心理学所倡导的。

三、积极心理学对教学设计的启示

(一)利用积极心理暗示

心理学家芭芭拉·弗雷德里克森在他的拓展建构模型中说道:当人们感受到消极情绪时,人们开始关注自我,保护他们的思维和行为,局限于少量的有限选项,目的在于保持安全;当个体体验到积极情绪时,人们的思维和行为会变得开放和灵活,因而,积极情绪有助于产生拓展和建构的心理状态,与随后的情绪、思想和行为形成良性循环。

在利用积极心理学理论进行教学设计时,要以人类的美德和各种积极力量构筑生命中人生价值、世界观、价值观,初步形成积极情绪、健康心理品质、良好人际关系等。教学设计中应多考虑教师对学生的殷切希望、认可的态度、赞美语言、动听音乐等都能收到预期效果的现象,即善用皮格马利翁效应。

（二）积极心理与消极心理来源于不同认知

有不同认知，就有不同行为，良好行为与情绪来源于正确、积极的认知。教学设计要帮助学生确立正确、积极的认知，并内化为个体的认知结构，这是人格结构形成的基础。教学设计还要帮助学生掌握对"概念"积极解释的方法，认知、情绪与行为就会建立起良好链接。

（三）感受积极体验和感悟

教学活动设计应撒下更多的无条件的爱，让学生充分体验到成功的喜悦，从学习中获得乐趣，从而调动学习兴趣，增强信心。有了热情学生就能自觉主动地自我调节改变现状，构建自己的优良品质成为自觉行为。培养正向力量和增强控制感是设计核心。

（四）活动形式多样灵活，不拘泥于统一模式

活动形式可以用到心理测量、观看影片、游戏、竞赛、讲故事、听录音、幻灯片展示、情景表演等。

【本章小结】

（1）过去课程理论变革基本上是围绕着学科主义课程与经验主义课程之间的批判、反思和重构进行的。现代课程论强调经验比知识更重要，这非常符合心理健康教育课程的设计。心理健康教育课程要求面向全体学生，全面发展。满足学生的心灵世界与生活世界发展需求，注重自我教育，发扬教育的民主性，建立和谐关系，为人生幸福奠定基础，重视价值导向，建立正确人生观。心理健康教育课的设计必须考虑个体自身发展、团体要素和环境条件、积极心理等影响因素。

（2）影响心理健康教育课程设计的主要因素是大脑的特点和神经系统的运作规律。

（3）现代课程强调"以人为本"，反对"技术理性"，心理健康教育课程设

计更多要考虑学科主义课程理念与经验主义课程理念的平衡性,更多关注人本主义思想所关注的可持续发展、民主性、自主性等理念。

(4)团体动力学指出团体内部建立起来的凝聚力、规范和价值的遵从,强有力地把个体的动机需求与团体目标结构联结在一起,使得团体行为深刻地影响个体的行为,团体内有个体所没有的动机特征。

(5)积极心理学强调创设有利于个体成长和发展的积极环境,包括家庭、班级、学校和社区。积极心理学是心理健康教育课程设计的重要依据,对教育理念、目标、内容、策略等,都有借鉴意义。

【实践演练】

(1)组织团体小组寻找日常生活中所面临的问题,运用积极心理学所倡导的对问题进行重新解释。

(2)利用24种优势,分析自己和同学的积极心理品质。

【拓展阅读】

1.陈家麟.学校心理学健康教育:原理、操作与实务[M].北京:教育科学出版社,2010.

2.姚本先.学校心理健康教育:理论研究与实践探索的整合[M].合肥:安徽大学出版社,2008.

【二维码】

脑神经基础

心理学基础

▶▶▶ 第二章 心理健康教育教学设计的理论基础

团体动力学基础

积极心理学理论基础

第三章 心理健康教育程序的教学设计

> 内容提要

本章主要概述心理健康教育活动课设计基本流程，心理健康教育课教学设计的阶段，心理健康教育课教学活动设计形式，心理健康教育课基本内容设计案例及分析。

> 学习目标

1. 知识与技能：了解心理健康教育课活动设计基本流程、设计阶段、设计形式等，并通过案例及分析，掌握中学心理健康教育课基本内容的设计技能，参照范例，设计更具有创新性和适应性的心理健康教育课。

2. 过程与方法：按照心理健康教育课程流程与形式，能够设计符合中学生的心理健康教育教学方案；能够从学生发展特点出发，遵循心理健康教育课程设计基本原则，引领学生心理健康发展，解除学生心理困扰。

3. 情感态度与价值观：形成正确的心理健康教育课情感和态度，从中学生身心发展特点出发，按照心理健康教育课设计流程与形式，设计符合中学生的教学方案；树立正确的心理健康教育课设计理念，从学生特点出发，遵循心理健康教育课设计基本原则，帮助中学生形成积极健康心态和正确、合理的价值观。

第一节　心理健康教育活动设计基本流程

心理健康教育课的教学设计是为完成特定的心理健康教育任务，师生按一定要求组合起来进行活动的程序。教学有一定的活动结构，但心理健康教育课的教学是一种创造性的过程，其效果取决于师生双方的创造性活动。心理健康教育活动设计的基本流程包括厘清教学理念、确定辅导目标、列出活动准备、确定时间场地、选择教学方法，以及设计教学环节等。

一、厘清教学理念

教学理念是教师设计心理健康教育活动课的指导思想和设计指南。它回答的是"为什么要开设这样一次心理活动课"的问题。辅导理念反映了教师对组织某一次心理活动课的理性思考，它侧重于教师对辅导主题的理解和把握。丰富的活动、熟练的技能、精致的课件，都是辅导过程和辅导理念的载体。心理活动课的生命在于理念，成败在于理念，是否能促进学生的成长在于理念。总而言之，辅导理念第一，辅导技巧第二。

心理健康教育活动课的辅导理念应包含三方面的思考：第一，对活动主题核心概念的科学理解。第二，对学生年龄特征的准确把握。第三，对学生在学习和生活中遇到的现实问题有充分的了解。

以下是主题为"我的偶像是谁"的心理活动课的辅导理念。

偶像崇拜是当今青少年精神生活的一部分内容，追星在当代青少年中是非常普遍的现象。当代青少年偶像崇拜现象既有社会成因，也有青少年的心理成因。社会成因是青少年偶像崇拜现象的宏观图景的主要原因。偶像崇拜可以引导人的人生走向，钦佩有才能的人从而完善自己，有着积极向上的一面；也有把明星作为自己的偶像，追星族们对于其心中偶像的崇拜及喜爱、热情，有的甚至到了狂热、执着和迷恋的程度，常常导致某些偏激事件和消极后果，引起家长、老师、社会的忧虑。

人可以没有偶像,但不能没有信仰和理想。信仰和理想对自身的存在与发展有很大的意义,是"追求的不灭的灯塔"。基于中学生偶像崇拜和理想信仰的引导需要,设计本次活动课,旨在使学生不盲目崇拜明星,挖掘明星身上的积极心理品质,如为梦想而奋斗,敢于吃苦、坚持不懈等,丰富学生的内涵,健全自我意识,促进心理健康。

二、确定辅导目标

辅导目标要回答的是"通过这次活动课,希望学生有何改变"的问题。确定某次活动课的具体目标需要注意以下几点:第一,既要符合总目标,又要考虑年龄阶段的目标和每个主题的具体要求。第二,目标表达要清晰、具体,通俗易懂。第三,目标要集中。一节课的目标不能太多,更不能面面俱到。第四,目标必须可操作,如在认识上应该了解什么、懂得什么,在感情上要体验什么、感悟什么,在行为上要学会什么、养成什么或改变什么。第五,要顾及团体的共性目标。不论活动的主题是什么,每次活动课中都应有意识地训练学生在人际交往、问题解决、自尊自信、自我管理等方面的技巧,但每次课只能有所侧重地训练一两个方面,多了会顾此失彼。

以下是主题为"我的偶像是谁"的心理活动课的辅导目标:

(1)学生认识到崇拜偶像的原因。

(2)了解偶像带给自己了什么,形成对于偶像的客观认识。

(3)使学生体验到,从偶像身上可以学习什么。

三、列出活动准备

考虑好活动课需要做的准备工作并写在设计方案中,如活动课中教师要用到的设备、道具、课件、教案、书本等,学生要用到的相关材料,还包括事先和学生有什么样的接触,了解学生哪些特点,是否需要确定助手等。

以下是主题为"我的偶像是谁"的心理活动课的活动准备:

(1)学生每人准备一张白纸、一支笔。

(2)教师准备若干张学生崇拜的偶像图片和积极心理品质词汇表。

四、确定时间、场地，选择教学方法

明确何时何地实施本次活动课的教学，并确定以哪些活动方式来实现教学目标，如讲授、讨论、角色扮演、自主学习总结等。

五、设计教学环节

教学环节即每一次活动课进行的具体过程和步骤。此环节为具体的教学目标的实现过程，包含多个围绕心理教育主题的步骤。

以下是主题为"我的偶像是谁"的心理活动课的教学环节的实例。

教 学 过 程

一、热身游戏

(一)粉丝大盘点

1. 游戏要求

请说出下列偶像的名称。

2. 游戏规则

学生以小组为单位进行抢答，答对1题加10分，答错1题倒扣10分，最终分值最高的一组获胜。

3. 游戏内容

准备明星图片。

(二)主题活动"我们的偶像"

1. 活动要求

(1)介绍偶像基本信息(包括姓名、性别、学历、特长等)。

(2)列举偶像的优点。

(3)讲述偶像成名道路或奋斗经历。

(4)从偶像身上得到的最大收获。

(5)找找自己与偶像的相似处。

2.教师归纳

明星成功率比中彩票还要低,成功背后又有必然性,为了目标辛勤耕耘,台下废寝忘食,真正应验了一句话:"台上一分钟,台下十年功"。

(三)主题活动"我们班的明星"选秀活动

1.游戏规则

(1)班级学生自我推荐,参加"海选",才艺展示3分钟。

(2)由大众评审团(老师和班委)决定进入正式比赛的人选。

(3)进行N-N(1~2)赛制的选秀环节(N人数,"1~2"选择根据每班参赛具体人数决定)。除参赛选手外,其他同学均有投票权,每人每场限投5张票。票数最高的两位选手进行PK。

(4)选手PK结果,由其他晋级选手投票决定。

(5)最终决出3强,根据全班同学投票结果决出第一、二、三名。

2.游戏分享

选秀活动中,你有什么感受和启示?

(四)主题活动"收获"

请同学们4~6人一组,分享活动感受,归纳出"成功的秘籍"有哪些,然后班级一起分享小组讨论结果。最后,教师归纳补充。

成功的"秘籍":

(1)信心。

(2)恒心。

(3)认真的态度。

(4)积极的心态。

(5)自身素质、修养和才智的培养。

(6)有团队合作意识。

二、建议与说明

(1)偶像可以是娱乐圈中的纯偶像,也可以是社会名人、具有非凡气质和影响力的平凡人或身边的人。

活动过程中,教师注意适当引导、归纳,让同学们总结每个偶像成名的必然性和偶然性因素有哪些。

(2)班级选秀活动要注意发动每个学生去展示自己的才华,教师要以多元智能的思想引导学生进行评价。

三、评析

当前社会上,普遍存在"挣快钱""不劳而获"的思想,给青少年造成了不利影响。特别是诸如范冰冰、郑爽等明星偷税漏税事件,让人们看到他们不同于常人的高收入,人们的关注焦点是明星如何风光无限又腰缠万贯。对于心智并不成熟的青少年来说,他们在还没有辨别是非能力的情况下很容易被误导,出现盲目追星的行为。谁都不能否认偶像对年轻人的吸引力,他们将自己的梦想和理想投射到这些偶像的身上,他们通过决定别人命运的方式完成了对自己命运的一次虚拟掌握,所以他们疯狂。

这节课教师借助社会热点,与学生探讨偶像的作用,进而分析成功的条件。教师引导学生挖掘自身的资源,鼓励学生构建自己的成功形象,通过引导学生理性分析思考,从而减少偶像的负面影响。这远比简单地斥责和棒杀来得更明智和更有效。

第二节 心理健康教育活动课教学阶段设计

中小学心理健康教育活动课程是指学校根据学生心理发展的规律和特点,以团体心理辅导及其相关理论与技术为指导,以班级为单位,通过各种辅导活动,有目的、有计划、有步骤地去培养、训练、提高学生的心理品质,激发潜能,增强社会适应能力,帮助学生解决成长中的各种心理问题,维护心理健康,达到塑造和完善人格的目的。心理健康教育活动课程应分为发展性目标和预防性目标。发展性目标侧重于学生心理潜能的开发,心理品质的培养,帮助学生完善自我,促进学生心理的健康成长。预防性目标侧重于帮助学生及时发现自己在成长过程中的各种困惑和问题,学会调整心态,及时纠正和改变不健康的心理,培养积极健康的情绪情感,培养学生积极的自我观念和良好的人际适应能力。以课堂为载体开展班级心理健康教育活动是实现心理健康教育课的发展性和预防性目标的重要途径。中小学心理健康教育活动课通过以下几个阶段实现这一目标：

一、热身阶段

本阶段的主要任务是激发学生参加活动的热情和积极性。通过热身游戏或其他媒体手段，促成团体成员初步的互动。目的在于激发学生主动参加活动的热情和积极性，增进师生之间、生生之间的信任感和凝聚力。必要时，明确告知团体活动的基本规范和活动的注意事项。

（一）划分小组

分组一般以游戏活动实现，如"寻找有缘人"的活动等。规则：全体同学以自己的出生年月来进行同类组合。每个学生只能以自己的手势表示自己的出生月份，不能出声。按月份组合后，相近月份的小组合并，共分 6 个小组。

（二）明确规范

全体学生通过讨论形成活动规范，旨在约束团员的现场表现和活动后的保密原则落实。

二、进入正题阶段

本阶段的主要任务是切入教育主题，感知教学目标。教师围绕活动主题，选择某一种形式（案例、游戏、小品等）将问题情境呈现在学生面前，借助学生的情绪和团体的气氛，切入辅导主题，使本次活动的辅导目标以直接或间接的方式被学生感知。此阶段要鼓励学生主动参与互动讨论，积极对他人的意见予以回馈。

以下是主题为"我的偶像是谁"的心理活动课进入正题阶段的活动设计：

(一)讨论自己偶像的"事迹"

活动1:引导学生发现偶像的积极心理品质。

活动2:引导学生各讲一例偶像的不良表现。

(二)通过讨论逐渐形成对偶像比较全面的认识,了解别人的偶像的优缺点

活动3:把一张纸对折,一半写自己偶像值得学习的积极心理品质,另一半写需要拒绝的偶像的消极心理品质。总结偶像拥有的有益于个人学习和发展的优点,树立正确的理想信念。

三、问题解决阶段

本阶段是解决问题的关键时期。此阶段的基本任务是:设置更为贴近学生生活实际、更能反映学生成长困惑的活动或情境,引导学生在参与活动的过程中,进一步感受、体验和思考,促进学生的自我开放;鼓励团体成员之间不同观点的交换,在支持与面质之间取得平衡;注重团体的组织调控,引导学生关注团体目标,鼓励学生相互倾诉、共同研讨有效策略。

以下是主题为"我的偶像是谁"的心理活动课问题解决阶段的活动设计:

(一)探索偶像的一些不良表现的意义

活动4:大声念之前写下的关于偶像消极心理品质的句子,体验内心感受。

(二)思考规避这些消极心理品质的途径与方法

活动5:小组讨论、代表发言。每小组就同学的发言讨论:
(1)崇拜偶像带给个体的愉悦是什么?
(2)偶像带给大家的困惑是什么?

教师引导:认识自己的偶像要全面,而且我们不能只专注于偶像光鲜亮丽的一面,还要看到他们在背后付出的努力与坚持,同时要理性对待偶像的不足,学人所长,避人所短。

(三)分享感悟

自由发言:通过对偶像正反两面的剖析,你有什么感受?想对同学们说什么,或有什么建议给自己和同学们?

(四)重新全面认识自己的偶像

活动6:重新写偶像带给自己的影响,进一步澄清偶像对自己的意义。

四、总结收获阶段

此阶段的基本任务是:引导学生总结本次活动的收获。鼓励学生将认知、经验加以生活化与行动化,使自己的收获向课外延伸。结束阶段的团体经验对团体的成效有决定性的影响。富有新意、余音袅袅地结束活动,为活动主题的探索画上一个圆满句号。

以下是主题为"我的偶像是谁"的心理活动课结束阶段的活动设计:

教师引导同学总结今天活动课的收获(学生自由发言后,教师总结)。

第一,知道了全面认识自己崇拜的偶像的必要性。

第二,要通过多种途径和方法全面客观地了解偶像,偶像的积极心理品质、偶像的消极心理品质、偶像的人格特点对自己的意义等。

结束语:希望同学们在今后的学习生活中进行偶像崇拜的时候,能够理性对待,不盲目跟随和模仿,把更多的注意力放在对偶像优秀品质的学习上。

第三节　心理健康教育活动形式

心理健康教育活动课的教学注重学生的参与、体验和感悟,在活动中学习、生活和人际交往,开发自己的潜能,提高适应能力。具体形式包括角色扮演、训练式活动、讨论式活动和体验式活动等。

一、角色扮演

(一)概念与分类

角色扮演是一种情景模拟活动,将个体安排在模拟的生活、工作和学习的环境中,要求个体处理在模拟情景中出现的各种问题,从而进一步认识自己,认识他人,认识环境,体验在特殊情境下的特殊心情,学习某些处理问题的方式方法。角色扮演的方法有许多种。教师需要思考如何运用角色扮演的技术和过程,使学生和扮演者得到最大的益处。经由多年的演变,现在在班级中使用的角色扮演大致有下列几种方法:

1. 心理剧

心理剧又称社会剧,是维也纳精神病学家莫雷诺首创。这种方法是通过即兴表演的方式,探索学生的人格特征、内心冲突、情绪问题和人际关系。也就是说,将学生的各种心理行为问题置于戏剧化的形式之下,使学生重新经历情绪冲突或人际矛盾,通过表演创造出新的情境,并做出某些新的富有积极意义的反应,从而促进自我成长。

2. 哑剧表演

教师提出一个主题或情景,要求学生不用言语而用表情和动作表演出来。例如,让同学表演考试后的心情,喜悦、沮丧或者淡漠等,体验内心的感受并实现共享体验。该方法适合于比较微妙或者不确定的情感表达,可促进学生非言语沟通能力的发展。

3. 空椅子表演

这种方法只需一个人表演,在辅导社交方面有困难的学生时经常使用。例如,某个学生见到老师就很紧张,以至于不能正常表现,可以用空椅子表演的方法帮助他。具体做法是将两张椅子对面摆放,让该学生坐在一张椅子上,假设另一张椅子坐的是某位让他感到紧张的老师。该学生先表演彼此曾经有的或可能有的对话,然后坐到对面去,以对方的立场说话。如此重复多次,往往可以使学生了解对方,克服交往方面的一些困难。例如,可以采用空椅子的方法,进行"异性交流困难"。通过学生对异性交往的困难问题的自我分析,帮助学生分辨对异性紧张的自我意识和积极的自我意识,以强化学生对人际交往的积极自我意识。

4. 镜像法

镜像法指看别人演自己的方法。例如,让一个学生观看另一个学生表演该生爱吹牛、不讲礼貌、缺乏教养的模样。通过看别人演自己,客观了解自己生活中角色的言行,激发改变的主动性,促进改变不适当的行为。例如,可以通过镜像的方法,让学生观察角色扮演中学生的人际互动中的特点,与自己的实际情况进行对照,以引导学生对自己的人际关系处理方式的自我剖析,促进学生正确处理人际关系,促进人际和谐。

5. 创意情境法

在角色扮演中,很多时候教师只是给出一个或几个情景,需要学生创造性地自编、自导、自演情景剧,以充分反映学生的实际情况和创造能力,使学生更主动地参与到班级心理辅导活动中来,这样使学生的体验与认知更深刻。例如,通过学生自编、自导、自演情景剧,理解和创造性地运用心理防御机制来面对挫折,加深对面对挫折的心理防御机制的认知和体验。

(二)角色扮演的要素

角色扮演技术涉及五大要素:教师、剧本、扮演者、观众和舞台等。

1. 教师

教师是角色扮演的设计者和策划者,其任务是确定角色,设计小品或情景,鼓励学生主动地参与表演活动,使活动达到预期的效果。

2. 剧本

剧本主要来自两个方面:一种是由教师预先设计或准备好的戏剧剧本、小品或情景,学生按照教师的设计进行表演;另一种是由教师提示情景,学生自行设计动作、对话等进行表演。

3. 扮演者

由一个学生、几个学生或全班所有同学根据教师的启发和剧情的要求，自然地、主动地、创造性地去表现。

4. 观众

他们虽然不直接参加表演，但也是角色扮演活动的参加者。他们需要体验扮演者的感受，自然地融于剧情中，与扮演者同喜同忧，起到支持、鼓励、烘托等作用的同时，他们也在进行认知、思考和体验。

5. 舞台

这是角色表演的场所。教师可以选择讲台或同学们围坐留出中心空地，这样容易吸引学生的注意力。对进行角色扮演的学生来说，自己是演员的意识得到加强，可以增加对角色的认同和体验，表演的效果会更好。

（三）角色扮演实施的阶段

角色扮演技术的实施分三个阶段：

1. 准备阶段

需要确定以下内容：选择扮演的主题、设计小品或情景剧本的内容、确定角色的扮演者。指导扮演者将自己的情感创造性地发挥出来，将自己的体验注入于角色之中，指导学生观众观察扮演者的言语和行为，并体验其内心感受，分析其角色的处理方式、布置扮演的舞台等。

2. 扮演阶段

由学生实施角色扮演。教师在角色扮演进行过程中必须具有洞察力，因势利导，给予帮助和指导。为了使活动能达到预期目的，要注意调动参加者的自觉性和主动性，运用各种技术，使全体成员能投入地参加到角色扮演的活动中来。

3. 结束阶段

角色扮演结束后，教师会设计一些问题让扮演的学生和观看的学生一起讨论，并交流彼此的情感体验。通过讨论与交流，使学生理清思路，找到问题的症结，达到角色扮演的目的。同时，教师还可以分析角色扮演的情况,让学生进行讨论和交流。必要的时候可以重演,强化行为的塑造,进一步达到角色扮演的目的与功能。

二、训练式活动

(一)概念与特点

训练式活动是以学习理论为基础的行为训练模式。辅导者在确定训练目标之后,以群体为单位进行行为训练,采用强化、惩罚、厌恶及条件反射等手段,使个体或群体的行为朝向辅导者预期的方向改变,即使学习者增加某种适应性行为或停止某些不良行为,或使学习者习得某种新的行为。一般而言,训练式活动可用于较基础的心理活动的辅导,如增强注意力、发散性思维训练等,也可用于一些技巧的学习,如人际关系技巧等,不适用较深层次的心理活动的辅导,如人生意义、价值观探讨等。在学校教育教学中,班主任老师的班级管理或任课老师的一些教学活动中,也自发地在运用这一辅导策略。例如,在低年级的语文课中,我们经常采用故事接龙的方式训练孩子的口头表达能力,让每一个孩子参与故事接龙,让孩子有机会在别人面前表现自己,培养自信心。

行为训练是在行为治疗技术基础上发展而来的一项辅导技术,因此,它的理论是建立在行为治疗理论基础之上的。该技术通过行为训练的方式改变个体的行为,从而达到改变个体心理模式的目的。

训练式活动有以下几个特点:

(1)训练式活动在实施步骤的制订上更为严格,对个体来说,它的针对性更强,效果更为稳固。

(2)训练式活动用于有心理偏差的个体。

(二)训练式活动使用与说明

训练式活动一般用于 10~15 人的团体。人数过少,会使成员感到紧张和拘束,并且无法形成良好的团体活动氛围。人数过多,辅导者无法照顾到所有的成员,使一些成员无法得到行为训练的机会和时间,也容易形成团体无意识的局面。40～50个学生的班级可以采用两种方法加以解决:一是增加一名辅导员,二是分组活动,可以让一名学生担任小组的"领袖"。

训练式活动的成员之间往往有共同点,或有一定的关联性。共同点是指团体的成员在年龄、想要达到的训练目的或效果、成员本身的特质等方面有一定的相似之处。例如,各成员都希望通过训练克服过于害羞的缺点。有一定的关联性是指成员之间有一定的社会关系,如在家庭关系的训练中,可能只是家庭成员中的一个人提议大家参加这一训练,而其他成员是被动参加,在主观上他们并没有一致的要求,在特质上也没有相似之处。

训练时间长短根据训练的目的和内容而定。一般而言,一项行为的改变往往不是一次训练能解决的,需要制订阶梯性的训练过程和内容。一次训练的时间以30～60分钟为宜,过短或过长都不能取得良好的效果。

训练式活动的过程如下:

1. 确定训练的行为

首先需要明确训练学生哪些行为,或者说确定靶行为(在行为治疗中,通过初步的行为功能分析,确定治疗者在整个治疗过程或各个治疗阶段中,需要加以改变的问题行为中的具体目标,这些目标被称为靶行为)。根据观察目的,可将观察分为结构式观察(结构式观察在进行前就确定目的,在一定程序下,有系统和有计划地观察与研究有关的儿童行为,并予以记录)和非结构式观察(非结构式观察则是在没有明确研究目的、程序与工具下,采取较有弹性的观察)。根据观察者角色可将观察分为参与观察(观察者主动投入观察情景,成为被观察群体的一分子)和非参与观察(观察者作为旁观者,只观察不参与被观察者的行为)等。根据情景的形式可将观察分为直接观察(观察者观察被观察者的行为,并获得第一手的资料)和间接观察(不直接参与观察)等。通过观察可以确定需要训练的问题。

其次,由被训练者提出靶行为。当被训练者发现自身的一些不足时,他们会提出希望通过训练做一些改进。此时,辅导者须辨别这些问题是否可以通过训练活动的方式解决,是否具有操作的可行性。例如,一个初中生说自己怕有毛绒的东西,如毛绒玩具、狗、猫等,希望通过训练活动的形式解决。辅导员就必须思考这个问题有无进行行为训练的必要性,这种现象属于个别心理问题,辅导员可以建议这个学生进行个别辅导,而不把这个问题作为团体行为训练的内容。

2. 对靶行为进行分析

在确定训练的靶行为之后,我们就要对该目标行为进行分析,以确定训练的过程和内容。具体的分析内容包括该行为被改变的难度、学生或被训练者已有的行为情况、改变该行为适用的方法等。例如,吸烟问题,首先判定吸烟是一项较难改变的行为习惯,可能要花费较多的时间。其次,要针对不同的训练者分析目标行为,对于成年人而言,可能训练的难度更大。

当靶行为训练目标较复杂时,可以制订具体的分目标。以吸烟为例,对于吸烟者来说,一下子戒烟是不可能的,我们就要制订具体的分目标,如认识吸烟的危害、减少吸烟的次数、采用替代物、不再依赖替代物、对烟产生反感以巩固效果等。

3. 制订训练式活动计划

在分析行为目标的基础上,开始寻找影响目标行为的相关条件,制订具体的实施计划,设计恰当的活动以达到目标。例如,在帮助学生克服考试焦虑的训练中,它的分目标分别是"考试前一周的心理建设""考试前一天的心理建设""考试当天的心理建设""考场中的心理建设"等。目标可以分别设计活动:"制订学习计划,做充分准备"——考前一周积极准备,"查漏补缺,万无一失"——不留死角面对考试,"调整心态,从容应对"——最佳状态准备迎考,"沉着应对,只看过程"——顺利完成考试任务。

在确定目标行为和分目标之后,活动需要辅导老师根据训练特点和目标要求进行设计,这就要求教师不仅要通晓心理学的知识,还要有一定的创造力和辅导经验。

4. 实施训练

按照制订的计划实施训练式活动。如果是一个刚形成的团体,成员彼此十分陌生,就要先进行一些热身活动,以使成员得到放松,同时初步形成团体氛围。

如果在活动进行的过程中,有较多的成员对活动提出意见,则辅导者要考虑这些意见,必要时对活动计划做出修改。由于训练式活动有互动的关系,辅导者要根据活动的进展,灵活掌握活动的节奏,不必拘泥于活动计划。

三、讨论式活动

(一)概念与分类

因为身心发展的特点,青少年经常面对新问题、新矛盾。当主导价值观、信念不能被认同接纳时,可以通过充分的讨论、辨析,帮助他们厘清混沌。讨论式活动是指两个以上的学生通过相互交流沟通,达到集思广益、互相理解、促使问题得到解决目的的方法。讨论式活动可以有以下几种类型:

1. 专题讨论

针对学生中普遍存在的问题可进行专题讨论,如中学生普遍存在的异性交往问题、考试焦虑问题等。学生对这些问题的认识往往模糊不清,或是不甚明确,或是不太全面,可通过专题讨论的方式,进行交流沟通,集思广益,澄清问题,明确努力方向。

2. 辩论

当学生对某些问题产生了分歧或对立的看法时,可就有争议的问题进行分组辩论,提出正反两方面的意见,并找出自己的根据和理由,达到辩证、全面看问题的目的。

3. 脑力激荡

脑力激荡法又称头脑风暴法,是由美国著名创造学家奥斯本所创。该方法是利用发散思维的手段,集体思考,使大家发挥最大的想象力,根据一个灵感激发另一个灵感的方式,产生创造性思想,并从中选择解决问题的最佳途径。脑力激荡法常用在决策的早期阶段,它一般只产生方案,而不进行决策。主持讨论的教师要鼓励学生提出自己的设想,允许异想天开,想法多多益善,禁止评价他人的意见,但鼓励将他人的意见加以综合或改进。

4. 六六讨论法

六六讨论法也叫菲利浦斯六六法,是美国密歇根州希斯迪尔大学校长菲利浦斯发明的集体思考的创造技法。这一方法是将一个大型集体,分若干个六人小组,围绕可能解决的问题,运用脑力激荡的方法,同时进行六分钟讨论,每人发言一分钟。然后再回到大团体中分享及进行最终的评估。该方法可以消除"人数太多,不利于自由发言"的弊端,是一种人人都能参与而且省时的好方法。

5. 配对讨论法

针对一个题目,先两个人一组讨论,得出结果,然后与另外两个人讨论的结果进行协商,形成四个人的共同意见。再与另外四个人一起协商,形成八个人的共同意见。这种讨论必须经过深思熟虑,参与感也比较高,讨论的效果比较好。

(二)讨论式活动的使用与说明

使用讨论式活动时,每组人数不应太少,应 6～12 人为一组,人太少可能会增加发言的压力,人太多可能导致没有发言的机会。过程中一定要保证每位成员都有机会充分表达自己的观点,教师不急于价值评判。在讨论过程中使每位成员主动思考,从而获得正确和有益于个体发展的认识。教师的作用更多地体现在,当学生之间有争议或者是学生的价值观明显偏离时的及时引导,促进讨论目标的真正达成。

讨论式活动的特点有以下几个方面:

(1)可以使每位成员都有机会发表自己的观点,积极参与促进个人的成长。

(2)适用于学生比较模糊或者还没有全面理解和掌握的事物。

(3)讨论前规定发言的顺序和时间的要求,避免混乱等。

四、体验式活动

(一)概念与分类

体验式活动是指通过学生自身的言语和行为操作来完成教学活动的某些环节,达到心理健康教育目的的方法。一般使用以下形式进行:

1. 游戏法

玩是孩子的天性,游戏是儿童普遍喜欢的活动。有意义的游戏不仅能给儿童带来快乐,而且能使之从中受到教育。游戏有多种分类,一般可分为竞赛性游戏和非竞赛性游戏。竞赛性游戏,如"解扣""两人三足跑"等,可以培养和锻炼学生的竞争意识和团结合作的精神。非竞赛性游戏如"大西瓜、小西瓜""白菜与兔子"等可使学生情绪高涨、轻松快乐,有利于增进师生之间、生生之间的心理距离,同时也利于训练学生的注意力和反应能力。

2. 测验法

通过让学生亲自做智力、个性、态度、兴趣、心理健康等各种心理测验,帮助学生更客观地了解自己的特点,增加学生自我完善、自我教育的针对性和自觉性。但教师在运用心理测验的时候,一定要谨慎选用心理测验量表,更要谨慎解释心理测验的结果,防止不当使用心理测验给学生造成负面影响。一般只有经过专业培训的教师才可以使用心理测验的方法。

3. 纸笔练习法

可以让学生写一写,写下对他人要说的话、对自己要说的话,写出自己的优点和不足,并写出改进方法,写出自己的行动目标和行动计划等。这样可以起到宣泄情感、提高认识、激发行为动机的作用。

(二)体验式活动使用与说明

首先,心理健康教育注重体验,重在学生自己在心理教育过程中慢慢获得的感悟。即使是青少年,因为过去生活经验已经形成较为稳定的思想认识和心理体验,所以直接的说教不一定被接纳时,通过动手操作,进行直接经验的影响,更有可能改变已有的认知,所以在组织体验式活动之前一定要充分做好设计,从目标到结果,形式到内容,一定要清楚明晰,以免造成新的困惑。

其次,体验的形式是为内容服务的,切忌为活动而设计内容。要求心理教育主题一定要明确,目的分段要清楚,对于一些较为复杂的认知改变,可能需要对目标进行分解,一步一步达成最终目的。

总之,在进行心理健康教育教学设计时,活动课是较多被使用的形式。目前,心理教育活动形式多种多样,不断涌现新的活动内容。作为心理健康教育课教师,一定要从问题出发,根据需要解决的问题。选择活动形式和内容,切忌演变为活动的堆砌,脱离主题,甚至背离目标。

第四节　心理健康教育活动内容设计

《中小学心理健康教育指导纲要(2012年修订)》指出,初中阶段心理健康教育的内容主要包括:帮助学生加强自我认识,客观地评价自己,认识青春期的生理特点和心理特点,适应中学阶段的学习环境和学习要求,培养正确的学习观念,发展学习能力,改善学习方法,提高学习效率,积极与老师和父母进行沟通,把握与异性交往的尺度,建立良好的人际关系,鼓励学生进行积极的情绪体验和表达,并对自己的情绪进行有效管理,正确处理厌学心理,抑制冲动行为,把握升学选择的方向,培养职业规划意识,树立早期职业发展目标,逐步适应生活和社会的各种变化,着重培养应对失败和挫折的能力。

高中阶段心理健康教育内容主要包括:帮助学生确立正确的自我意识,树立人生理想和信念,形成正确的世界观、人生观和价值观;培养创新精神和创新能力,掌握学习策略,开发学习潜能,提高学习效率,应对考试压力,克服考试焦虑;正确认识自己的人际关系状况,培养人际沟通能力,促进积极情感反应和体验,正确对待与异性同伴的交往,知道友谊和爱情的界限;帮助学生进一步提高承受失败和应对挫折的能力,形成良好的意志品质;在充分了解自己的兴趣、能力、性格、特长和社会需要的基础上,确立自己的职业志向,培养职业道德意识,进行升学就业的选择和准备,培养担当意识和社会责任感。

中学心理健康教育活动课应围绕中学生心理发展特点及新《纲要》的要求,开展心理健康教育活动。其内容主要包括:探索自我、完善自我、学会学习、人际交往、情感教育、生涯规划、社会适应等。

一、自我意识内容设计

随着个体第二性征的发育,刚刚进入青春期的孩子变得敏感和焦虑。敏感于自我发育的变化,又焦虑于不可知的变化带给自己的新面孔。如何与自己的"新面孔"和谐相处,正确对待自身的优缺点,是中学生重要的课题。

(一)设计目的

自我意识的核心就是自我认同即自我同一性,自我认同是青少年时期主要的发展任务。埃里克森指出,同一性的形成是青少年人格成熟的重要标志,青少年的自我认同感建立,往往与以下因素有关:

(1)对自己身体外貌的认同。
(2)父母、老师对自己的期望。
(3)自己以往的成败经验。
(4)对自己目前状况的满意度。
(5)现实环境的条件和限制。
(6)自己对未来的展望。

设计内容应围绕以上内容开展。

(二)自我意识设计方向

1. 教学设计的入手点

首先要处理好理想与现实的关系,悦纳自己,通过活动充分体验自尊,培养学生积极的人生态度,使其乐观豁达,心胸宽广,认识到任何事物都具有两面性,并能规划美好人生。

2. 自我意识的培养方向

客观评价自己,自我评价应逐渐多于他评;自我评价独立性与稳定性逐渐增强;自我评价的范围不断扩大;正确认识自己的优点与不足;学会欣赏别人的长处和优点,克服以自我为中心的倾向。

【案例分析】

自我认识——我就是我自己

1. 活动目的

(1)通过游戏,让学生认识和了解自己。

(2)通过活动,让学生体会每个人都有自己的独特之处,学会正确评价自己、控制自己。

2. 活动过程

(1)游戏体验——"猜一猜"。

请6个同学(学生自愿举手)走到讲台上来,背对大家。座位上的同学在老师的指挥下,有次序地发出各种声音,如笑声、说话声、唱歌声、叹气声、欢呼声等。请台上的同学猜猜是谁发出的声音,并讲出他们的名字。

下面的同学每发出一种声音,就请台上同学讲出发出声音的同学的名字,猜对后再请座位上的学生继续发出各种声音,台上的同学继续猜。

游戏结束,请台上的同学说一说:你猜中了几个同学?请座位上的同学说一说:你被几个同学猜中了?

大家想一想,他们是怎么猜对的呢?

原来,能猜出别人或被别人猜出来,是因为每个人说话、走路、笑、唱歌等方式都是独特的,都是不同于别人的(出示:我不同于别人)。正因为如此,在生活中,我们就有许多辨认亲人的方法。

世上没有两片相同的树叶,同样,世上也没有两个完全相同的人。每一个人都有自己的独特之处。你知道自己在这些方面的独特之处吗?你还记得你幼儿园时什么样,小学时什么样吗?你了解自己与他人的不同之处吗?

(2)涂鸦体验,"轮图"——我的喜好和能力(认识自己)。

我们一起来做一个填写"轮图"的游戏,它能让你看到自己喜欢或不喜欢、擅长或不擅长的事,帮助我们"认识自己"。

根据自己的兴趣、爱好和擅长的程度涂色。"兴趣很大"的涂成红色,"兴趣一般"的涂成黄色,"兴趣很小"的涂成蓝色,"没有兴趣"的涂成绿色。

如有其他的"轮图"上没有展示的爱好与特长,可填写在空格内,并涂上相应的颜色(如图3-1所示)。

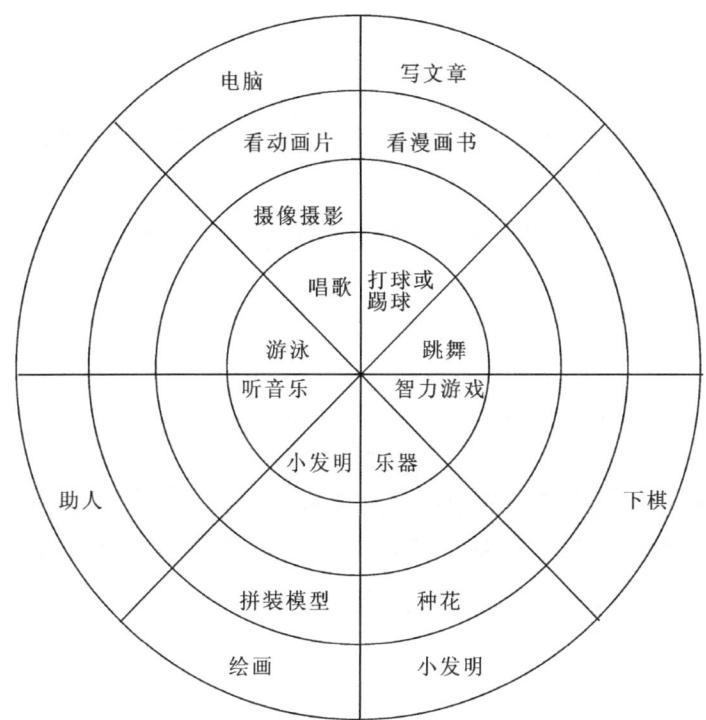

图3-1 轮图

(3)讨论体验。

自己与别人的独特之处(欣赏和交流)。

观摩轮图:现在,让我们来看一看,你发现什么了吗?

每个人都有自己独特的爱好和特长。

填写"轮图"的游戏,让我们看到自己喜欢或者不喜欢、擅长或者不擅长的事。

交流互动:同学喜欢你哪些独特的爱好和特长?你又喜欢小组同学的哪些独特的爱好和特长呢?

学会欣赏:找到你的同桌,写上你喜欢他的哪些独特爱好。

欣赏别人后,你有怎样的感觉?

别人欣赏你,你有怎样的感觉?

每个人都是独一无二的,谁也无法替代。

思想交流:看到同学的,你想到了什么?

(4)总结及激励。

今天同学们都看到了自己与众不同的特点,我们每个人都是独一无二的。同时我们也看到了思想各异的同学们,他们都有自己的特点,我们学会欣赏和理解,就会给我们带来不同寻常的快乐体验。所以我们承认自己的优点,也要欣赏别人的长处,尊重自己、尊重别人,这样,这个世界就会更加美好!

二、学会学习内容设计

中学阶段的课程在难度和内容上都发生了很大的变化,这也是中学生学习适应的重要任务。帮助学生顺利完成学习任务,提高学习成绩,最关键的是激发学生学习兴趣、学习动机,培养有效的学习策略、专注力、记忆力、时间管理能力等。

(一)设计目的

学会学习内容设计的总目标,就是帮助学生学会学习,增长智慧。

(1)关注学生认知过程,从感知觉、记忆、思维入手,强调注意力、观察力、记忆方法、思维品质等方面的训练和指导,促进智力发展和学习能力的提高。

(2)进行学习策略和问题解决策略的设计,提高学生学习技能,发展学生的创造能力。

(3)培养学习兴趣,端正学习态度,关注学生的学习动机,学会合理归因,运用自我调节激发学习动机,实现学习目标的达成。

(二)学会学习设计方向

(1)培养学生良好的学习习惯。
(2)帮助学生解决与学习有关的各种心理困惑。
(3)树立良好的学习榜样。
(4)成立学习小组,分享学习经验。
(5)教师要自觉运用团体动力学的理论与方法。
(6)提高自我效能感。

【案例分析】

智力活动——知识的魔力

在学习动机中,最为持久和有效率的学习动机是兴趣,可以通过科学实验的活动课促进学生对科学探究的兴趣和热情。让每一个学生在科学实验的活动中体验科学的奇妙,同时善于发现自身认知的特点,有助于在今后的学习中避免认知偏差,更好地学习科学文化知识,培养对科学的兴趣。

1. 活动目的

在了解自然科学信息、小实验和读书等活动中,让学生体会到学习是一个吸取知识、富有趣味又能展现自己智慧与能力的过程,从而激发和增强学生对学习的浓厚兴趣。

2. 活动过程

也许你是一个爱动脑筋的"小机灵",想揭开宇宙的奥秘。探索大自然的奇迹……那么,就请你从书本里走出来,瞧瞧外面的世界吧!

活动1:奇妙的世界

通过提问的方式引起学生的兴趣,进入主题。

(1)干冰是冰吗?

(2)橄榄油是从橄榄里榨出来的吗?

(3)红腐乳上的"红衣"究竟是什么?

(4)世界上哪一种树最大、最高?

(5)体操运动员比赛前为什么要在手上涂白色碳酸镁粉?

(6)君子兰是兰花的一种吗?

(7)酒能解鱼腥的秘诀是什么?

(8)为什么吃菠萝时最好先蘸盐水?

(9)玻璃上的花纹是怎么刻出来的?

活动2:世界无奇不有

以"森林疗法"为题给学生展示奇妙的世界。

活动3:亲自尝试

让学生亲自试一试米汤作画、水中悬蛋等,通过提问让学生思考。

打开知识的宝殿。

出现画面(或PPT):用书堆积起来的(排列着的)锁着大门的知识宝殿。

让同学们谈谈自己在打开知识宝殿过程中的收获和感受,并介绍一些平时自己最喜欢看的书,从读书和学习(可以是各种形式的学习)中得到的乐趣和收益,形成一个同学之间互动的氛围。

三、人际交往内容设计

(一)设计目的

1. 建立归属感

进入中学后,学生的社会活动发生了很多变化,开始形成小团体,开启"兄弟""闺蜜"等形式的独特交友模式。心理学家马斯洛认为,归属需要是人的基本需要之一。人们在团体当中可以被接纳、被认可、被尊重,获得友谊并给予爱的满足。人们在团体中被接纳、认可就会拥有自信心。如果归属需要得不到满足,很容易丧失安全感,产生自卑感。人际交往是人适应社会生活的基本能力,中学生人际交往的内容主要涉及同伴交往、师生交往、异性交往、亲子和谐等内容。

2. 建立人际交往的基本方法

在人际互动中如何处于有利地位,在班级中拥有好的人缘,发展几个可靠的友谊关系,对于中学生社会地位的获得至关重要。中学生因为处在人生转折点,对于朋友的"质量"要求很高。那些懂得自己,能够换位思考,一起承担风雨的人更容易找到朋友。如何交到"知心"朋友,不成为"孤家寡人",首先要从学会沟通开始,最重要的是学会听别人说话,这样才能建立彼此沟通的通道。

(二)人际交往设计方向

(1)同伴友谊的建立。
(2)平等、尊重的关系。
(3)理性的异性交往,把握尺度。
(4)善于换位思考。
(5)人际交往是一种能力,不断提升社交技能。

【案例分析】

你会倾听吗?

1. 活动目的

(1)通过游戏,让学生感悟到倾听是人际交往的秘诀之一,是人际沟通的能力之一。

(2)通过活动,培养学生善于倾听的行为技巧,增强人际交往的能力。

2. 活动过程

活动1:信息导航船

你乘过信息导航船吗?我们的信息导航船马上要出发了。这艘船的行驶方向由所听到的周围传来的各种信息所决定。

要求:四大组各推荐一个同学做信息导航船的船长,各组再推荐一个同学做信息指导员,按顺序来做。先由暂不做游戏的小组拿6个书包不规则地放在地上,注意放置的位置要紧密,中间仅能容一个人曲折前进通过。然后,担任船长和信息指导员的同学上来。船长蒙上双眼,听着旁边四个信息指导员提示的信息前进。地上的书包代表暗礁,如果前进时碰上书包就算触礁沉船,另换一个船长继续。

四个被推荐的信息指导员给船长提示信息:一个以拍手次数作为往前走的步数的提示,一个专门发布"左""右"的信息口号,一个专门发布"前""后"的信息口号,还有一个站在终点的小红旗面前,当船长走完全程,并站到小红旗前时,提示船长"拿起小红旗"。

船长在最短的时间内,绕过6个书包,走完全程并拿到小红旗为赢。游戏之后,船长、信息指导员、观众分别发表自己的感受和想法。

教师归纳:善于倾听,能给我们带来成功——导入今天的话题:你会倾听吗?

活动2:你听到了吗?

请对你听到的几句话,做以下选择:

A.行为要求　　B.信息要求　　C.评价要求　　D.理解要求

示范:请拿一杯水给我喝。(A)

教师有感情地朗读以下8句话:

(1)我们一起去公园,好不好?(A)

(2)你把黑板擦得真干净。(C)

(3)妈妈,我是考清华大学好还是考交通大学好?(B)

(4)上完两节语文课,我头都发胀了。(D)

(5)老师,这道题不懂,你能不能讲一下?(A)

(6)国庆节,你都干些什么?(B)

(7)我的字写得怎么样,有进步吗?(C)

(8)这次考试听说是很难的,我怕考不好。(D)

请学生根据刚才的"听话测试",对自己做一个倾听能力的自我评价:全对的——很强,对6个以上——较强,对4个以上——中等,对4个以下——需要锻炼。

小组讨论:自我剖析,平时在倾听方面存在的问题,如,自己听别人说话时爱打岔,最好别人都能听自己讲话,不感兴趣的话题就会开小差。

教师在小组讨论的基础上,可让各组派代表交流。根据学生讨论的情况,教师可以播放事先准备好的关于倾听的录像。

活动3:学会倾听

讨论(小组、大组均可,看现场情况而定):做一个合格倾听者的要求有哪些?学生说,教师将其写在黑板上。

角色扮演:每个小组推选两个同学上来表演,一个讲,一个听,然后大家点评。

合格倾听者的操练:在小组内进行,每个同学轮流扮演倾听者,其他成员点评。

教师小结:我们每个人都有两只耳朵,却只有一个嘴巴。你们说,那是为什么啊?

【本章小结】

(1)心理健康教育活动设计的基本流程包括厘清教学理念;确定辅导目标;列出活动准备;确定时间、场地,选择教学方法,以及设计教学环节等流程。

(2)心理健康教育活动课教学阶段设计包括热身阶段、进入正题、问题解决和总结收获等。

(3)心理健康教育活动形式包括角色扮演、训练式活动、讨论式活动和体验式活动等。

(4)角色扮演包括心理剧、哑剧表演、空椅子表演、镜像法和创意情境法等。

(5)角色扮演技术涉及五大要素:教师、剧本、扮演者、观众和舞台。

(6)角色扮演技术的实施分三个阶段:准备阶段、扮演阶段、结束阶段。

(7)训练式活动的过程包括确定训练的行为、对靶行为进行分析、制订训练式活动计划、实施训练等。

(8)讨论式活动可以有以下几种类型:专题讨论、辩论、脑力激荡、六六讨论法、配对讨论法等。

(9)体验式活动的方法包括游戏法、测验法、纸笔练习法等。

【实践演练】

(1)请以"中学生情绪管理"为主题设计一堂心理健康教育活动课。

(2)请以"学会感恩"为主题设计一堂心理健康教育活动课。

【拓展阅读】

1. 钟志农.心理辅导活动课操作实务[M].宁波:宁波出版社,2007.

2. 吴增强,蒋薇美.心理健康教育课程设计[M].北京:中国轻工业出版社,2007.

3. 叶一舵.中小学心理健康教育基本原理[M].福州:福建教育出版社,2008.

4. 王敬群,邵秀巧.心理卫生学[M].天津:南开大学出版社,2005.

5. 杨震,王守良,段姗姗.中小学心理健康教育的理论与实践[M].合肥:合肥工业大学出版社,2004.

【二维码】

心理健康教育活动课
教学阶段设计

心理健康教育活动
形式教学设计

第四章 心理健康教育教学目标的教学设计

> 内容提要

本章主要介绍了心理健康教育教学目标的基本内容,包括心理健康教育教学目标的概念与作用、学校心理健康教育的阶段目标、国内外关于教学目标的分类,以及教学目标编写的方法与应用。

> 学习目标

1. 知识与技能:熟记教学目标的作用、不同视角下教育目标的设计体系。
2. 过程与方法:掌握心理课程教学目标编写方法。
3. 情感态度与价值观:感受与理解教学目标对教学效果产生的影响和积极作用。

第一节 心理健康教育教学目标的概念与作用

一、心理健康教育教学目标的含义

成功的方案开始于清晰的目标,然后是组织适合于这些目标的教学。因此,教师要在授课前制订出教学目标规格明细表。通过明确目标的范围,找出该教学过程的起始目标、终极目标,为模式选择提供依据。学校心理健康教育教学是一种有目标的教学活动。能科学地构建其目标,是成功开展教学的首要任务,在整个心理教育体系中居于核心地位。

(一)心理健康教育教学总目标与具体目标

1. 心理健康教育教学总目标

《中小学心理健康教育指导纲要(2012年修订)》中指出,心理健康教育的教学总目标是:提高全体学生的心理素质,培养他们积极乐观、健康向上的心理品质,充分开发他们的心理潜能,促进学生身心和谐可持续发展,为他们健康成长和幸福生活奠定基础。

2. 中学生心理健康教育教学的具体目标

初中阶段:达到帮助学生加强自我认识,客观地评价自己,认识青春期的生理特征和心理特征;适应中学阶段的学习环境和学习要求,培养正确的学习观念,发展学习能力,改善学习方法,提高学习效率;积极与老师及父母进行沟通,把握与异性交往的尺度,建立良好的人际关系;鼓励学生进行积极的情绪体验与表达,并对自己的情绪进行有效管理,正确处理厌学心理,抑制冲动行为;把握升学选择的方向,培养职业规划意识,树立早期职业发展目标;逐步适应生活和社会的各种变化,着重培养应对失败和挫折的能力。

高中阶段:帮助学生确立正确的自我意识,树立人生理想和信念,形成正确的世界观、人生观和价值观;培养创新精神和创新能力,掌握学习策略,开发学习潜能,提高学习效率,积极应对考试压力,克服考试焦虑;正确认识自己的人际关系状况,培养人际沟通能力,促进积极情感反应和体验,正确对待和异性同伴的交往,知道友谊和爱情的界限;帮助学生进一步提高承受失败和应对挫折的能力,形成良好的意志品质;在充分了解自己的兴趣、能力、性格、特长和社会需要的基础上,确立自己的职业志向,培养职业道德意识,进行升学就业的选择和准备,培养担当意识和社会责任感。

(二)教学目标发展阶段

反思教学目标的演进过程,便不难发现,人们对教学目标的认识大体经历了以下三个阶段:

1. 第一阶段:一维教学阶段

把人的整体素质理解为道德素质、科学文化素质、身体素质的简单相加,德智体全面发展理解为一维的结构及构建的内容。最终理解存在以下问题:①把极为复杂的素质结构看得过于简单。②只是注重构建的内容,忽视构建的结果和过程,缺乏动态观点。③构建内容存在很大的片面性,没有把心理健康教育纳入其中。④强调社会对人的素质发展的客观要求及外在目标,而忽视了内在目标及外在目标转化为内在目标的过程。⑤只看到素质发展的动力是来自外在的推动,忽视了内因是根本的动力,学生的主体地位不落实。⑥根据这种理解所设计的教育教学是低效的,对应试教育现象缺乏抵抗力,学生负担重,全面发展的理想难以实现。

2. 第二阶段:二维教学目标阶段

随着科学技术的进步和人类认识的深化,人们认识到学科教学只传授知识技能是不够的,还应当重视培养能力、发展智力问题。随着教育实践的不断深入,人们认识到还要培养非智力品质。至此,教学目标的第二个维度及构建结果的维度基本形成。构建结果与建构内容不同,构建内容是外在目标,体现了社会对人的客观要求。构建结果是内在目标,体现了知、情、意、行、个性的协同发展。教学目标的第二个维度分为主体型的知识结构和创造型的智能结构。主体型的知识结构包括学科内在联系、学科间的联系、自然科学与社会科学之间的联系三个不同的层次。创造型的智能结构包括一般能力,比如观察力、记忆力、思维力、想象力、注意力和创造力;特殊能力,包括交往能力、学科能力和实践能力;智力操作水平,包括实际理解、应用分析和综合评价。情是指良好情绪,包括热情、心境和应激等。情感有道德感,理智感、美感、自信心和成就感等。情感的品质包括倾向性、深刻性、稳定性和效能等。意是指良好的意志品质、自觉性、果断性、坚持性和自制力。行是指良好的行为习惯、生活、工作、学习、劳动、品德习惯和动作技能等。

美国学者布鲁姆的教学目标分类理论是二级教学目标的典型代表。布鲁姆认为,教学目标由构建内容和构建结果组成。他把教学目标分为认知领域、情感领域和动作领域,并分出不同层次,列出了其可观测的行为。这一目标分类不仅指向教养目标,同时兼顾了发展目标,兼顾了学生良好的心理素质培养和健全个性的形成。

3. 第三阶段:三维教学目标阶段

我国根据社会和人自身发展的需要,以协同学及自组织理论为一般科学研究方法,在前人探索的基础上,提出了教学目标的第三个维度及构建的过程,从而形成了一个三维教学目标体系。它包括构建内容、构建结果、构建过程的三个维度。所谓构建过程,是指主体自定目标、自我评价、自我激励、自我调控、主动实现目标的过程。自主构建既是过程,又是一种能力。自主构建是素质结构的动力系统和自我监控系统。培养自主结构能力主要包括:①发展主动性及目的性、计划性、自觉性、进取心。②发展自我意识,包括自我认识、自我体验、自我调控。③增强自我教育能力及正确的认识、评价、激励和调控自我,不断完善自我,超越自我,与环境保持积极平衡。④培养"六个学会"即学会生活、学会学习、学会思考、学会创造、学会关心、学会自我教育,掌握自主构建的策略、方法和手段。"六个学会"是自主构建,是主体性的充分体现,它使构建内容与构建结果连成一个有机体,并使素质结构具备了自我发展的动力系统。

以上对教学目标演进轨迹的回顾中,我们不难发现,在学科教学目标中,纳入心理健康教育的目标是时代发展的要求,是推行素质教育,全面提高教学质量的需要,也是人自身发展的需要。

(三)学校心理健康教育教学与教育目的的关系

心理健康教育应该包括两个方面的内容,一是我国学校的教育目的,二是心理学、教育学等相关学科的理论。科学的心理健康教育教学目标应该既能反映社会时代的客观要求,又能反映个体的主观精神。社会及时代的客观要求在很大程度上是通过国家制定的教育目标、教育目的对心理健康教育目标的确定产生间接作用。因此,构建学校心理健康教育教学的目标应该依据国家的教育目的。具体地说,心理健康教育教学目标与国家教育目的有两种关系。

1. 心理健康教育教学目标是教育目的的组成部分

教育目的具有整体性,需要分解为若干方面。心理健康教育教学目标是其中的一个方面,因而心理健康教育教学目标的构建应置于这一大系统中,而不宜孤立起来,应注重与德育、智育、体育、美育等各项教育目标的沟通与衔接,在直接提高学生心理素质的同时,也为促进他们全面、主动地发展,为实现个体的充分个性化与顺利社会化服务。

2. 心理健康教育教学目标是教育目的的具体化

中小学心理健康教育,是提高中小学生心理素质、促进其身心健康和谐发展的教育,是进一步加强和改进中小学德育工作、全面推进素质教育的重要组成部分。教育目的具有高度概括性,需要予以具体化。心理素质发展在教育目的中只是一个概括性的项目,但在心理健康教育教学目标中,就必须予以较为具体的确认,从而在具体的学校心理健康教育教学活动中能够达成。

因此,在制订心理健康教育教学目标时,要充分思考教育目的,特别是在同一年级整体培养目标指导下,制订出心理健康教育教学目标,使教学目标构建更加体系化、科学化。同时,在教学实践过程中,心理健康教育教学工作需要与班主任、其他学科教师加强沟通,对心理健康教育教学起到及时的信息反馈和目标调整作用。

二、学校心理健康教育教学目标的作用

科学地构建学校心理健康教育教学目标是扎实有效地开展学校心理健康教育的先决条件。具体而言,其作用有如下四点:

(一)对学校心理健康教育教学内容、方法和手段的制约作用

学校心理健康教育教学的内容、方法和手段与其目标直接相关,是其目标的具体化和实现途径。可以说,有什么样的心理健康教育教学目标,就有什么样的心理健康教育教学内容、方法和手段。换言之,学校心理健康教育教学的目标是在教育活动中选择、取舍教育内容、方法和手段的主要依据和标准。

(二)对学校心理健康教育教学过程的调控作用

学校心理健康教育教学目标是对学生所应具备的心理素质的要求,要通过教育者的具体教学活动来实施和完成心理健康教育教学目标。从宏观上说,心理健康教育教学目标对教育规划和教育结构的确立与调整具有指导、协调作用,它能把教育各个阶段及各个方面的教育者组织起来,协调一致,共同努力,达到预期的效果,否则易出现措施相互掣肘、力量相互抵消的现象。从微观上说,心理健康教育教学目标对具体教育活动任务的明确、过程的科学、组织内容的合理安排、方法和手段的恰当使用,具有定向协调作用,并能促使教育者在其教育活动偏离教育目标时进行反思和调整。简言之,只有在正确教学目标的指导下,心理健康教育工作才能增强其工作的自觉性和科学预见性,从而提高教育工作效率。

(三)对学校心理健康教育结果的评估作用

由于学校心理健康教育教学的目标是心理健康教育活动的出发点和归宿,因而也就成为检查评价此工作效果的重要依据和基本标准。这种评价既包括阶段性评价,也包括终极性评价。前者指向活动过程中的阶段性结果,后者指向整个活动的结果。

(四)对学生的教育作用

随着经验的增长和自我意识的发展,学生对自己要成为什么样的人已有明确的追求,并产生了自我教育目标。从某种意义上说,心理健康教育教

学目标实际上就是一种人生的奋斗目标。这是因为心理健康教育教学目标所描述的心理素质实际上是人所应当努力达到的理想人格。正因为这样,心理健康教育教学目标会对学生有教育作用。

综上所述,心理健康教育教学目标是全部心理健康教育活动的主题和灵魂,是否具有科学的目标,将直接影响和决定心理健康教育的效果。

三、设计心理健康教育教学目标的原则

确立心理健康教育专门课程的目标,实际上就是挑选所要培养的心理素质或心理品质特征。个体的心理品质特征颇多,并非都要培养。挑选适当的心理品质或特质,应遵循下述原则:

(一)坚持现实性与超越性相结合的原则

学校心理健康教育教学目标构建的现实性要求,是指首先要立足于当前社会所需要的人才的心理素质,以造就适应当前社会需要的人才。其次要立足于当前学生的心理现状,使目标能为学生所理解和接受,从而既具有必要性,又具有可行性。

学校心理健康教育教学目标构建的超越性包括:第一,目标要面向社会的未来,选择有利于适应未来社会的心理素质作为学校心理健康教育教学的目标。第二,目标要指向学生的未来,不能仅停留在学生现有心理问题及行为的矫治层面,而应立足于促进他们心理素质的优化,充分挖掘其心理潜能,以达到更高层次的心理健康层面。当然,需要指出的是,目标的超越性应以现实性为基础,在学生的心理最近发展区范围内,否则不仅无益,反而会因为达不到目标而挫伤学生接受心理健康教育的积极性,甚至产生新的心理健康问题。第三,在目标构建的言语描述上坚持抽象性与操作性相兼容。学校心理健康教育的过程是实现心理健康教育教学目标的一系列具体活动过程。每一个具体心理健康教育过程,都需要在一个或以一个为主的具体的心理健康教育教学目标的要求和指引下,选择相应的内容、方法和手段,组织相应的教育活动,启发教育、陶冶和训练学生,使他们达到教育所期

望的目的。

(二)心理健康普及与特殊问题辅导相结合的原则

由于种种原因,中学生的心理健康水平有所不同。因此心理健康教育课的目标具有双重性。针对所有的学生应发挥心理教育、成长发展的功能。同时,针对发展中存在特殊困难的学生,心理健康教育课应发挥心理辅导的功能。教学目标的设置,应体现出识别特殊问题学生,发现危机苗头、人际冲突,并在课程内容设置上体现,针对这些学生,安排特别环节或给予眼神、动作等特别的关注与支持。

(三)可操作性原则

教学目标模糊、空泛是现在很多教学目标设置中存在的问题。所谓可操作性原则就是教育目标要具有具体化,可以观察、评定和可以训练培养的行为特征。例如,我们不能泛泛地把坚强的意志作为心理健康教育的目标,而应把这种抽象的概念具体化为各种心理和行为特征,如独立性:自力更生地解决自己的问题、不轻易接受他人的帮助;勇敢:敢于挑战、不胆小怕事、不怕苦和累;坚持性:做事不虎头蛇尾、有耐心,等等。这样的特征是可以观察到的,可以通过一定的测验和评定方法来评估,并且可以通过一定的教育手段和措施加以训练和改造。

(四)社会规范和个人需要相协调原则

心理健康教育不同于学校道德与法治教育,同时又与道德和法治紧密相连。拥有正确的人生观、道德观,对学生的心理健康有着极大的影响和促进。

学校心理健康教育教学目标的构建是从个体的自我发展与实现出发,还是从适应社会规范出发,反映了两种不同的教育价值观。实际上,人作为社会存在物,既是社会历史的产物,又是社会历史的创造者。人的发展是社会化与个性化相统一的过程。人的社会化和个性化是人的发展的两个侧面,人的社会性并不排斥人的个性。社会所要求的人的社会化是要使人与社会、人与人之间相互协调,并不是要把人塑造成像从一个模子里铸出来的机器产品。从这个意义上说,与人的社会性相一致的个性的充分而健康的发展是发展的最高目标。由此可见,在确定学校心理健康教育教学目标时,应该把社会适应与个人的自我发展科学地统一起来,使心理健康教育教学目标既符合社会规范,又满足个体心理素质充分发展的需要。

(五)坚持整体性与系统性相统一的原则

学生的心理发展有顺序性、阶段性的特点,心理健康教育教学目标的制订要符合学生心理发展的规律。同时,每个年级学生面对的社会、学习任务、环境也有差异,因此每个年龄段都应根据不同的特点设置专门课程教学目标。达到这样的目标,可以一步一步地促进学生心理健康持续发展。对于教师而言,也可以有条不紊地推进心理教学,做到有据可依。

学校心理健康教育教学目标构建的整体性。首先,目标要充分地反映当代学生应当具备的心理素质,凸显他们在心理素质方面所应达成的规格。其次,在对学生某个方面心理素质的培养目标中,要考虑到整个心理背景,顾及个别心理素质之间的关系,要在各方面协同发展中进行培养教育,而不能单兵作战,造成顾此失彼、畸形发展。

学校心理健康教育教学目标构建的系统性要求则是,在强调目标整体性的前提下,要考虑到学生群体心理健康水平的差异性,将目标相应地分解为不同层次的子目标;还要考虑到人的心理发展的阶段性,将目标相应地分解为一定序列的子目标。

第二节　不同视角下学校心理健康教育教学目标体系

一、按照学生的发展阶段构建目标体系

学校心理健康教育教学的阶段目标是指从学生年龄(年级)层面来考虑的学校心理健康教育教学目标,是纵向的心理教育结构,也就是从对不同年龄的学生心理特点和心态的把握与分析出发,来制订学校心理健康教育教

学目标。学习、生长、社会等对学生的发展起着交互作用。心理健康教育就是要充分地考虑学生生理成熟、心理功能发展阶段特点、教育策略共同影响下，学生呈现的不同特点。这样的目标体系可以促进教育者对学生的基本认识，了解各阶段出现的问题并使之正常化，降低学生本人及教育者的焦虑，为心理教育的提升空间起到参照作用。

关于学生心理健康阶段发展特点，可参照陈家麟先生所著的《学校心理健康教育：原理、操作与实务》及《发展心理学》相关学习内容。

二、按照心理健康教育的结构构建目标体系

（一）培养学生积极的自我意识

自我意识是指个体稳定而有倾向性地对己、对人、对事的认识、情感态度和行为方式的总和。研究人格的心理学家，从来都是非常关注人的自我意识问题的，积极的自我意识是人格发展的核心。

在人格结构中，自我意识始终是一个核心成分，心理健康教育从本质上就是一门认识自我、管理自我和完善自我的科学。自我是一个复杂的人格系统，是人类生命体不断发展的重要部分，它不是与生俱来的东西，而是在社会经验过程和社会活动过程中出现的。自我的确离不开社会和人际环境，个体往往是在对他人、对自己的态度和评价中，产生自信、自尊或者自卑。同时，自我不是本能、欲望的奴隶，而恰恰是它们的主人。一个积极的自我具有良好的适应性和自主性。一个人只有拥有健全的自我，才会拥有健全的人格。

然而，目前有许多资料表明，升学压力和沉重的课业负担，使得相当一部分中学生的自我效能感并不令人满意。他们对于学校课程缺乏热情，厌学情绪滋长，并且感到自己没有价值，没有自信。学生许多情绪和行为问题，其根源来自消极的自我意识。

（二）培养学生健康的情绪和情感

健康的情绪和情感是学生人格和谐发展的纽带。人格的健全发展，是指

在生理、心理与社会文化(即道德素养和文化素养)三个层面的和谐发展。身心和谐发展的纽带是健康情绪,而心理与精神和谐发展的纽带是健康情感。

积极的情绪状态可以用六个字来表述,即平和、稳定、愉悦。平和是指心境宁静、安逸,不浮躁。稳定是指情绪平稳,不大起大落。情绪化的人往往使他人难以适应环境,也很难与人共处,当然也影响自我判断力和学习、工作的效率。愉悦是指心情快乐,它是一个人必不可少的精神养料。如果一个人的情绪经常能够体现"六字方针",那么,他就是一个心理健康的人。中学生处于心理迅速发展时期,由于他们情绪波动性大、容易外露,使得他们面对压力情境容易受到困扰,而且,随着年龄增长,情绪发展特点也有所不同。发展性心理辅导着重于帮助学生学会自我情绪调节,帮助学生学会压力应付,减少不必要的压力源。健康情感是促进心理与道德和谐发展的纽带。健康情感对于学生心理与道德和谐发展的促进作用,是一个不大受人重视的问题。目前学校心理辅导中比较重视情绪辅导,而对情感辅导比较忽视。其实,从当代心理咨询理论的发展看,现代人越来越重视情感的地位和作用。弗罗姆认为,现代人有许多健康的、积极的情感正在逐渐丧失,这些情感包括淡泊、温柔、同感、爱、责任感和正义感等。

当具备了这些积极的情感时,个体就不会产生双重人格,不会表里不一,不会戴着假面具,其人格才会和谐发展。因此,我们应该把积极情感的培养,作为发展性心理辅导的基本目标之一。

(三)发挥学生自身潜能

开发潜能是学生人格发展的目的。每个人都有潜能,只是大小不同。每个人的智慧和才能水平都有两个状态:一个是潜在的状态,这就是我们所说的潜能,另一个是实际表现状态。潜在状态不等于实际表现状态,在这两个状态之间存在一个空间,就是维果茨基讲的"最近发展区"。这就如同一个跳高运动员,他有跳2.30米的实力,但未必能够在比赛中跳过这个高度。开发潜能,就是要让学生实际表现接近或者达到他潜在的能力水平。

健全人格和开发潜能,两者之间不是相互割裂,而是密切联系的。积极的人格因素是发挥学生潜能的内在动力。发挥学生潜能,使之自我实现,是人格发展的主要目的之一。

(四)帮助学生建立个人与社会的和谐关系

帮助学生建立个体与社会的和谐关系,首先要让他们懂得个人是社会中的一分子,个人生命质量与社会发展水平密切相关,和谐社会、美好生活需要每个人用其生命的力量与智慧去贡献与创造;其次,在建立对社会责任感的同时,还要积极地适应环境。当今世界瞬息万变,我们既要让学生用与时俱进的眼光看待周围社会环境的变迁,不断学习,不断充实,不断更新,让自己不断顺应变革的社会,又要增强学生抵制不良社会风气的道德判断力和承受挫折的意志力。

个人与他人关系的和谐是个人与社会关系和谐的一个重要部分,社会和谐的基础是人与人之间关系的和谐。心理学把人际关系紧张看作是社会适应不良的一个重要指标,多元智能理论把人际关系作为第六种智能。在现代社会中,一个人的成功需要良好的人际关系来支持。从更加深入的意义上看,和谐与人相处是一种生命智慧和伦理规范。我们要帮助中小学生与他人和谐相处,要在他们幼小的时候,与同伴、父母、教师及周边的其他人和谐相处,培养他们的合群性和合作性。

三、按照心理健康教育课程环节构建目标体系

中国台湾学者李坤崇先生主张的心理教学采用"六阶段模式",这也是大陆心理健康教育课程普遍采用的课程设计结构。这六个阶段依次是:准备阶段、热身阶段、过渡阶段、工作阶段、结束阶段和延伸阶段。其中班级心理辅导一般有四个阶段,依次为热身阶段、过渡阶段、工作阶段、结束阶段。其余两个阶段分别在集中辅导前后完成。各阶段目标的制订与实施决定了课程单元目标、总目标的实现。集中辅导的各阶段目标制订应围绕以下几方面设计:

(一)热身阶段目标

热身阶段是准备进入运作状态的阶段,其功能是启动。让学生在温暖、轻松的氛围中初步放开自我,产生心理需求。此时,学生有多种情绪体验,主动性差,团体结构松散,人际沟通表面化,学生受固有的课程模式影响较大。因此热身阶段辅导的主要任务目标为:营造民主和谐的辅导氛围,让学生感受到安全感;催化团体动力,促进学生初步开放;激发学生兴趣,调动学生参与积极性;创建小团队,为后面的辅导做好组织准备。

(二)过渡阶段目标

过渡阶段肩负着由团体凝聚力初步形成,并向运用团体动力解决团体共同关心的某一发展问题转移的重要任务,起着承前启后的作用。此时新的阶段团体形成,有了初步的自我开放意识,开始由被动接受逐步变为主动参与,新的学习方式的陌生感也大大地降低。学生的表露程度不一,学生的互动也都是浅表的,有的学生会发出试探信号或用挑战行为来观察教师和同学的态度反应。因此过渡阶段的任务目标为:选择形象具体的活动形式,创设情境,引出主题;激发学生探索成长困惑的欲求;减低学生的焦虑与自我防卫;促进全员参与,继续催化团体动力;建立团体规范,转移团体责任。

(三)工作阶段目标

工作阶段是指团体基本成熟后,进入共同探讨、解决实际问题的关键阶段。此时学生的防御降低,课堂凝聚力形成,学生对辅导主题愈加关注,学生将获得成长。因此工作阶段团体的任务目标为:提供贴近学生生活实际,反映学生成长困惑的活动或情境;促进学生在参与过程中获得体验与思考;继续催化团体动力,促进学生的自我开放;多组织交流与分享活动,鼓励团体成员之间不同观点的交换;引导学生关注团体目标,促进学生共同探讨自己的问题;在知、情、行等方面促进学生的成长。

(四)结束阶段目标

结束阶段是辅导的最后一个阶段,学生出现依恋情结,不愿结束辅导活动,学生的期待与焦虑并存,团体注意力容易分散。因此结束阶段团体的任务目标为:合理疏解学生的依恋情绪,引领学生做好主题辅导的回顾总结,强化巩固工作;鼓励学生将认知、经验用于实际生活,使自己的收获向课外延伸;继续给予和接受回馈,相互之间充分表达祝福和支持;设置富有新意,记忆永存的结束活动,使学生在心理上接受辅导的结束;评估辅导效果。

四、按照学校心理健康教育的层次构建目标体系

学校心理健康教育的层次目标是从教育效应层面来考虑。学校心理健康教育教学目标可以看成由以下三个层次的子目标所组成的目标体系:

(一)基础目标

心理健康教育教学的基础目标是防治心理疾病,增进心理健康。如前所述,作为一个身心统一的人,其健康包括了身心健康两个方面。为了增进心理健康,当然必须防治心理疾病。心理疾病的范围较广,它不只是像精神分裂症那样的重度心理障碍。广义地说,凡是疾病的原因是由心理因素引起的,都可以包括在心理疾病的范围之内。这正像坎贝尔教授所指出的那样,心理疾病和身体疾病一样,有不同的轻重程度。学生心理疾病的产生,总有一个从量变到质变的过程。学校心理健康教育工作者的职责之一就是贯彻预防为主的方针,通过开展心理健康教育和推行学校心理卫生工作计划,消除产生心理疾病的各种因素。如果发现学生有了心理疾病的苗头,应采取适当的措施,使其在量变过程中终止和消失。如果学生确实有了心理疾病,那就要给予积极的治疗,帮助其早日恢复健康。

总之,面对每况愈下的学生心理健康现状,许多学者认为,与其耗费大量精力于有严重心理疾病的学生,而对大多数学生的心理健康发展未曾

顾及,倒不如把时间和精力放在学校心理健康教育上,使学生学会防治自己的心理健康问题,增进其心理健康水平。从这个意义上说,学校心理健康教育教学的基础目标除了及时发现并科学地矫治学生的心理疾病外,更为重要的是教学生学会自我心理保健,掌握有关避免和消除心理健康问题的原则与方法,对自我心理健康有正确的认识,能够自我排忧解难,在应付生活中各种挫折和困扰时,能保持乐观稳定、积极向上的心态。

(二)基本目标

心理健康教育教学的基本目标是优化心理素质,促进全面发展。

培养学生良好的心理素质是学校心理健康教育教学的基本目标。心理素质是指个体所具有的心理品质和行为模式,它反映了人的身心潜能开发与利用的程度。在人的全面发展中,心理素质占据核心地位且具有关键作用。良好的心理素质,一方面是指与现代社会文化要求相适应的现代人的心理素质,另一方面是指与受教育者当前生活相适应的心理素质。从这个意义上来说,优化心理素质就是要求通过对学生的认知品质、情感品质、意志品质及其他各种个性心理品质的培养,使学生知、情、意、行与社会现实的要求之间建立和谐的适应关系,从而促进其整体素质的提高,实现德智体美诸方面的全面发展。

(三)终极目标

心理健康教育教学的终极目标是开发心理潜能,达到自我实现。

为了培养跨世纪的新一代人,不仅要造就他们与未来文化相适应的现代心理素质,更要造就他们与科技进步相适应的创造心理素质,这就需要开发人的心理潜能。

以上构建心理健康教育教学目标体系的四种思路,在心理健康教育中并非独立存在。必须结合学生的心理发展规律、心理组织结构、心理课程组织规律、教育目的架构的基本要求,才能准备出一节切实有效的心理课程。

第三节　心理健康教育教学目标的分类

确定教学目标是教学设计的首要环节。对教学目标的准确分类,具有重大意义。而在众多的教学目标分类的理论中,如布鲁姆关于目标分类的理论与加涅对学习的结果分类的理论等,都十分具有代表性,这些理论对教师分析和设计教学目标都具有重要的借鉴和参考价值。在20世纪,许多心理学家和教育学家都对教育领域中的目标分类问题进行了深入研究,提出了自己的主张、观点及分类体系,形成了关于教学目标的若干理论,各具特色,为我们正确认识、设计、实施或进一步研究教学目标提供了理论依据和基础。

一、布鲁姆的目标分类

布鲁姆受到行为主义和认知心理学的影响,在20世纪50年代,他领导的委员会对教学目标进行系统的分类研究后,将教育目标分为认知、情感和动作技能三个领域,并从现实领域的最终目标出发,确定了一个细化目标的程序。

(一)认知领域教学目标

布鲁姆等人在1956年把认知领域的教学目标公布出来,该领域的教育目标包含由低级到高级,由简单到复杂的六个水平,共分为知识、领会、运用、分析、综合、评价六个层次。

知识:记住所学材料,包括对具体事实、方法、过程等的回忆;可用描述动词:定义、叙述、背诵等。

领会:领悟所学材料的意义,但不一定将其与其他事物相联系;可用描述动词:解释、辨别等。

运用:将所学概念、规则等运用于情境中的能力;可用描述动词:计算、操作等。

分析:将整体材料分解成其构成成分并理解其组织结构;可用描述动词:分解、说明等。

综合:将所学的零碎知识整合为知识体系,强调创造能力,需要产生新的模式或结构;可用描述动词:整合、综合等。

评价:对材料做价值评判的能力,包括按材料内在标准或外在标准进行评判;可用描述动词:评价、对比等。

(二)情感领域教学目标

依据价值内化的程度,将教学目标分为接收、反应、价值化、组织、价值体系个性化等五级。见表4-1。

表4-1 价值内化的程度等级划分表

水平	含义	举例
接收	对环境中正在发生的事情的低水平觉知	不经意地听,对教师的努力做出轻微反应
反应	由经验引起的新的行为反应,由学生自己主动参与	主动举手回答问题
价值化	学生将特殊对象、现象或行为与一定的价值标准相联系	欣赏文学作品
组织	纳入新的价值观,形成自己的价值系统	参加各种俱乐部
价值体系个性化	表现出与新价值观一致的行为	愿意牺牲以继续活动

(三)动作技能领域教学目标

布鲁姆本人并没有编写出动作技能领域的目标分类,这个领域出现了好几类分类法,尚无公认的最好的分类,这里介绍的是辛普森(E. J. Simpson)的分类。他把动作技能领域的教育目标,分为知觉、定向、有指导的反应、机械动作、复杂的外显反应、适应、创新七级。动作技能的各个层次,也均有各自的一般目标,这些目标可以用一些特殊学习结果和行动的动词加以表示。心理健康教育下的动作技能目标可体现为运动技能对情绪调节的积极意义,以及对心理健康的促进作用。

二、加涅的学习结果分类

加涅被认为是认知心理学派的折中主义者,主要从事学习心理学的研究,他认为并非所有的学习均相近,因此把学习区分为不同层次,最早提出了八个层次,用以代表不同种类的认知能力。为了能够使学习层次的原则在教学上应用,加涅提出了五种学习结果,使教师能根据学习结果的表述设计最佳的学习条件。五种学习结果分别为:"态度(attitude)""运动技能(motor skills)""言语信息(verbal information)""智慧技能(intellectual skills)"和"认知策略(cognitive strategies)"。

(一)学习结果分类

1. 态度

加涅认为态度是通过学习形成的影响个体行为选择的内部状态。态度有三类:第一类态度是可被看作是达到期望的教学目标,如希望儿童和善待人、为他人处境着想等;第二类态度包括对某类活动的积极偏爱,如听音乐、阅读等;第三类是有关公民身份的态度,如爱国、愿意承担公民义务等。

2. 运动技能

加涅认为动作技能实际上有两种成分:一是如何描述进行动作的规则,即动作的程序;二是因练习与反馈逐渐变得精确和连贯的实际肌肉运动,因此动作技能是一种习得能力,如能写字母、做体操、跑步等。

3. 言语信息

作为一种学习结果,言语信息是指学习者通过学习以后,能记忆诸如事物的名称、符号、地点、时间、定义、对事物的具体描述等具体的事实,能够在需要时将这些事实表述出来。信息在知识体系中是最基本的"建材"或"基本词汇",这是进一步学习的先决条件,是培养智力技能的基础。

4. 智慧技能

智慧技能,是指学习者通过学习获得了使用符号与环境相互作用的能力。例如,使用语汇和数字这两种最基本的符号,进行阅读、写作和计算。言语信息是回答"是什么"的知识,而智力技能则与知道"怎么办"有关。它对学生能力的要求主要是理解、运用概念和规则的能力,进行逻辑推理的能力。智力技能由简单到复杂,由低级到高级,又可分为辨别、概念、规则、高级规则四个亚类。

5. 认知策略

加涅认为,认知策略的学习结果与解决问题学习层次有关,是学习者借以调节他们自己的注意、学习、记忆和思维等内部过程的技能。学习者的认知策略指挥他自己对环境中的刺激物予以一定的注意,对学习的事物进行选择和编码,对信息进行检索。作为认知策略学习的结果,学习者能根据过去所习得的规则,经过内在思维过程而创造新的或更高层次的规则,提出解决问题的方案。总之,认知策略是学习者操纵管理自己学习过程的方式,是学生学会如何学习的核心成分。

(二)八个学习层次分类

1. 信号学习

我们到底怎样着手为学生制订合适有用的学习目标呢?用什么样的步骤?传统的做法是参考教学计划与国民教育课程相结合,制订出丰富实用的学习目标。对于心理健康教育目前缺少指定教材的情况,心理健康教育课程的教学目标就要充分地研究学生心理发展阶段和现实心理发展需要,构建有效的心理健康教育教学目标。

条件是:第一,信号刺激(脚步声)与无条件刺激(肉)必须几乎同时出现;第二,信号刺激与无条件刺激必须多次配对重复出现。

2. 刺激—反应学习

刺激—反应学习的条件是:第一,学习者做出特定的反应后必须给予强化;第二,学习者做出反应之后立即给予强化,反应与强化之间时间越短,学习发生得越迅速;第三,刺激情境必须多次出现。学习者的行为是逐渐习得的,反映在学习过程中行为渐趋精确。

3. 动作链索

凡按顺序地将两个或两个以上的刺激—反应联结组合成一系列行动,都可称之为动作链索。

4. 言语联想

根据言语刺激与反应行为的顺序组合而成的反应,也称言语链索学习。

5. 辨别学习

辨别学习实质上是一种知觉学习,即做出知觉的分化。一般可采取两种解决办法:一种是连续不断地、一个一个地学习单一的辨别,然后再打乱顺序让学习者一个一个地辨别,最后让他们回想;另一种是在开始时夸大这些刺激之间的不同之处,然后逐渐缩小差别直到变成正常差别为止。有证据表明,这两种办法结合起来用效果最佳。

6. 概念学习

学习者学习根据类别对各种事物做出反应的过程,即概念学习的过程。加涅把概念分成两类:具体概念和定义概念。具体概念是指可以通过具体对象来表示的,是直接观察得到的。具体概念学习的前提条件是学习者已具备了辨别能力,因为概念学习通常涉及对基本辨别的概括。定义概念必须通过定义来学习。定义概念学习要求学习者事先掌握作为定义的组成部分,同时还需掌握语法规则。

7. 规则学习

学习者要掌握规则,首先要理解构成该规则的概念,否则就不可能充分理解该规则的含义。教师需引导学习者回忆组成该规则的一些概念,提供该规则的一些事例。在陈述规则之后,要让学习者做些练习,以检验学习者是否已学会了这个规则。最后可采用间隔复习的形式,这对增强保持有明显的作用。

8. 问题解决或高级规则学习

学习规则是被用来解决问题的。人们为了解决问题,常常需要把一些简单的规则组合成复杂的、高级的规则。而且许多问题可以有一系列可能的解决办法。因此,学习者在获得行之有效的解决办法的过程中,也形成了一种新的能力,即把他们学到的东西用于解决其他类似的问题。这意味着他们已经习得了一种或一组新规则——迁移的规则。为了解决问题,学习者必须识别问题的基本特征,并能够回忆起已学过的有关规则及有关的信息。教师的引导往往是必须的。由于问题解决过程可能包括许多步骤,整个过程需要有一定的时间。

因此,迁移是累积学习模式的一个重要特征,甚至可以说是这个模式得以存在的关键。

三、我国的教学目标分类

(一)我国较早期的教学目标分类

我国研究者在借鉴布鲁姆与加涅的分类理论基础上,逐步提出了我国对于教学目标的分类。

1. 关于认知领域的教学目标分类

将布鲁姆的六级分类转化为中学的"记忆、理解、运用、创新"四级分类和小学的"记忆、理解、运用"三级分类。

2. 关于情感领域的教学目标分类

以行为分类和内容分类相结合的思路,将克拉斯沃尔的五级分类转化为中小学的"接收、反应、爱好、个性化"四级分类,提出中小学情感教育的内容包括情感健康、学习情感、个性情感、社会情感四个方面。

3. 关于运动技能领域的教学目标分类

将辛普森的七级分类转化为中小学的"直觉、定势、熟练、自动化"四级分类,并结合学科做了初步验证。

(二)我国新课标教学目标

新课标教学目标分为知识与技能目标、过程与方法目标、情感态度与价值观目标三类。

1. 知识与技能目标

知识与技能目标主要包括人类生存所不可或缺的核心知识和学科基本知识,基本能力——获取、收集、处理、运用信息的能力、创新精神、实践能力、终身学习的愿望和能力。

2. 过程与方法目标

过程与方法目标主要包括人类生存所不可或缺的过程与方法。过程指应答性学习环境和交往、体验。方法包括基本的学习方式,即自主学习、合作学习、探究学习和具体的学习方式,如发现式学习、小组式学习、交往式学习等。

3. 情感态度与价值观目标

情感不仅指学习兴趣、学习责任,更重要的是乐观的生活态度、求实的科学态度、宽容的人生态度。

价值观不仅强调个人的价值,更强调个人价值和社会价值的统一;不仅强调科学的价值,更强调科学的价值和人文价值的统一;不仅强调人类价值,更强调人类价值和自然价值的统一,从而使学生内心确立起对真善美的价值追求及人与自然和谐和可持续发展的理念。

第四节 心理健康教育教学目标的编写

一、如何制订合适的教学目标

(一)制订目标的关键是选择积极主动的动词

设置学习目标的关键是选择开始建立目标的动词,它必须是积极主动的,所以我们摒弃"指导"和"理解",反而转向了"实现"这个词。我们的目标是传授他们不懂的知识及用来调查探索的技巧,这样我们就能分辨学习目标。学习目标会影响课程,因为不仅学生要学习和理解目标里包含的知识,我们也要学习相关的技巧。

(二)只选择两三个知识点作为目标

目标不要列得太多,最好是集中教好两三个知识点,如果你试图教很多,就会让课堂重点不明,即使一节课只有一个学习目标也是合理的。

(三)不要强加其他学科的目标

不要浪费时间去思考你能否加上一条别的学科的学习目标,只有当不会打扰心理课程上课的正常流程的目标时,才加上它们。不要强加这些所谓关联的学习目标,强迫学生用信息技术做作业可能会低效率,这样做可能会彻底毁了心理健康教育课程的主旨。

二、编写教学目标的方法依据

我国课堂教学目标是知识与技能目标、过程与方法目标、情感态度与价值观目标三位一体的有机整合。在保留传统课堂教学中知识习得与技能训练二者并重的基础上,还突出强调教学过程与教育方法的核心地位,并把以往排斥在外的学习者的情感、态度与价值观等精神要素也纳入其中,充分表现出以学习者为主的教育理念。而随后提出的核心素养也充分地考虑到了学习者的主体地位。

在具体的课程教学目标撰写中,为了使教学活动实施的方向更加明确,教师通常采用著名的教学设计专家罗伯特·马杰(Robert Mager),在20世纪60年代提出的对象(audience)、行为(behavior)、条件(condition)与标准(degree)——ABCD四元素法对课程任务进行分析与设计。

A——对象(audience):教学对象是教学目标的主要构成要素之一。

在撰写教学目标的过程中,教学对象是构成一项完整教学目标的核心元素。在进行教学实践之前,对教学目标分析与内容设计的准备工作是由相关科任教师来完成,但这些工作面对的对象是一个又一个独特的学生个体,其阐述的是学习者完成学业之后的结果表现,主要指学习者在科任教师或小组同伴的帮助与支持下,利用他人提供的教学资源与学习工具学到了什么,因而整个过程默认的行为主体仍然是学习者个体。

B——行为(behavior):学习者通过课程学习之后能够做些什么。

从教学反馈的角度来看,学习者的行为表现是衡量教学目标完成情况最为重要的组成部分。在实际的教学设计过程中,它表明学生经过学习以后能做什么和应该达到的能力水平。表述明确、详细具体的行为目标有利于教师在教学实践过程中快速准确地了解到学习者是否已经达成先前预设的教学目标,以便后续能够及时调整课堂教学的相关策略。在教学设计的目标编写过程中,主流的表述方式主要是用行为动词或动宾结构的短语来描述学习结束后的结果表现。它表明了学习的类型,而宾语则说明某一学科的具体学习内容。常用的有"解释""说明""分析""描述""给某某内容下定义"等具体的表述词语,例如能说明什么是乐府诗等。

针对不同的学习领域及不同层次的学习目标,有一些可供教师参考选用的动词。比如,在编写认知学习领域的目标时,可以选用下面的动词:

(1)知识:说出……的名称、列举、选择、背诵、辨认、回忆、描述、指出、说明等。

(2)领会:分类、叙述、解释、选择、区别、归纳、举例说明、改写等。

(3)运用:运用、计算、改变、解释、解答、说明、证明、利用、列举等。

(4)分析:分类、比较、对照、区别、检查、指出、评论、猜测、举例说明、图示、计算等。

(5)综合:编写、设计、提出、排列、组合、建立、形成、重写、归纳、总结等。

(6)评价:鉴别、讨论、选择、对比、比较、评价、判断、总结、证明等。

而在编写情感领域的教学目标时,则可以选用下面这些动词:

(1)接收:知道、看出、注意、选择、接收等。

(2)反应:陈述、回答、完成、选择、列举、遵守、称赞、表现、帮助等。

(3)价值化:接受、承认、参加、完成、决定、影响、区别、解释、评价等。

(4)组织：讨论、组织、判断、确定、选择、比较、定义、权衡、系统阐述、决定等。

(5)价值体系个性化：改变、接受、判断、拒绝、相信、解决、要求、抵制等。

编写行为的具体方法是：首先根据前面讲过的学习目标分类方法，结合学科内容分成不同类别的学习目标，然后从上面提供的动词中选择出合适的行为动词，最后再把学科内容作为动宾结构中的宾语就可以了。

例如，学习内容是"解释物体的热胀冷缩现象"，要求学生能够举出一两个例子，说明人们在生活中怎样预防热胀冷缩现象带来的损害。这是一个认知学习领域的目标，其目标层次是应用，所以应该从"应用"一行中查找动词，比如使用"列举"这个词，这样"行为"就可以被描写成"列举生活中的一至两个例子，说明人们怎样预防热胀冷缩现象带来的损害"。

C——条件(condition)：上述行为发生需要安排与准备的基本条件。

条件是完成行为的前提，它表示学习者完成规定行为时所处的情境，即评价学习者学习结果时，该在哪种情况下评价。条件通常用一个介宾结构表示，如"在……情况下""根据……""经过……"等。

D——标准(degree)：完成教学目标所需达到合格行为的最低标准。

教学目标的标准维度是指达到上述行为结果的最低限度（即学习者完成所要求行为目标的程度），其在课程评价中表明了学生合格行为的最低标准，往往作为课程结束后学习行为可接受的最低衡量度。学生也能够以此来检查自己的行为与学习目标之间是否还有差距。一般而言，标准选项是行为目标中的备选部分，其主要为后续教师判断学生表现是否达到设定目标提供基本的判断依据，经常从行为的准确性、反应速度与持续时间等方面来阐明，因而在实际操作中既可以用定量的方法来描述，也可以用定量与定性相结合的形式来表示。如"一分钟至少能记住3个单词"。

其实采用ABCD四元素法，并不意味着四个要素必须一应俱全。其中只有行为要素不能省略，而其他三个要素都可以根据具体情况适当省略。

有时学习目标中的条件与标准是很难区分的，时间因素既可以看成是表明时间限制的条件，又可以理解为表明行为速度的标准。遇到这种情况，我们可以不去细分它到底是条件还是标准,而是应该考虑学习目标是否能够用来指导教学及其评价。

【本章小结】

(1)心理健康教育的教学总目标是:提高全体学生的心理素质,培养他们积极乐观、健康向上的心理品质,充分开发他们的心理潜能,促进学生身心和谐可持续发展,为他们健康成长和幸福生活奠定基础。

(2)学校构建学校心理健康教育教学目标是扎实有效地开展学校心理健康教育的先决条件,起到对学校心理健康教育教学内容、方法和手段的制约作用,对学校心理健康教育教学过程的调控作用,对学校心理健康教育结果的评估作用、对学生的教育作用。

(3)设计心理健康教育教学目标的原则是坚持现实性与超越性相结合的原则、心理健康普及与特殊问题辅导相结合的原则、可操作性原则、社会规范和个人需要相协调原则及坚持整体性与系统性相统一的原则。

(4)按照学生学段不同,教学目标应有针对性。

(5)学校心理健康教育的结构目标体系应包括:培养学生积极的自我意识、培养学生健康的情绪和情感、发挥学生自身潜能、帮助学生建立个人与社会的和谐关系。

(6)对教育目标的准确分类具有重大意义。新课标教学目标分为知识与技能目标、过程与方法目标、情感态度与价值观目标三类。

(7)制订合适的教学目标,通常采用著名的教学设计专家罗伯特·马杰(Robert Mager)在20世纪60年代提出的对象(audience)、行为(behavior)、条件(condition)与标准(degree)——ABCD四元素法对课程任务进行分析与设计。

【实践演练】

(1)请运用本章学习的相关内容,结合材料,设计教学目标。

(2)根据以下背景资料,设计心理健康课程目标。

案例一：近期，对于我校初二近500名学生及家长的调查显示，初二阶段的亲子关系让人担忧。在回答"你是如何定位与父母的关系"时，65%以上的学生选择了"陌生人关系与敌对关系"。在回答"当你与父母沟通遇到障碍时，采取的处理方式是"，76%的学生不能采取理性的态度解决与父母之间的矛盾。在与父母谈起孩子上初二的变化时，绝大部分家长反映，孩子的逆反心理越来越重，沟通的机会越来越少，亲子冲突常常充斥家庭，可见初二学生亲子沟通方面的指导显得尤为重要。

教学目标：

① _____

② _____

③ _____

案例二：心理暗示是指人接受外界或他人的愿望、观念、情绪、判断、态度影响的心理特点，是人们日常生活中最常见的心理现象。它是人或环境以非常自然的方式向个体发出信息，个体无意中接收这种信息，从而做出相应反应的一种心理现象。

心理学的研究表明，心理暗示就好像给人贴了一个标签，人的发展常常如标签上标明的那样发展，当人自认为怎样时，他的神经系统会传达一个不容置疑的指令，"命令"人随之发生相应的改变，这就是所谓的"标签效应"。

对于高中生来讲，他们正处于自我评价等自我意识高度发展的时期，对自我的信心水平有时也是多变的，而这时如果能够使学生认识积极自我暗示的重要作用，并在自我成长过程中有效运用，会带给他们很大的心理正能量。

教学目标：

① _____

② _____

③ _____

案例三：考试对于高中生来说是学习过程中不可缺少的事情，由于考试是检验学生的学习效果、知识水平等的重要途径，有些考试甚至会影响学生的前途,因此考试会给学生带来一定的心理压力,产生不同程度的紧张、恐惧和焦虑,也就是考试焦虑。

在考试过程中,适度的焦虑可以提供临场发挥的最佳情绪状态,学生以这种心态迎接考试往往不会失误,甚至能超水平发挥,而如果学生的心理承受能力较弱,对考试压力的感受和反应过分强烈,就会产生严重的紧张和焦虑情绪,这种高强度的焦虑水平,就会对考试成绩产生不利的影响,导致发挥失常。对某中学近 5000 名学生进行的有关考试焦虑的调查显示。中重度考试焦虑的学生占总人数的 70%,因此,教师在考前对学生的考试心态进行调整具有重要的意义。

教学目标:

① _____

② _____

③ _____

【拓展阅读】

1. 格尔森.如何在课堂中使用布卢姆教育目标分类法[M].汪然,译.北京:中国青年出版社,2019.

2. 格朗伦德,布鲁克哈特.设计与编写教学目标[M].盛群力,郑淑贞,冯丽婷,译.北京:中国轻工业出版社,2017.

【二维码】

心理健康教育教学目标的
概念与作用

心理健康教育教学
目标的分类

心理健康教育教学
目标的编写

第五章 心理健康教育学习者分析与教学设计

▶ 内容提要 ◀

本章主要介绍在教学设计之初对学习者的分析,主要包括学习者基本特征分析、学习风格分析及学习能力的分析。

▶ 学习目标 ◀

1. 知识与技能:掌握中学生的心理发展特点,掌握学习者分析的维度及内容。

2. 过程与方法:掌握学习者分析的基本方法,能够准确地分析中学生的心理发展需求。

3. 情感态度与价值观:充分认识到唤醒学习者学习动机,树立远大志向的重大意义,学会在教学设计中激发学生的学习热情。

第一节 中学生心理发展特征分析

对于教学设计者而言,学习者是目标受众或目标人群。教学设计要使设计的课程让学习者感兴趣,并对他们有用,就必须掌握学习者的特点,确切了解他们真正掌握了什么,喜欢或者需要什么。开展学习者分析,主要分析学习者的基本特征、相关的学习动机、学习风格及学习态度。中学心理健康教育的教育对象是初高中学生。他们正处于身心快速发展的时期,精力旺盛,思维敏捷,好学上进;但是同时也情绪波动、思维片面,在心理素质发展、心理健康培育方面有强烈需求。

一、中学生思维发展特点分析

(一)少年期(初中生)的思维发展特点

1. 抽象思维开始占主导地位,形式逻辑思维处于优势

经过小学阶段的发展,到初中阶段,在儿童的思维中抽象思维开始占据主导地位,形式逻辑思维获得大幅度的发展,表现在初中生已能够运用假设进行思维,推理能力不断得到提高,运用逻辑法则的能力也不断得到发展。但是初中生的抽象思维,尤其是形式逻辑思维的发展还存在着明显的不平衡性。

2. 辩证逻辑思维迅速发展

初中生在形式逻辑思维占主导地位的同时,辩证逻辑思维也获得了迅速发展。辩证逻辑思维是在形式逻辑思维的基础上发展起来的。形式逻辑思维是从具体到抽象的过程,而辩证逻辑思维则是在形式逻辑思维的基础上,由抽象上升为具体的过程。初中生的辩证逻辑思维开始发展时水平还较低。到初二阶段时由于学习较为系统、深刻的知识,开始了解学科的基本结构、体系和基本规律,以及形式逻辑思维的迅速发展,为辩证逻辑思维的进一步发展奠定了基础。

3. 思维品质的发展存在矛盾

思维具有广阔性、深刻性、敏捷性、灵活性、逻辑性、独立性和批判性等品质。初中生在思维品质上的发展具有明显的矛盾性。具体表现在:

(1)思维的深刻性和表面性共存。

(2)思维的批判性与片面性共存。

(3)思维的自我中心再度出现。

(二)青年初期(高中生)的思维发展特点

高中阶段个体的学习内容更加复杂、深刻,生活更加丰富多彩。随着年龄的增长和学习上的不断深入,抽象逻辑思维明显地占优势,并向理论性抽象逻辑思维发展,辩证思维基本形成。可以说逻辑思维的成熟是这个阶段在认知能力上的最显著的特点。

1. 抽象逻辑思维的发展特点

高中生抽象逻辑思维发展的特点表现在三个方面:

(1)抽象逻辑思维具有充分的假设性、预计性及内省性。

(2)形式逻辑思维处于优势,辩证逻辑思维迅速发展。

(3)抽象逻辑思维的发展已进入成熟期。

2. 形式逻辑思维的发展特点

高中生形式逻辑思维的发展,首先表现在概念的发展上。大多数高中生达到接近本质定义的水平,在对社会概念、哲学概念和科学概念的掌握上进步尤为显著。其次表现在推理能力的发展上。高中生的各种推理能力得到迅速发展,各种推理能力已达到比较成熟的水平。最后表现在运用逻辑法则能力的发展上。高中二年级学生在掌握和运用逻辑法则方面就已经趋于成熟,但在掌握不同逻辑法则的能力上仍存在着不平衡性。

3. 辩证逻辑思维的发展特点

高中生的辩证逻辑思维已占优势地位。一般来说,高中生形式逻辑思维的发展水平高于辩证逻辑思维的发展水平,且形式逻辑思维发展较为稳定和匀速,而辩证逻辑思维的发展则比较迅速,两种思维形式相互促进,从而使高中生的整体思维发展水平更高、更成熟、更完善。

二、中学生情感发展特点分析

(一)初中生的情感发展特点

1. 两极性

两极性是初中生情绪的基本特点,容易从一个极端跳到另一个极端,表现极为强烈,而且转化迅速,使他们原来就充满热情的情绪活动,更显得丰富生动,不易控制。

2. 外露性

初中生的情绪表现,喜怒哀乐常形之于色。有经验的教师比较容易从初中生的面部表情、对某一事物的态度来了解他们的内心世界。

不过,初中生随着年龄和年级的升高,到了初中高年级后,外露性的情绪特点也会随着他们内心秘密的增加而变得复杂起来,这时文饰的内隐的情绪活动慢慢增多。

3. 冲动性

初中生的情绪活动反应来得快,平息得也快,维持时间相对较短。

初中生情绪体验迅速,情绪反应很快达到激烈的程度。越是意外的、突然出现的诱发因素,导致的情绪反应也越强烈,不管它是快乐的还是悲伤的,肯定的还是否定的,无一例外。

(二)高中生的情感发展特点

1. 高中生的情绪体验的特点

(1)延续性。在初中阶段,学生的情绪容易激动,且外露,情绪活动延续时间较短,但到了高中阶段,情绪爆发的频率降低,作为心境的延续时间加长,再加上情绪的控制能力提高,因此情绪体验的时限延长、稳定度提高。

(2)丰富性。高中生正处在多梦的年龄阶段,几乎人类所具有的情绪种类都可在高中生身上体现出来,并且各类情绪的强度不一,有不同层次。

(3)特异性。高中生自我意识的迅速发展,为他们的情绪体验增添了一圈独特的"光晕",这里面包含着个性的差异、自我感知的差异、性别的差异等。

2. 高中生情绪表现的特点

(1)内隐与外显并存。

(2)稳定与波动并存。

(3)冲动与自制并存。

三、中学生自我意识发展特点分析

(一)少年期(初中生)自我意识发展的特点

少年期是心理发展最为迅速的时期,也是人格发展上特点最明显、矛盾最突出、变化最快的时期。

1. 自我意识的高涨

少年期是自我意识的第二个发展高峰,这一时期自我意识进入了一种高涨阶段。他们开始主动对自己的内心世界和行为进行观察、分析。初中生内心世界的这种变化使他们常常对周围的事物不屑一顾,总认为自己是正确的,听不进别人的意见。偏执、过于敏感、对别人挑剔、喜欢炫耀自己、容易产生自卑感等,这是少年期儿童自我意识高涨的典型表现。

2. 反抗心理的产生

反抗心理是指当个体自觉或不自觉地感受到在某些方面享有的自由被剥夺时,自身激发的一种抗拒心理。随着少年期自我意识的迅速发展,"自我中心"意识再一次出现,独立意识和独立要求也开始强烈,从而导致在他们的人格发展中出现了明显的反抗心理。反抗心理实质上是个性的表现,自我的突出,目的是想确保行动的自由。这是初中生典型的人格特征。

3. 人际交往上新模式的建立

随着自我意识的迅速发展,到初中阶段,初中生的人际交往发生了巨大变化,一方面开始尝试摆脱对父母的依赖,另一方面与同龄伙伴交往增加,出现了更为稳固的友谊。

(二)青年初期(高中生)自我意识发展的特点

1. 自我意识高度发展

首先自我意识中独立意向的发展让高中生已能完全意识到自己是一个独立的个体。因此要求独立的愿望日趋强烈,但是,这种独立性要求是建立在与成人和睦的基础上的,与初中时期的反抗性特点有所区别。多数高中生基本上能与其父母或其他成人保持一种肯定的尊重的关系,反抗性成分逐渐减少。自我意识成分开始分化。高中生在心理上把自我分为"理想自我"和"现实自我"。他们按照"理想自我"去要求和调控"现实自我"。高中生对自己的个性成长和发展表现出极大的关心,尤其是对自己个性中的优缺点极为关心,所以他们的自尊心变得非常脆弱、敏感和强烈。道德意识高度发展,伦理性道德情感体验开始占优势,道德理想更为现实,道德意识在道德行为中的作用日益加强。从而形成了相对稳定的自我概念。

2. 价值观的确立

高中时期是个体价值观开始确立的时期。高中生价值观的核心是人生意义的问题,他们逐渐学会将个人的生活目标与社会发展目标相联系;对理论问题开始发生兴趣,并热衷于哲学探讨。由于反映个性色彩、具有不同价值观的个体对于事物的兴趣点、意志品质及归因方式均不一样,所以高中生的价值观仍缺乏稳定性,有时会受到外界因素的影响而改变自己的价值取向。

3. 自治需求

随着认知与个性上的高度发展,高中生开始从各方面探索、尝试、思考独立生活道路的可能性,从而产生了明显的独立自治的需求。这种需求表现在许多方面。首先,在与父母的关系上,高中生虽然反对父母对他们过多的干涉,但同时减少了与父母的冲突。他们希望能与父母站在同等的位置上考虑和解决问题,同时更希望和父母和睦相处。其次,在选择未来发展上,高中生无论是上大学继续深造,还是参加工作,他们都能对自己的兴趣、能力、适应性等方面做出评价,并且在具体选择过程中体现出自主性。再者,在对现实社会的态度上,高中生存在着不满情绪,这与他们对人生看法的理想主义色彩,观察分析问题上的片面性、表面性有关。

四、中学生心理发展特点对教学设计的启示

学生的心理发展水平是教学设计的基本出发点,这在教学设计中体现为量力性原则和因材施教原则。中学生在认知、情感及自我意识方面的发展特点为教育者的心理健康教育教学设计奠定了以下基础:

(一)抽象知识学习的基础

从初中阶段开始,中学生的抽象思维快速发展,以形式逻辑思维为基础,辩证逻辑思维在高中基本接近成人,这为中学生接受心理学知识奠定了基础。心理学是一门自然科学和社会科学交叉的学科,其母体学科是哲学。因此学习心理学对学生的抽象逻辑思维有一定的要求,要求学生能够理解一些比较抽象的概念,例如,内化、心理图式等。在教学过程中,要求学生具备一定的归纳和演绎的能力。能够跟随教师的教学,从具体生活实例上升到抽象心理现象,能够运用抽象心理理论解释各种现象,既能理解一般的心理发展规律,又能在辩证思维的支持下理解发展特例的存在。

(二)丰富情感体验的基础

心理健康教育课程的特点就是活动性、体验性,其课堂教学效果很大程度上取决于学习者的情感体验水平。中学生情感的发展,无论是情感的种类,还是情感的强度都已经接近成人水平。这保证了教师在心理健康教育课程教学过程中情感唤起的效果。一方面,学习者能够在教学的作用下产生类型全面丰富的情感,同时也能保证体察到类似情感的微妙差异,保证了教师教学设计意图的实现。另一方面,学习者情感的管理控制方面的发展也保证了他们可以在生活中准确地表达自己的情感,以情感表露和相互感

染的方式进行人际互动,增强了课堂教学的感染力与实效。此外,中学生情感发展的一些不稳定特点也为心理健康教育教学设计提供了教学内容选择,提示教师应关注学习者情感管理能力和技巧的提升。

(三)核心教育目标实现的基础

《中小学心理健康教育指导纲要(2012 年修订)》中指出,初中生的心理健康教育目标包括了解自己,学会克服青春期的烦恼,逐步学会调节和控制自己的情绪,抑制自己的冲动行为;加强自我认识,客观地评价自己,积极与同学、老师和家长进行有效的沟通;逐步适应生活和社会的各种变化,着重培养应对失败和挫折的充分能力。高中生的目标是在充分了解自己的能力、性格、特长、兴趣和社会需要的基础上,确立自己的职业志向,培养职业道德意识,进行升学就业的选择和准备;正确认识自己的人际关系的状况,正确对待和异性伙伴的交往,建立对他人的积极情感反应和体验。提高承受挫折和应对挫折的能力,形成良好的意志品质。可见,不论是初中还是高中,自我的认识、评价都是核心的教育目标。这一目标的制订就是基于中学生的心理发展阶段特点而来的。中学,尤其是初中,是学习者自我意识发展的加速时期,出现了第二个自我中心阶段,特别是青少年阶段还要解决"自我同一性"的问题。因此,分析与了解学习者自我意识的发展特征是心理健康教育教师进行教学设计的前提,教师必须要充分认识到自我意识教育在此阶段的特殊性,才能保证教育目标的实现。

第二节 中学生学习风格分析

一、学习风格的概述

学习风格是指人们在学习时所具有或偏爱的方式,换句话就是学习者在研究和解决其学习任务时,所表现出来的具有个人特色的方式。

二、学习风格类型

(一)感觉通道

在学习过程中,有些人善于通过读(看)来学习,有些人善于通过听来学习,有些人善于通过做来学习,还有些人最善于通过谈来对概念性的材料进行分类、组织和比较。一般说来,所谓感觉通道的差别是指学习者对于视觉、听觉和动觉刺激的偏好程度。学习者在感觉通道偏好上存在三种典型类型。

1. 视觉型学习者

这类学习者对于视觉刺激较为敏感,习惯于通过视觉接受学习材料,如景色、相貌、书籍、图片等。他们适合于自己看书和做笔记进行学习,而不适合于教师的讲授和灌输。

2. 听觉型学习者

这类学习者较为偏重听觉刺激。他们对于语言、声响和音乐的接受力和理解力较强,甚至喜欢一边学习,一边戴着耳机听音乐。当学习外语时,他们喜欢多听、多说,而不太关心具体单词的拼写或者句型结构。

3. 动觉型学习者

这类学习者喜欢接触和操作物体,对于自己能够动手参与的认知活动更感兴趣。因此,教师用手轻拍他们的头表示赞赏要比口头表扬产生的效果更好。

(二)认知风格

认知风格指个体感知、记忆、思维、问题解决、决策及信息加工的典型方式。其主要特征是持久性与一致性。认知风格与学生的个性相关,与学生的情感和动机特征等联系在一起。通过测验了解学生的认知风格,可以补充能力测验和能力倾向测验等提供的有关学生认知构成的信息。常见的认知风格主要有以下几种:

1. 场依存性和场独立性

美国心理学家威特金根据自己的实验研究把受环境因素影响大的称为场依存性,把不受或很少受环境因素影响的称为场独立性。前者是"外部定向者",基本上倾向于依赖外在的参照(身外的客观事物)作为信息加工的依据;后者是"内部定向者",基本上倾向于依赖内在的参照(主体感觉)。这种个别差异是个体在周围视觉场中看到的事物与他身体内部感觉到的事物产生冲突的结果。场依存性的人不能将一个模式(或图式)分解成许多部分,或者只能专注于情境的某一个方面。场独立性的人善于分析和组织。

场依存性与场独立性这两种认知风格与学习有着密切的关系。一般而言,场依存性者对人文学科和社会学科更感兴趣;而场独立性者在数学与自然科学方面更为擅长。所以,在学习中,凡是与学生的认知风格相符合的学科,成绩一般会相对好些。但是这种区别不是在学习能力上,而是在学习的过程上。

2. 沉思型和冲动型

杰罗姆·卡根通过一系列实验发现,有些学生的知觉与思维方式以冲动为特征,而另外一些学生则以沉思为特征。冲动型思维的学生倾向于根据几个线索做出很大的直觉的跃进,往往以很快的速度形成自己的看法,在回答问题时很快就做出反应。沉思型思维的学生则在做出回答之前倾向于进行深思熟虑的、计算的、分析性的和逻辑的思考,往往先评估各种可替代的答案,然后给予较有把握的答案。

这两种学习风格可能适应于不同类型的学习任务。沉思型的儿童表现出更为成熟的解决问题的策略,而且与冲动型的学生相比,他们更有可能去考虑不同的假设。然而,另有人发现,虽然沉思型的儿童解决较少维度的问题时比冲动型的孩子要快得多,但是冲动型的儿童解决具有许多维度的问题时比沉思型的儿童要快得多。

3. 整体性和系列性

英国心理学家戈登·帕斯克用分类任务进行了研究发现,学生在使用的假设的类型及建立分类系统的方式上,都表现出一些有趣的差异。有些学生把精力集中在一步一步的策略上,他们提出的假设一般比较简单,每个假设只包括一个属性,也就是说,从一个假设到下一个假设是呈直线的方式进展的,这种策略被称之为"系列性策略";而另一些学生则倾向于使用比较复杂的假设,每个假设同时涉及若干属性,从全盘上考虑如何解决问题,这种策略被称为"整体性策略"。

在教学中,教师要为学生提供一种适合于学生的学习风格。如果教师习惯性地采取某种比较极端的教学方法,那么,必然会有一些学生感到这种教学方法与自己的学习风格相距甚远,从而影响这些学生的学习。当然,教师也可以采用一定的策略保证教学满足所有学生的需求。

4. 深层加工和表层加工

学生对信息进行加工的深度存在两种方式,一种是深层加工,另一种是表层加工。深层加工指深刻理解所学内容,将所学内容与更大的概念框架联结起来,以获取内容的深层意义。表层加工指记忆学习内容的表面信息,不将它们与更大的概念框架联结起来。深层加工有利于侧重理解的考试,表层加工有利于侧重事实学习和记忆的考试。

三、学习风格构成要素

对于学习风格存在着许多理论假设和界定,夸张地说,有多少理论家,就存在着多少种学习风格的定义。然而大部分专家可能都会认同,学习风格的概念应该是多维的。比较有代表性的有雷诺和科尔勃的研究。

(一)雷诺的六维理论

普赖思和邓恩夫妇认为,学习风格可以分为四大类,每一类又包含四至六种要素,从而构成20种影响学习过程的学习风格的特征。雷诺等人在他们的理论基础上,提出了一个多维度的学习风格分类的概念模式,其中包含了六个类别:知觉偏好、物理环境需要、社会环境偏好、认知方式、最佳学习时间及动机和价值观等(如图5-1所示)。这六个类别构成了一个人独特的学习风格特征。当然,还可以不只限于这六个类别。

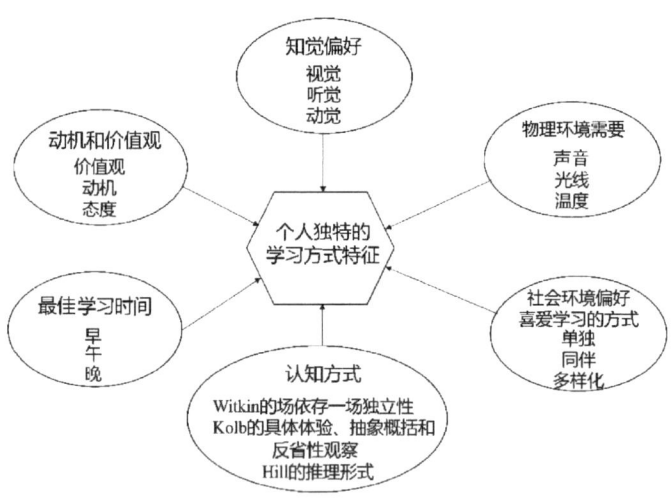

图 5-1　雷诺等人的学习风格特征分类

(二)科尔勃的两维坐标理论

科尔勃对学习风格中的认知风格进行了综合性探讨。他从两个维度来考虑认知风格,即具体体验(CE)—抽象概括(AC)维度和反省性观察(RO)—主动实验(AE)维度,然后,他借这两个维度构成了一个坐标系,确定出四种学习风格:顺应者方式、发散者方式、聚合者方式和同化者方式(如图 5-2 所示)。

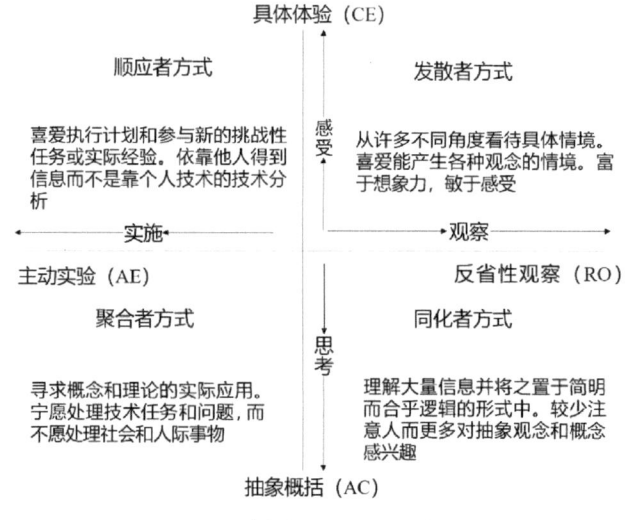

图 5-2　科尔勃的学习风格模式图

四、学习者学习风格的分析

(一)学习风格的测量

目前,关于学习风格的测量与分析大多处在实验室研究阶段,教师可以在教学实践中选用的分析工具主要包括场依存性—独立性的测验及科尔勃的学习风格测验。

对于场依存性—独立性的测量,心理学家采取的是"身体适应测验""棒框测验"。镶嵌图形测验(如图5-3)要求被试从右侧复杂图形中辨认出左侧的简单图形。有些人几乎立即能指出这个图形,不会为周围的线条而分散精力;而有些人则需花费较长的时间才能辨别出来。这说明,人们在知觉过程中确实具有场独立性与场依存性的差异。

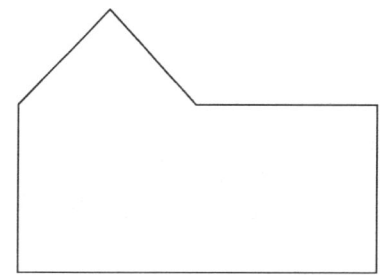 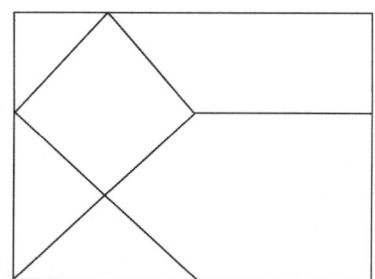

图5-3 镶嵌图形测验

科尔勃的学习风格测验量表,则对应着他所划分的四种学习风格。他的测评方法是,把学生组织成研讨班,然后将测验和教学结合起来,最终使得学生不仅能够认识到自己的学习风格,也能够找到适合于自己的学习策略。整个测评活动包括四个阶段,在每一阶段上都有一种学习风格与其相对应。

第一阶段与发散者学习风格相对应。该种方式的学习者关注发散的思想,富有想象力。针对这种学习风格,可以采用自由发言和小组讨论这两种教学策略,用以激发学生的创造性思维。研讨班的具体做法是先把全班学生分成几个小组,然后每个小组的成员聚集在一起,畅谈较为积极的学习感受或体验,并列出一份清单,最后全班同学就其中的异同点进行深入讨论。目的是让大家认识到学习风格的各种表现。

第二阶段与同化者学习风格相对应。该种方式的学习者喜欢处理抽象的观点和概念,具有理性或逻辑性。在众多的教学方法中,讲座较为适宜这种学习风格。这时,教师将向学生讲解有关学习风格的知识,例如向大家解释图5-1中六类学习风格的含义、界定及其相互关系,使学生形成一个有关学习风格的清晰、全面的理论框架。

第三阶段与聚合者学习风格相对应。该种方式的学习者擅长把理论应用于实践,即对理论在实际中的应用更感兴趣。学生在这个阶段将接受一系列学习风格测验,他们自己作答、计分和解释结果,教师启发他们把测验结果和自己的经验进行对比。通过这些活动,学生能够确定出自己的学习风格。

第四阶段与顺应者学习风格相对应。该种方式的学习者强调主动探索和具体体验。比较适合的教学策略是实验室工作和现场调查研究。学生们在这一阶段又回到小组,主要讨论学习策略,具体说来就是对于自己特定的学习风格应采用何种学习策略。通过这种合作与交流,大家都可以找到适合于自己的学习策略,成为更有效率的学习者。

不同的学习风格决定了学生在学习活动中信息加工或活动的偏好,教师在教学设计和组织过程中应充分考虑学生的认知风格。心理健康教育课程既有以教授知识为主的学科课程,也有以体验和感悟为主的活动课,在这些课程的组织中,要考虑到学生识记、理解知识的风格,也要在活动设计、具体的任务安排、角色分配等环节上考虑认知风格的影响。

(二)学习者学习风格分析对心理健康教育教学设计的启示

从以上对于学习风格的介绍,我们可以知道学习风格主要是从教学内容的偏好、教学策略的适应、强化方式的选择等方面影响教师的教学设计。

1. 教学内容的选择

心理健康教育课程从内容上看既包括抽象的科学知识,也包括具体的行为操作,还包括高度社会化的人际互动。学习者不同的学习风格,例如场依存性—场独立性,对于心理健康教育的不同课程设计是有不同的适应水平的。一般来说,场独立性的学习者更适应独立型知识教学的教学设计,在理解抽象概念方面有一定的优势;但是同时场独立的认知加工方式决定了这种学习者在情感体验上更加不易受他人影响。教师在教学过程中要注意引导这样的学生多表达自己的情感,以帮助他们加深体验;而场依存的学习者由于对社会环境中的刺激更加敏感,因此更容易融入活动中,也更容易配合教师的教学设计。在人际互动时反应灵敏,共情能力强,他们可以成为活动型教学设计时的带动气氛组,以这类学习者为中心形成活动小组,会收到更好的活动效果。

2. 教学策略的选择

在教学策略的选择上,教师也要扬长避短,发挥特殊学习风格的优势。心理健康教育教学内容与学科课程相比系统性稍差,学习者在学习时容易出现"散得出去,收不回来"的现象,各种活动的选择本身具有内在的逻辑联系,但是需要学习者在活动中自己挖掘。整体性学习者比较偏好步骤清晰的教学环节安排,而系列性学习者可能需要教师的指引和提示才能发现活动主线,感受教学重点。在提问和互动的教学设计时,冲动型学习者反应更快,沉思型学习者思考更全面,教师应因势利导,在不同的时间节点上安排不同的学习者互动。此外在活动小组的组织上也要考虑取长补短,配备齐全。

第三节 学习者实际能力分析

一、认知水平

(一)学习者认知发展水平分析

根据皮亚杰的认知发展理论,中学生的认知发展处于形式运算阶段。

这一阶段儿童的思维已超越了对具体的可感知事物的依赖,使形式从内容中解脱出来,进入形式运算阶段(又称命题运算阶段)。这种能力一直持续到成年时期。本阶段中个体推理能力得到提高,能从多种维度对抽象的性质进行思维。他们的思维是以命题形式进行的,并能发现命题之间的关系;能够进行假设性思维,采用逻辑推理、归纳或演绎的方式来解决问题;能理解符号的意义、隐喻和直喻,能做一定的概括,其思维发展已接近成人水平。

(二)学习者认知发展与教学目标的关系

1. 学习准备

学习准备又称为学习的准备状态,是指那些促进学习或妨碍学习的个人特点的总和。其中个人特点包括三个方面的因素:一是个体的生理发展水平和特点,尤其是个体生理上的相应成熟程度;二是个体的能力发展水平和特点,特别是个体已有的知识经验水平;三是个体学习动机的发展水平和特点,它也应包含个体的学习兴趣、情感、需要、意志和性格等非智力因素的发展和特点。这三种因素概括起来说,也就是个体的身心发展状态。学生的原有准备状态是新教学的出发点。根据学生原有准备状态进行教学是教学中的准备性原则或量力性原则。有了出发点,就必须要有发展的目标,出发点和新的目标之间的区域就是维果斯基所说的最近发展区。学生的学习发展过程就是在一个又一个适当的学习准备条件下,达到和完成一个又一个可能的新目标的过程,也就是不断地达到最近发展区目标的过程。

对于心理健康教育而言,学习准备一方面与学科学习类似,学生对即将学习的心理学知识应该具备基本的理解能力及基础概念;另一方面,在接受心理辅导时,学生应全力配合督导教师的工作,从情感、态度上有积极接受督导的准备。

2. 最近发展区

"最近发展区"是苏联心理学家维果斯基提出来的概念,表现为在有指导的情况下,儿童借助成人的帮助所达到的解决问题的水平与在独立活动中所达到的解决问题水平之间的差异。最近发展区理论说明了心理发展与教育之间的辩证关系,一方面个体心理是在一定教育条件下发展的,另一方面教育的每一个具体目标实际上就是在儿童现实水平的基础上,将可能水平变成现实水平的实践。对教育教学来说,儿童心理发展的现实水平是基础,而可能水平则是目的。对心理发展来说,教育教学是儿童心理发展不可缺少的重要影响因素。个体的心理健康水平是心理素质的重要成分,是个体开展学习的心理基础,也是个体学习的重要成果。教师应该在了解学生心理素质发展水平的基础上,根据学生学习、发展的外部要求,合理地制订心理健康教育的目标,保证学生心理素质的提高。

二、能力水平

(一)学习者初始能力分析

学习者的初始能力是指教学对象从事特定学科内容的学习时,已经具备的有关知识和技能的基础,以及对有关教学内容的认识与态度。奥苏贝尔认为,当学习者把教学内容与自己已有的认知结构联系起来时,意义学习便发生了。所以,影响课堂教学中意义接受学习的最重要的因素,是学习者的认知结构。了解学习者原有的认知结构状态,才能准确地将新知识纳入学习者原来的认知结构中,而学习者知识起点初始能力的分析就是要对学习者原来具有的知识结构的状态进行分析。

(二)学生初始能力分析的方法

1. 知识基础的分析

美国著名学者约瑟夫·D.诺瓦克提出一种判断学习者认知结构的技术,这种技术被称为概念地图。所谓概念地图是指围绕特定主体创建知识结构的一种视觉化表征,也称为"心智/思维地图"或"心智/思维工具"。概念地图是语义网络的可视化表示方法,是一种知识结构的表现形式,是将某一领域内的知识元素按其内在关联建立起来的一种可视化语义网络。知识被视为由各种概念和这些概念所形成的各种关系(一般称为命题和原理),其形式是一种层级结构。不同的学习者绘制的概念地图应该是不一样的,学习者的任务就是在学习过程中不断完善这个概念地图。概念地图是促进有意义学习的有效工具,学习者可以通过绘制概念地图的方式判断原有认知结构的状态。绘制步骤如下:

(1)确定中心主题:确定希望利用概念地图理解的问题焦点、知识或概念,并用这个焦点主题作引导,找出与中心主题相关的概念,并罗列出来。

(2)将列出来的概念排序:把最一般的、最抽象的和最具涵盖性的概念放在最高位置,这可能需要反复思考、修正乃至重新确定概念地图的中心主题。

(3)将其余的概念按层级排放在列表上。

(4)开始制作概念地图:最高层通常只有二至三个抽象性的概念。

(5)将二、三、四层的子概念放置在概念地图上。

(6)将概念用连线连接起来,并在连接线上写上合适的连接词。连接词必须清晰表达两个概念之间的关系,使之成为简单、有效的命题。当大量相关的概念连接起来并形成层次后,可以看到对应某一知识、命题、中心主题的意义架构。

(7)在不同分支的概念之间寻找有意义的"横向连接",并在连线上用连接词标明关系。横向连接能有效地帮助我们在某一知识范畴内看到新的关系。

(8)重新整理概念地图的结构,包括对概念地图进行概念的增减或改变上下关系等。这是对概念地图进行反思与完善的过程,可能需要进行多次的整理。

图5-4展示了学生关于学业自我概念的地图。学习者可以仿照概念地图模型的形式绘制自己所需的概念地图,在其中填入具体概念和具体关系的名称,将自己的原有的知识结构表现出来,找出与学习目标所需概念之间的差距,通过学习缩小两者之间的差距,填补其中所有的空缺,学习过程中不断调整修改自己的概念地图,直到将已有概念和目标概念连接在一起

为止。

学生在日常生活中会接触到很多心理学的日常概念,这些概念就成为学生初始的认知基础,但是在教育教学中,心理健康教师要注意纠正学生错误的日常概念。

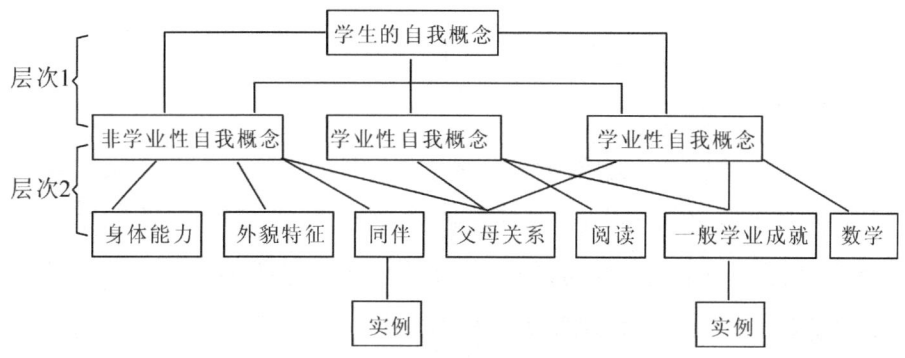

图5-4 学生学业自我概念地图模型

2. 技能基础的分析

在心理健康教育中,学习者还要学会一些心理调节、情绪管理、学习方法等方面的技能,教师在进行这些学习内容的设计时要在分析学习者已有技能的基础上提出教学目标。例如情绪管理技能的学习,如图5-5所示。

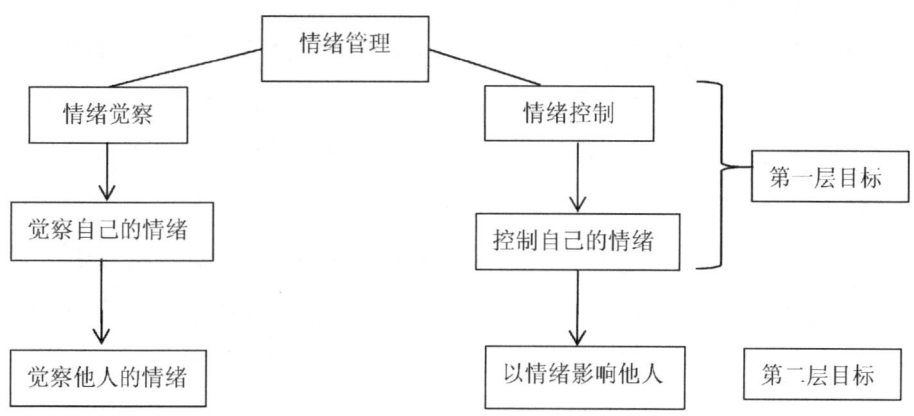

图5-5 情绪管理技能

学习者在自身心理发展的基础上可以发展出第一层情绪管理的技能,但是第二层情绪管理技能需要教师通过教学进行练习。教师可以通过案例示范分析、活动演练反馈等策略帮助学习者掌握新的管理情绪的方法,通过练习将其熟练化、内化。

三、学习者情感、态度水平

(一)学习者学习动机水平分析

1. 学习动机概述

学习动机是指激励并维持学生朝向某一目的的学习行为的动力倾向。学习动机与学生的学习兴趣、学习需要、个人价值观、态度、志向水平、外来鼓励、学习后果(如学位、待遇及社会地位等),以及客观现实环境的要求(如考试、竞赛和升学)等诸多因素紧密相连。

学习动机与学习的关系是辩证的,学习动机驱动学习,学习又能产生学习动机。

针对学习者的学习动机分析,主要指的是学习者学习动机的类型分析及强度水平分析。

2. 学习者学习动机类型分析

学生的学习动机是在社会生活条件和教育的影响下逐渐形成起来的,不同的社会和教育对学生的学习有着不同的要求,所以反映在学生头脑中的学习动机是非常复杂而多样的。为了对学生的学习动机有所了解,首先对其进行分类。学习动机的分类方法很多,这里只举两种对教学实践有影响的分类。

(1)内部动机与外部动机。这是从学习动机的内外维度来划分的。内部动机是指人们对学习本身的兴趣所引起的动机。动机的满足在活动之内,不在活动之外。它不需要外界的诱因、奖惩来使行动指向目标,因为行动本身就是一种动力。正相反,外部动机是指人们由外部诱因所引起的动机,动机的满足不在活动之内,而在活动之外。这时人们不是对学习本身感兴趣,而是对学习所带来的结果感兴趣。如,有的学生是为了得到奖励、避免惩罚、取悦于老师等而学习。

(2) 认知内驱力、自我提高内驱力和附属内驱力。这是奥苏贝尔的分类。他认为,学生所有的指向学业的行为都可以从这三方面的内驱力加以解释。当然,随着儿童年龄的增长,这三种成分在个体身上的比重会有改变。

认知内驱力,即一种要求了解和理解的需要,要求掌握知识的需要,以及系统地阐述问题并解决问题的需要。这种内驱力,一般说来,多半是从好奇的倾向中派生出来的。在有意义的学习中,认知内驱力可能是一种最重要和最稳定的动机了。这种动机指向学习任务本身(为了获得知识),满足这种动机的奖励(知识的实际获得)是由学习本身提供的,因而也被称为内部动机。

自我提高的内驱力,是个体因自己的胜任能力或工作能力而赢得相应地位的需要。这种需要从儿童入学开始,日益显得重要,成为成就动机的主要组成部分。自我提高的内驱力与认知内驱力不一样,它并非直接指向学习任务本身。自我提高的内驱力把成就看作是赢得地位与自尊心的根源,它显然是一种外部动机。从另一个方面说,失败对丧失自尊是一种威胁,因而也能促使学生在学业上做出长期而艰巨的努力。

附属内驱力,是一个人为了保持长者们(如家长、教师等)的赞许或认可而表现出来的把工作做好的一种需要。

在成就动机中表现出来的认知内驱力、自我提高内驱力与附属内驱力这三个组成部分的不同比重,通常随着年龄、性别、社会阶层的成员地位、种族起源及人格结构等因素而定。

根据已有的研究,中学生的学习动机从类型分析角度看主要是外部动机占优势,但是随着中学生社会化水平的提高而逐渐复杂化,可能在一种或一些动机占主导地位的同时,多种动机共同作用。另外,中学生社会化水平的提高也使得自我提高内驱力在动机结构中的地位日益提高,附属内驱力的作用日益减弱。

3. 中学生心理健康教育的学习动机分析

心理健康教育课程在目前中学教育中的影响力日益扩大,一方面中学生对于了解自我有着强烈的好奇心,另一方面对于更好地提升自我的心理素质、增强对个人心理的控制有着强烈的需求,这构成了中学生学习心理健康教育课程的基本动机。

4. 学习者学习动机强度的分析

动机具有加强学习的作用。尤古罗格卢和华尔伯格的调查表明,高动机水平的学生,其成就也高;反之,高成就水平也能导致高的动机水平。有的研究发现,成就动机强的被试较之成就动机弱的被试更能坚持学习,学习更有成效。

但是,学习动机强度与学习效率并不完全成正比。过分强烈的学习动机往往使学生处于一种紧张的情绪状态之下,注意力和知觉范围变得狭窄,限制了学生正常的智力活动,降低了思维效率。因此,学习动机存在一个最佳水平,即在一定范围内,学习效率随学习动机强度增大而提高,直至达到学习动机最佳强度而获最佳效率,然后就随学习动机强度的进一步增大而下降。而且,学习动机强度与学习效果之间的这种关系因学习者的个性、任务性质、学习材料难易程度等因素而异。动机强度的最佳水平会随学习活动的难易程度而有所变化。一般来说,从事比较容易的学习活动,动机强度的最佳水平点会高些,而从事比较困难的学习活动,动机强度的最佳水平点会低些,这就是耶克斯－多德森定律,如图5-6所示。不仅如此,动机强度

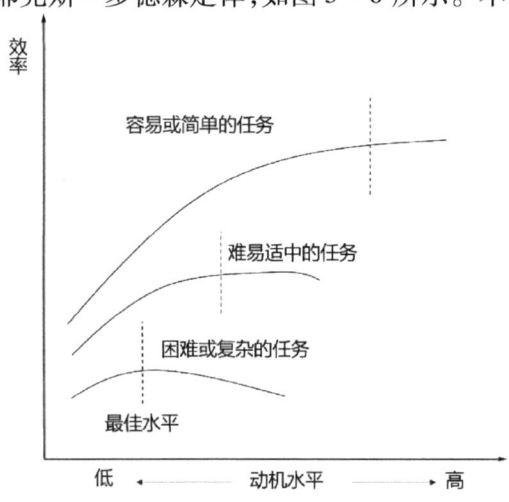

图5-6 耶克斯－多德森定律曲线(唤起水平与绩效之间的关系)

的最佳点还会因人而异,进行同样难度的学习活动,对有的学生来说,动机强度的最佳水平点高些更为有利,但对于另一些学生,可能最佳水平点低些更为有利。

在心理健康教育中,教师要注意控制学生学习动机的强度。中学生从自我意识发展的角度来说正处于第二个"自我中心阶段"。在强烈的探索和体验自我的意愿推动下,中学生可能会产生过于强烈的心理健康学习、体验动机。他们可能会过度内省,过于关注他人对自己的评价,从而产生沉重的心理负担;也可能在强烈的好奇心推动下主动学习一些心理学知识,但是如果缺乏教师的科学指导,接触一些良莠不齐的"伪心理学"知识,反而不利于心理健康的发展。

常用的学习动机强度测量可以使用中国台湾学者余安邦的学习动机量表,或者华东师范大学周步成先生修订的学习动机诊断测验。

(二)学习者学习态度分析

态度是习得的、影响个人对特定对象做出行为选择的有组织的内部准备状态或反应的倾向性。所谓学习态度,一般是指学生对学习及其学习情境所表现出来的一种比较稳定的心理倾向。它通常可以从学习者对待学习的注意状况、情绪状况和意志状态方面加以判定和说明。学习态度由认识、情感和行为意向三种心理成分构成。认识成分是指学习者对学习活动或所学课程的一种带有评价意义的认识和理解,它反映着学生对学习价值的认识,它是学习态度的基础。情感成分是指学生伴随认识而产生的情绪或情感体验,如对学习的喜欢或厌恶等。由于情感本身就反映出学生的学习态度,因此,情感成分是态度的核心。行为意向成分是指学习者对学习的反应倾向,即行为的准备状态,准备对学习做出某种反应。一般来说,学习态度的上述三种成分是相互协调一致的。

1. 学习态度的分析方法

判断学习者学习态度最常见的方法是态度问卷量表,例如赖昌贵教授编制的《中学生学习方法测验》、温斯坦和帕玛博士编制的《中学生学习策略量表》、张庆林编制的《中小学主体教育主体性问卷》等问卷量表中都涉及了关于学习者学习态度的调查。此外,观察、访谈等方法都可用于学习态度分析。

2. 学习者心理健康教育学习态度分析实例

表5-1 心理学学习态度量表

下面每一种陈述表达了一种对心理学及心理服务的态度。请评估每一种陈述并指出哪一项是你所同意的。你对这些陈述的态度是:非常同意、同意、无法确定、反对、极其反对。				
A	B	C	D	E
非常同意	同意	无法确定	反对	极其反对
1. 我对心理学非常有兴趣				
2. 我不喜欢心理学,因为我害怕接触它				
3. 在心理课上我总是非常紧张				
4. 心理学是令人感到惊奇有趣的				
5. 心理课及服务让我感到安全				
6. 心理学让我感到不舒服、不安、愤怒和不耐烦				
7. 一般情况下,我对心理学及服务有好感				
8. 当我听到"心理"这个词时,我感到讨厌				
9. 我带着犹豫的感情接近心理学及服务				
10. 我非常喜欢心理学及服务				
11. 我在学校里一直喜欢心理学				
12. 即使想到心理也会让我紧张				
13. 我在心理课及接受辅导时感到很平静,我非常喜欢它				
14. 我对心理学有一定的积极反应,它很可爱				

学生对于心理健康教育的需求是决定学习态度的基础。当下中学生面临日益严峻的升学形势,心理问题也日趋严重。无论是家长还是学生自己,都迫切地想要了解心理学知识,获得心理服务。在认识方面,学生可以认识到心理健康教育的重要性,情感上比较愿意接受相关的知识与服务,在行为上也表现出了积极的参与感。但是我们也要注意到,过分迫切的需求和焦虑也可能会让学生陷入选择的误区,放大自己的心理问题;有时也会对心理健康教育有不正确的态度,或者是迷信心理服务是万能的,可以解决一切问题,或者是对心理服务的效果存在怀疑,不愿意尝试。学校要在日常工作中宣传心理健康教育,引导学生对心理服务形成正确的态度,积极地接近心理学,在需要的时候及时求助于心理服务人员。

第五章 心理健康教育学习者分析与教学设计

【案例分析】

心理健康教育教学设计案例

学会对自己进行积极、正确的评价,对于处于青春期的初中生而言,是非常重要的。该时期的学生随着自我评价的觉醒和成熟,对自我评价就更加关注,需要教师积极和正面的引导。为了引导学生对自己有一个客观的认识和评价,教师特意设计了"悦纳自我"的心理教育课。

教学设计:

一、活动目的

通过活动,帮助学生认识自己的优势和长处;引导学生对自己做出合理、积极的评价。

二、活动准备

空白纸若干,每位同学童年时照片一张,"自我满意度调查"一份,"自评自述"纸每人一份。

三、活动过程

(1)导入:"我的手印"。让每个学生在空白纸上按下自己的手印,小组内同学进行对比。发现了什么?

每个人的手印都是不一样的。世界上没有完全相同的两个人,每个人都是独一无二的。

(2)活动体验:

活动一:照片展示"我长大了"。找出自己儿童时期的照片和现在的照片,看看、比比、想想,现在的我和过去的我有哪些不同?

面对出现在自己身上的种种变化,你的感受是惊讶、欣喜、羞涩还是惶恐不安?请写下自己的感受。

把照片放在小组里进行交流,向同伴介绍拍照片时的背景,如当时的人物、情绪方面的趣事,和同伴分享观看照片的喜悦,可以说说"我觉得我比以前更……(我的变化、成长、发展)"。

活动二:"自我满意度调查"。按照教师发放的问卷完成自我满意度的调查,发现对自己最满意及最不满意的项目。

活动三:欣赏我自己。请同学们大声说出描述人的词语:诚实、温柔、勤劳、聪明、礼貌、漂亮、宽容、勇敢、友爱、自立、细心、助人……

根据自己的实际情况,用以上词语描述自己。

画一画我的优点树,在上面挂满标志着你特别的能力和优点的硕果,看到自己有那么多优点,表达一下自己的心情。

活动结束。

"悦纳自我,积极评价自我"活动课程教学设计案例分析

教学设计的学习者分析主要是对教学对象的分析,分析学习者的特征、需求,还要在此基础上结合外部需求进行教学设计。本节课是面向初中生的一节认识和体验自我的心理教育课程,活动目的重点在于帮助学生体验积极的自我评价带来的体验。

设计者采用的教学组织形式和活动内容充分考虑了初中生的年龄特征,既包括表达自我、内观自我的活动,也包括学生之间的互评。活动非常符合初中生既以自我为中心,又关注他人评价的心理特点,容易获得学生的配合。活动的形式比较具体生动,便于学生投入,而最后部分的提炼又有一定的抽象性,利于学生抽象能力的训练。从外部需求角度来看,在"内卷"的时代,追求超越他人来认定成功的模式早已深入人心,但是真正能认识自我、追求自我却变得稀有,这对学生幸福感的提升十分不利。因此,引导学生学会聆听来自自我最深处的声音,在真实自我的激励下度过充实而幸福的一生是学校和社会的重要任务。因此,本节课的内容选择、教学设计可以充分体现教师对学习者认真、完备的分析,有的放矢,保证了教学的实效。

【本章小结】

(1)在我国中学生指的是初中和高中阶段的在校学生。这个阶段的学生正处于青春期,身心发展迅速,变化主要表现在思维发展迅速,逻辑思维开始占据优势,思维形式多样;情绪分化丰富,体验强烈,逐渐深刻;自我意识迅猛发展,出现了第二个"自我中心"阶段;价值观逐渐形成,人格趋向稳定完整。心理健康教育教师应在中学生心理发展的阶段特点的基础上，以此为依据进行教学设计。

（2）教育者除了需要分析学习者的年龄特征等基本特征外，还需要分析学习者的学习风格、学习动机及学习态度。学习者的动机主要包括附属内驱力、自我提高内驱力及认知内驱力，学习动机对学习效果的影响要根据学习难度的提高而变化，心理学家将其概括为耶克斯-多德森定律。根据已有的研究，中学生的学习动机从类型分析角度看主要是外部动机占优势，但是随着中学生社会化水平的提高而逐渐复杂化，可能在一种或一些动机占主导地位的同时，多种动机共同作用。而且，中学生社会化水平的提高也使得自我提高内驱力在动机结构中的地位日益提高，附属内驱力的作用日益减弱。常用的学习动机强度测量可以使用中国台湾学者余安邦的学习动机量表，或者华东师范大学周步成先生修订的学习动机诊断测验。心理健康教育教学设计要注意分析学习者的优势动机类型，控制学习者的动机强度。

（3）所谓学习态度，一般是指学生对学习及其学习情境所表现出来的一种比较稳定的心理倾向，这对选择教学内容、确定教学方法等都有重要的影响。它通常可以从学习者对待学习的注意状况、情绪状况和意志状态方面加以判定和说明。学习态度由认识、情感和行为意向三种心理成分构成。判断学习者学习态度最常见的方法是态度问卷量表，例如赖昌贵教授编制的《中学生学习方法测验》、温斯坦和帕玛博士编制的《中学生学习策略量表》、张庆林编制的《中小学主体教育主体性问卷》等问卷量表中都涉及了关于学习者学习态度的调查。此外，观察、访谈等方法都可用于学习态度分析。

【实践演练】

挫折是人的一生中一定会遇到的人生境遇，请你从初中生的心理发展特点和社会对初中生的要求两方面进行分析，为初中二年级的学生设计一堂关于挫折的心理健康活动课。

【拓展阅读】

1.范艳敏.学习者个体的学习需要分析研究[D].南昌:江西师范大学,2010.

2.钟志贤.面向知识时代的教学设计框架:促进学习者发展[D].上海:华东师范大学,2004.

【二维码】

学习者基本特征分析

学习风格分析

学习者实际能力分析

第六章 心理健康教育教学策略与教学设计

> 内容提要

1. 教学策略及其分类,心理健康教育教学策略与设计。
2. 教学策略实施步骤,教学策略在心理健康教育课中的应用。

> 学习目标

1. 知识与技能:掌握教学策略的基本理论解释,了解教学媒体的分类。
2. 过程与方法:了解教学策略的实施步骤,掌握初步的应用能力;在掌握教学媒体的选择依据和原则的基础上,形成恰当的教学媒体选择能力。
3. 情感态度与价值观:形成正确使用教学策略理念与教学设计的方法,获得积极健康成长的体验。

第一节 心理健康教育教学策略与分类

一、教学策略

开始一个教学单元时,教学设计者需要考虑通过组织教学课题、分析知识要点、了解学习者的初始能力和编写学习目标等工作,初步确定"教(学)

什么"和"如何教(如何组织学)",以达成教学目标的过程的问题,即所谓的教学策略的选用。在制订教学策略这个环节,教学设计者具体做若干相互联系、共同作用的事情,如编排符合学科逻辑结构和学生学习心理顺序的教学内容,以学习理论为指导确定教学过程的环节,为顺利开展教学活动选择相应的教学方法、教学组织形式和教学媒体。制订教学策略这项工作,以前期分析的结果和教学目标为依据,以具体的教学实施方案为产出,需要系统考虑诸多相关因素。这是教学设计活动中最具挑战性、最富创造性的一个环节。

(一)教学策略的定义

教学策略是为了实现特定教学目标而采用的教学内容顺序、教学环节、教学组织形式、教学方法和教学媒体等因素的总体考虑。对教学而言,没有任何单一的策略能够适用于所有的情况,有效的教学需要综合运用各种策略,来达到不同的教学目标。教学设计者只有掌握多种不同策略,才能根据实际情况制订出良好的教学方案。一般教师为力争使用最佳策略于特殊教学情境中,也需要掌握有关各种教学策略的知识。

(二)教师主导的教学策略

美国教育心理学家奥苏贝尔提出以教师为中心的教学结构理论,之后布鲁纳、布鲁姆和加涅等人进一步研究形成了布鲁纳的"学科结构论"、布鲁姆的"掌握学习"理论以及加涅的"学习条件"理论,并在此基础上形成了一整套教学设计原理与方法等,均对以教师为中心的教学结构的理论基础提供了不同程度的支持。

奥苏贝尔的教学理论内容很丰富,主要涉及三个方面:"有意义接受学习"理论、"先行组织者"教学策略和"动机理论"等。

1."有意义接受学习"理论

奥苏贝尔在对学习类型做深入研究的基础上,将"学习"按照其效果划分为"有意义学习"与"机械学习"两种类型。

所谓有意义学习,是指在学习过程中,符号所代表的新知识能够与学习者认知结构中已有的适当观念(如表象、有意义的符号、概念或命题等)建立实质性的、非人为的联系。当新知识与原有认知结构合理地联系起来,有意义学习便发生了。换句话说,要想实现有意义的学习,真正习得知识的意义,即希望通过学习获得对知识所反映事物的性质规律及事物之间关联的认识,关键是要在当前所学的新概念、新知识与学习者原有认知结构中的某个方面表象、概念或命题之间建立起非任意的实质性联系。

奥苏贝尔指出,要想实现有意义学习可以有两种不同的途径或方式,即接受学习和发现学习。接受学习的基本特点是所学知识的全部内容都是以确定的方式(教师)传递给学习者。学习课题并不涉及学生方面的任何独立的发现。学习者只需要把呈现出来的材料(无意义音节或配对形容词,一首诗或几何定理)加以内化或组织,以便在将来某个时候可以利用它或把它再现出来。奥苏贝尔还强调指出,如果根据学习引起的能力变化来区分学习类型,能否实现有意义学习是引起能力发展变化的关键,即根据用何种方式来引起能力变化(也就是用何种方式来实现有意义学习),那么只能区分出接受学习与发现学习两种,而所有其他的学习类型皆可并入到这两大类型之中。

与有意义学习形成对照的是机械学习,指新学习的内容无法与已有的知识形成联系,学习者认知结构中没有相应的内容对其进行概括、说明,需要重新建立认知内容的学习。

2."先行组织者"教学策略

奥苏贝尔不仅正确地指出通过发现学习和接受学习均可实现有意义学习,而且还对如何在这两种教学方式下具体实现有意义学习的教学策略进行了研究,特别是对"传递—接受学习"教学方式下的教学策略做了更为深入的探索,并取得了成为教学论领域一座丰碑的出色成果——"先行组织者"教学策略。这是在分析与操纵三种认知结构变量即原有认知结构的可利用性、可分辨性和稳固性等三个变量基础上而实施的一种教学策略。由于它由认知学习理论作基础,有很强的可操作性,自奥苏贝尔 1983 年提出以来,其影响日益扩大。目前,它已成为实现有意义接受学习的最有代表性、最具影响力,也是最见实际效果的教学策略。

中学心理健康教育内容一般和学生的经验有直接关系,所以适合使用"有意义学习"的策略进行教学设计。在心理健康教育中利用学生的生活、学习经验,设计"先行组织者",先引起他们的学习兴趣和热情,导入教学,这样更有利于教学活动有效性的发挥。如展示当前中学生的偶像图片,引起他们的关注,进而引入正式心理辅导命题"偶像带给我们的……";或者通过一次考试失利,一起思考"当你考砸的时候是怎么去归因的",让学生进入情境,思考自己的经验,从而引出正式辅导内容"学会归因"等。

3. 动机理论

奥苏贝尔在对学习过程的认知条件、认知因素进行深入研究的基础上提出了"有意义接受学习"理论和"先行组织者"教学策略,而且他还注意到影响学习过程的另一重要因素即情感因素的作用,并在这方面提出了独到的见解。在当代众多教育心理学家中,能重视情感因素的作用并对此进行认真研究的并不多见。他认为,情感因素对学习的影响主要是通过动机在以下三个方面起作用:

(1)动机可以影响有意义学习的发生。

(2)动机可以影响习得意义的保持。

(3)动机可以影响对知识的提取回忆。

他认为,动机是由三种内驱力组成的,由于动机是驱使人们行动的内部力量,所以心理学家常把动机和内驱力视为同义词。奥苏贝尔认为通常所说的动机是由认知内驱力、自我提高内驱力和附属内驱力等三种成分组成的。上述三种不同成分的动机对每个人来说都可能具有,但三种成分所占的不同比例,则依年龄、性别、文化、社会地位和人格特征等因素而定。在个人的学术生涯和职业生涯中自我提高内驱力是一种可以长期起作用的强大动机。因为与其他动机相比,这种动机包含更为强烈的情感因素,既有对成功和随之而来的声誉鹊起的期盼、渴望与激动,又有对失败和随之而来的地位、自尊丧失的焦虑、不安与恐惧。"动机理论"包括动机成分的组成与动机的作用等两个方面可以看出,奥苏贝尔确实对情感因素在认知过程中的作用与影响做了较深入的研究。

有需要才会激活行为动机,所以在心理健康教育课设计中可以通过诱发学生某种需要,从而达到了解自己心理的行为动机。如利用青春期少年儿童的心理特点,针对他们关注自己、了解自己的需要可以以"我是谁"为主题,探索自我、了解自我,引导他们正确对待青春期发展特点。

(三)学生主导的教学策略

建构主义学习理论强调以学生为中心,要求学生由外部刺激的被动接受者和知识的灌输对象转变为信息加工的主体、知识意义的主动建构者。建构主义的教学理论要求教师要由知识的传授者、灌输者转变为学生主动建构意义的帮助者、促进者,要求教师应当在教学过程中采用全新的教育思想与教学结构,彻底摒弃"以教师为中心"、强调知识传授、把学生当作知识灌输对象的传统教育思想与教学结构。

建构主义学习理论与教学理论的核心内容可通过美国著名的认知心理学家维特罗克的"学习生成模型"来概括。

学习生成模型是指学习者根据自己的态度、需要、兴趣和爱好及认知策略,对信息进行加工的特殊方式。这种加工方式是通过以前的多次学习逐渐形成的,并且保存在大脑的长时记忆中,对当前环境中的感觉信息产生选择性注意,获得选择性信息并利用原有的认知结构,贮存在长时记忆中的各种表象、事件、判断与技能。即在过去的经验与知识的基础上完成该信息的意义建构从而获得新知识、新经验的过程。

目前常用的自主学习策略有"支架式""抛锚式""随机进入式""自我反馈式"和"启发式"等。这种教学结构由于强调学生是学习过程的主体,是知识意义的主动建构者,因而有利于学生的主动探索、主动发现,有利于创造型人才的培养,这是其突出的优点。但是,这种教学结构由于强调学生的学,往往忽视教师主导作用的发挥,忽视师生之间的情感交流和情感因素在学习过程中的重要作用。另外,由于忽视教师主导作用,当学生自主学习的自由度过大时,还容易偏离教学目标的要求,这又是其不足之处。

(四)"主导—主体"理论

通过以上分析可以看到,奥苏贝尔的"有意义接受学习"理论、"动机"理论和"先行组织者"教学策略是以教师为中心教学结构的主要理论基础。建构主义的学习理论与教学理论则是以学生为中心教学结构的主要理论基础。建构主义理论的突出优点是有利于具有创新思维和创新能力的创造型人才的培养,其缺点则是忽视教师主导作用的发挥,因而不利于系统知识的传授,甚至可能偏离教学目标和忽视情感因素在学习过程中的作用。通过上面对奥苏贝尔理论的介绍可以看到,它刚好与建构主义相反,其优点是有利于教师主导作用的发挥。"有意义接受学习"理论和"先行组织者"策略都是建立在充分发挥教师主导作用的基础上,否则无法实施,并重视情感因素在学习过程中的作用。运用奥苏贝尔的动机理论能较好地控制与引导情感因素,使之在学习过程中能发挥积极的促进作用。其突出的缺点则是强调"传递—接受"教学模式,否定"发现式"教学模式,在教学过程中把学习者置于被动接受地位,学习者的主动性、创造性难以发挥,因而不利于创新人才的成长。

从中小学心理健康教育内容看,基本与学生自身正在面临和应对的问题有关,这保证了教育内容至少是熟悉的,不是完全的陌生,所以在选择教学策略时更多地需要基于学生已有经验进行,满足了奥苏贝尔的有意义学习的条件,也可以从生活经验中找到先行组织者的内容。当然,心理健康教育不排斥建构主义的教学策略,在教师的引领下,学生通过实践获得必要的心理调节方式、方法也是可以实现的,但是需要巧妙的设计和学生的积极参与,在实践和师生互动中完成教学任务。

二、教学策略的分类

根据不同标准,教学策略可以分为多种不同的类型。了解和掌握适应不同学习情境的各种教学策略,可以为学习奠定坚实的基础。以下根据教学设计的实际需要,介绍若干类教学策略。

(一)根据控制程度的分类

教学策略按其对学习者的信息加工过程的控制程度划分,可分为生成性策略、替代性策略和指导性策略三类。

1. 生成性教学策略

生成性教学策略也称发现性教学策略,强调具有积极性和主动性的学习者在学习过程中的重要作用,倾向于基于建构主义学习观的教学。这种策略通过要求学习者生成学习内容的概要、主要观点、图解、实例等,为自己指出各个概念之间的联系,对信息进行深入加工。它还将学习者置于一个既与教学内容有关,又可追求个人特殊兴趣的自主学习情境中,因而被认为是一种高度激发学习动机的教学策略。

生成性教学策略在心理健康教育课的设计中可以应用于对有一定探索性的命题的学习。如使用认知主义心理学的情绪 ABC 理论来调节情绪活动时,通过分析情绪产生的认知过程,发现情绪的产生并不一定取决于客观事件本身,而是对事件的解读导致情绪的不同。这种教学策略使学生在自主学习的环境中发现真理,更有助于他们对知识的理解和应用。

2. 替代性教学策略

替代性教学策略也称接受性教学策略,它为学习者设计许多教学活动,如引起学习者的注意,告诉学习者目标,安排课的预习等。这种策略倾向于减轻学习者为构建学习情境而必须承担的责任,以便学习者掌握与学习任务有关的知识和技能,发展认知能力。由于这种策略使学习者能够在教师指导下,在较短的时间内学习较多的教材,因此它可以带来更集中、更有效、更可预测的学习结果。

在心理健康教育课的教学设计中,替代性教学策略可以用来解决相对简单、易懂的内容的学习,或者用于有一定难度(如果让学生自己探索有可能失败)的任务,如动机和学习效率之间的关系问题。动机与学习效率的关系比较复杂,利用学生已有经验很难在短时间内总结出较为可靠的结论。

使用替代性教学策略将耶克斯－多德森定律进行直接展示,结合生活经验进行详细的解读,反而可能更容易让学生理解和掌握。

3. 指导性教学策略

指导性教学策略大致"折中"于替代性策略和生成性策略之间。它植根于对学习的内部条件(内因)和外部条件(外因)及其相互关系的理解,强调教师的指导作用。因为它是以一定结构形式出现的,包含了开展教学活动可以遵循的一整套实际步骤,所以其特点集中地、明显地表现在教学过程的具体环节上。

指导性教学策略在心理健康教育课中的使用较为普遍,因为心理活动的规律是比较复杂的,看似生活中普遍的现象,好像没有什么深奥的道理,但是往往经验"欺骗"我们,一些心理现象让人们大跌眼镜,如"感觉剥夺"实验,告诉人们感知觉的重要性;如阿希的"从众"实验,我们可能认为自己是坚定不移的人,但是这个实验告诉我们,大概有35%以上的人会从众等。如果让学生自主探索或者教师直接进行讲解效果都不会太好,而使用案例加理论讲解的教学设计可以更好地促进学生的掌握。

(二)按学习结果的不同分类

心理学家加涅把学习结果分为言语信息、智慧技能、认知策略、动作技能和态度等五种类型。所以教学策略也可以根据学习结果的类别分为以下五类:

1. 言语信息的教学策略

言语信息的学习即学生掌握的是以言语信息形式(言语交往或印刷物)传递的内容,学习结果以言语信息的形式表现出来。这一类学习通常是有组织的,学习者得到的不仅是个别的事实,而是根据一定的教学目标获得许多有意义的知识,使信息的学习和意义的学习结合在一起,构成系统的知识体系。

言语信息的教学策略首先提供先行组织者,用逻辑的顺序或根据有意义的上下文组织言语信息,然后用概念图、记忆术等方式讲授新课。

2. 智慧技能的教学策略

言语信息的学习帮助学生解决"是什么"的问题,而智慧技能的学习要解决"怎么做"的问题,即利用符号、信息与环境相互作用的能力。每种水平的学习中都包含着不同的智慧技能,比如,怎样应用一些原理、法则解答习题,怎样使动词和句子的主语一致等。加涅以辨别技能为最基本的智慧技能,按不同的学习水平及其所包含的心理运算的不同复杂性程度,由低到高依次划分为:辨别、具体概念、定义概念、规则、高级规则(解决问题)等智慧技能,每一级智慧技能的学习要以低一级的智慧技能的获得为前提,最复杂的智慧技能是把许多简单的技能组合起来而形成的。

3. 认知策略的教学策略

认知策略是学习者用以支配他自己的注意、学习、记忆和思维的有内在组织的才能,这种才能使得学习过程的执行控制成为可能。认知策略具有调控执行过程的功能,如怎样选择性注意、怎样编码和提取、怎样选择有效的步骤解决问题等。认知策略与智慧技能的不同在于智慧技能指向学习者的外部环境,而认知策略则支配着学习者在对付环境时其自身的行为,即"内在的"东西。

4. 动作技能的教学策略

动作技能又称为运动技能,是通过练习,依据一定规则协调自身肌肉运动的能力。如体操技能、写字技能、作图技能、操作仪器技能等,它也是能力的一个组成部分。

动作技能的教学策略包括:吸引注意和确立目的、激发兴趣和动机、预习技能、回忆原有的相关动作、加工信息、集中注意力、运用学习策略、练习、反馈、评估和总结、迁移和再激发动机。

5. 态度的教学策略

态度是通过学习获得的对人、对事、对物、对己的反应倾向。学校教育目标包括态度的培养,态度既可以从各门学科的学习中得到,也可以从校内外活动和家庭中得到。

态度的教学策略的具体实施过程包括:由榜样任务演示某种行为、让学生练习这种行为、对学生的行为提供反馈等。在中小学心理健康教育课中，教学策略的使用更多地涉及认知和态度的教学结果，让学生理解自己，掌握正确认识他人与周围环境的认知方法，态度方面建立积极、主动、自主的心态等。

第二节　心理健康教育教学策略实施步骤

在心理健康教育教学中应用教学策略，可以从以下几个方面进行实施：

一、引发注意

这是用以唤起和控制学习者注意的活动。人的感知是有选择性的，因此，学习者只注意一些和他们已知相关的或新奇的东西。根据凯勒的 ARCS 动机模型，为了激发一个人的学习动机，首先要引起他对一项学习任务的注意和兴趣，再使他了解完成这项任务与个人需求的相关性。选择合适的信息来吸引学习者的注意力，可使用的基本方式有改变刺激，如放映多媒体教材，画面迅速切换和出现闪烁的指示符号，教师突然提高音量等；提出学习者感兴趣的问题，如"最近你的心情还好吗？""你有困惑的时候向谁请教？"等；学习者为何需要掌握本课的知识与技能；用体态语（手势、表情等）引起学习者注意等。这项活动要贯穿于整堂课的教学中。

二、明确学习目标

教学开始时，应让学生了解教师对他们的期望是什么，他们在学习结束后应能做什么（能力、绩效的具体指标是什么），教师将如何"考"他们。如生涯规划教学开始时布置任务："课程结束时，我希望大家都有关于自己将来发展的明确规划"等。教学要求（或学习目标）要明确、具体，以激起学生对学习的期望，使他们主动地学习。有关研究表明，如果在课程开始前学生明确了学习目标，那么，大多数情况下学生的绩效会得到提升。在学习目标与学生学习动机之间建立连接，即通过设定具体的目标来吸引学生的注意力和激发其学习动机,是这个教学环节的一项重要任务。同时要鼓励学生:"你一定能学好",使他们建立信心。用学生熟悉的语言讲解学习目标,让他们了解课堂所要包括的内容,看到教材的基本结构,能帮助学生将原有的知识与要获得的新知识联系起来,促进有意义的学习。

三、激发先前的知识储备

新的学习应建立在学习者已知事物的基础之上。据此,教师在讲授新教材之前,要指出学习所需具备的知识基础,帮助学习者回忆已经学过的相关内容,使新旧知识产生有机联系,"温故而知新",使新的教学内容对学习者更具有意义。同时,还应让学习者看到自己已经掌握的知识和技能与学习目标的联系,找出新知识和旧知识相似或不同之处,使学习者有可能充分利用他的认知结构中已有的、合适的观念来同化新知识,避免机械学习。心理健康教育课作为心理辅导和促进学生潜能发展的重要举措,其教学目的更多集中在提升自身心理品质的作用之上,较少强调基本理论知识的获得,那么是不是就不需要考虑先前知识的意义呢?其实不然,心理健康教育课可以从发展的角度,强调不同年龄段学生的心理问题特点和应对策略,强化现阶段在已有经验基础上的发展和变化。

四、呈现教学材料

当学习者做好准备后,可向学习者讲授新教材。新教材应具有鲜明的特征,以促进学习者选择性知觉的内部过程,帮助学习者进行编码和记忆。例如,要使学习者掌握教学内容结构,明确"论点、论据";学习概念和规则时要使用各种各样的事例,善于使用正例和反例来说明新的信息,促进新技巧的掌握;要求学习者掌握规则的使用时,应安排各种例题,让学习者看到这些规则的应用等。

实践证明,在讲授教材过程中如能穿插一定的练习活动并及时提供合适的反馈,那么,即使一次讲授的教材的量较少,学习者也不会感到枯燥。心理健康教育课也可以穿插一些活动,让学生在活动参与中形成和建立积极的心理品质。

五、通过学习指导引发认知与行为

这一环节旨在促进语义编码的内部过程。语义编码是为信息的长期储存做准备的加工过程。为了帮助学习者用命题、各种概念的层次关系等有意义的形式组织好所接收的信息,教学设计者需要从外部或通过教师、教材为学习者提供学习指导。在讲授新课过程中,要注重提供记忆技巧,通过提问、提示要点等方式,帮助学习者掌握学习内容。例如,为言语信息的学习提供一个有意义的组织结构;教师通过一系列提示或问题,为学习者提供思路,启发他们去寻求答案,掌握新的规律,从而促进其认知结构的发展与学习记忆。

六、实践体验

这是促使学习者做出反应的环节,体现了学习者参与的原则。参与指主动地学习,即在教学过程中学习者对所呈现的信息以各种方式做出积极反应。通过参与,学习者能更好地理解并保持所呈现的信息。就个人参与活动的感觉通道而言,通常认为:学习者对听到的内容能记住10%,对读到的能记住20%,对看到的能记住30%,对做过的事则能记住70%。练习作为一种重要的参与方式,是保证信息经过处理进入长时记忆的一种有效的方法。

大量研究表明,在学习者学习教材的过程中或紧接学习材料之后,采用某种方式吸引学习者参与教学活动肯定有助于提高学习效果。教师在讲授过程中插入问题(如要求学习者从看到或听到的事物中选择、判断或决策),即使不期望学习者回答,也能推动学习者思考,提高其心理上的参与度。

七、反馈

一般认为"熟能生巧",但实际上"缺乏反馈的练习意义不大"。在学习者做出反应,即表现出行为之后,教师应及时让学习者知道学习结果:指出优点,使他们树立信心;指出不足之处,让他们知道问题所在,帮助他们及时改正错误。如果可能,应该在每个问题或步骤之后立即给予反馈。很多情况下,这种反馈是由学习者自我提供的。由外部提供反馈的方式可以有很多种,如老师观察时的点头、微笑及教材在适当的地方出现答案等。提供反馈活动的目的是促进"强化"的内部学习过程。

八、评定结果

评定结果的目的是促进学习者进一步回忆,再一次让学习者运用所学的新知识和技能,巩固学习成果,即促进检索与强化的内部过程。具体表现为要求学习者进一步完成作业,并评定学习成绩。根据凯勒的 ARCS 动机模型,布置的作业要使学习者觉得有用,学习检查要帮助学习者增强信心,使他们有成就感,产生成功的愉悦。

测试是评定行为的主要方式,既能检查学习结果,又能起强化作用。与评定绩效有关的测试一般可分 3 种。

1. 插入式测试

教学过程中可插入类似练习的小测试。这类测试常能准确地了解学习者当时的学习状况。这些数据对教学评价很有价值。此外,这类测试如能恰当使用也能提高学习者的学习积极性。

2. 自我检查

自我检查指教学过程中,学习者不同程度地参与各种教学活动。他们回答问题或进行各种练习,通过自己的实践,学习者一般可以知道自己的掌握情况,特别是通过教师或教材的反馈即可做出自我检查。

3. 后测

后测是指完成一个单元的学习之后进行的测试,也称单元测试。测试形式一般与教学过程中常用的练习形式相似,但在要求上应稍高于插入性小测试,而且更加全面系统,并在一定程度上要求学习者表现出较多的创造性。后测的结果常成为决定下一阶段学习的依据。应让教师和学习者了解两点:如果学习者未能达到预定的教学要求,那么,是简单地重复学习课的某一部分,还是为他们提供其他教材进行学习?如果学习者达到预定的掌握程度,他们应继续学习下一部分,还是进行其他的补充活动?这就涉及对教学后活动的设计。

第三节　心理健康教育教学策略形式

在使用教学策略时,根据教师和学生参与教学活动的主导性,可以将教学策略形式划分为传递—接受策略、引导—发现策略、示范—模仿教学策略和情境—陶冶策略等。

一、传递—接受教学策略

(一)表现形式

传递—接受教学策略是指在教学过程中教师主要通过口授、板书、演示,学生则主要通过耳听、眼看、手记来完成知识与技能传授,从而达到教学目标要求的一种教学模式。奥苏贝尔认为,传递—接受教学模式不一定是机械的,"发现式"教学也不一定是有意义的。教学能否做到有意义,是使学生能够真正理解、掌握所教的知识,而不是死记硬背、机械地生搬硬套、不求甚解;有意义学习的关键在于是否能将当前所学的新知识和原有认知结构中的旧知识之间建立起某种内在的联系。

(二)适用范围

"传递—接受"教学模式的使用突出"以教为主"。具体适用于以下两个情境:

1. 特别强调充分发挥教师在教学过程中的主导作用时

在这种教学模式下,教师不仅是主动的施教者、知识的传授者,还要求教师自始至终引导并监控整个教学进程。显然,这种模式更便于教师主导作用的发挥,更便于教师组织课堂的各种教学活动,更便于师生之间的情感交流,因而有利于对学科知识的系统传授,有利于对前人知识经验的学习与掌握,也有利于情感因素在学习过程中更有效地起作用。心理健康教育课中对于一些比较抽象的心理过程的解读,如果单纯依靠学生体验不能完成的时候,可以考虑通过教师的教授获得。如有关"生命的意义""价值观"等命题的学习,首先需要厘清生命是什么、从何而来、价值是什么、如何衡量等较为抽象的问题。

2. 对于学生在学习过程中的主体地位虽有关注,但有不足

在这种教学模式下,自主学习、自主探究、自主发现的学习方式并没有被排除,但却被置于较次要的从属位置。尽管在建立新旧知识的联系的过程中,学习者也需要积极开动脑筋、认真思考,从而需要发挥一定的主动性与积极性,但是这种主动性与积极性完全是在教师的引导、启发下形成的,和学生在自主学习、自主探究的环境下,独立而自觉地形成的主动性与积极性不能相提并论。在前者的基础上,虽然可以用较短的时间达到对知识技能的理解与掌握,但难以培养出创新的思维与创新的能力。而在后者的基础上,则不仅可以较深入地达到对知识技能的理解与掌握,还有利于创新思维与创新能力的形成与发展,即更有利于创新人才的成长。

(三)设计要点

传递—接受教学模式的实施通常包含下面四个实施步骤:

1. 实施先行组织者策略

这个步骤包括阐明教学目标,呈现并讲解先行组织者和唤起学习者先前的知识体验。阐明教学目标是要引起学生的注意并使他们明确学习的方向。先行组织者是利用适当的引导性材料对当前所学新内容加以定向与引导。这类引导性材料与当前所学新内容(新概念、新命题、新知识)之间应存在某种非任意的实质性联系,而且在包容性、概括性和抽象性等方面符合认知同化理论要求,从而能对新学习内容起固定、吸收作用。与新旧知识之间存在的三种关系("类属关系""总括关系""并列组合关系")相对应,先行组织者也有"上位组织者""下位组织者"和"并列组织者"三种不同的类型。在实施先行组织者策略的过程中,对此必须有清醒的认识,以便在后面对当前新知识的教学内容进行组织时,能对实施何种"先行组织者"策略做出恰当的选择。

2. 介绍与呈现新的学习内容

对当前学习内容的介绍与呈现,可以通过讲解、讨论、实验、阅读、作业或播放录像等多种形式。学习材料的介绍与呈现应有较强的逻辑性与结构性,使学生易于了解学习内容的组织结构,便于把握各个概念、原理及各知识点之间的关联性,从而使学生对整个学习过程有明确的方向感,对整个学习内容能从系统性与结构性去把握。在此过程中,教师还要善于集中并维持学生的注意力。

3. 运用教学内容组织策略

为了帮助学生有效地实现对新知识的同化,除了要运用自主学习策略激发学生主动学习的积极性以外,还要求教师依据当前所学新旧知识的关系("类属关系""总括系""并列组合关系"),而运用不同的教学内容组织策略。如果新旧知识之间存在类属关系,则教学内容的组织应采用"渐进分化"策略。如果新旧知识之间存在总括关系,则教学内容的组织应采用"逐级归纳"策略。如果新旧知识之间存在并列组合关系,则教学内容的组织应采用"整合协调"策略。

4. 促进对新知识的巩固与迁移

在实施这一步骤的过程中,学习者一方面要应用精细加工策略与反思策略来对当前所学新知识的意义建构进行巩固和深化,另一方面还要通过操练与练习策略在运用新知识解决实际问题的过程中来促进对新知识的掌握与迁移。

二、引导—发现教学策略

(一)表现形式

引导—发现教学策略,要求教师根据教材的结构特点和学生认知水平,将教学内容和教学过程同步划分为数个相互联系的动态结构,引导学生在掌握知识的过程中探索并有所发现。纵向按课堂时间顺序,把教学的整个过程划分为相对独立而又前后联系的几个阶段;横向从参与课堂学习的各种因素考虑,采用各种组合方式,使教学媒体、教学手段与教学方法有机结合,从而发挥最佳的系统功能,取得课堂教学的最优化。

学习作为个体经验获得发展的过程,具有两层含义:其一,"个体经验"是指学习者本身的学习行为,教师是不能替而代之的,只能引导学生学习;其二,"发展的过程"表明,学习有着"不知到知"或"知之不多到知之较多"的发展轨迹,所以学生应自己去探究、获取、运用知识,在探究、获取、运用中发展智力,陶冶思想情操,形成良好的意志品质和学习习惯。

(二)适用范围

引导—发现教学可以在以下三个教学目标实现中使用:

1. 教师对学生发现学习起到引导作用时

这里的"引导",既指教师为达到教学目标而采取的一种教学手段,也指教师引导学生去发现的途径和方法。它分别从"目标引导、活动诱导、评价指导"等方面对学生的发现活动进行控制和调节,有利于产生发现的正效应,减少或避免发现的负效应。

2. 主要用于学生参与学习的发现行为

学生的发现学习,则分别以"问题定向、发现展开、价值评定"这三种基本活动方式出现,它与教师的"引导"相对应,师生双方共同参与教学活动,在序列上表现出学生在教师引导下,必须经历一个"提出问题—建立假设—

收集材料—整理归类—结论验证"的发现过程。

3. 用于教师引导学生发现的发展趋向

学生在发现学习中,表现出对问题的提出、分析、解决的发展趋向,而这个趋向则是教师引导学生对问题和解决问题的途径、方法筛选的结果。

引导—发现教学策略,强调让学生在教师引导下经历学习过程,即在创设的问题情境中,学生经过假设、归类,确认定向目标,进行深入的发现活动;然后在交流发现材料时,做出演绎或归纳的思维加工;最后以目标为准则,对发现的结果做出评判。

(三)设计要点

1. 创设问题情境

引导—发现的教学策略,是学生在教师引导下以解决问题为中心而进行的学习活动。这就要求教师提供的言语或实例等要精确而且有明确指向。这种指向为学生创设了一个认知上的困难情境,使学生产生想解决这一认知困难的内部需求,从而去认真思考所研究的问题。

如生涯规划辅导课,开始以问题切入,让学生想象十年后自己的样子,二十年后和三十年后的样子等,使学生产生探究的欲望,综合现状与理想进行深入思考。

这样,教学过程首先从课题切入,着手引导学生充分感受"职业"的情景,去考虑"自己究竟喜欢什么""愿意做什么""适合做什么"等问题。

课程中提到的问题,最后以解决问题为学习过程的结束,经过整理讨论中的各种意见,概括为:生涯规划需要尽早进行,结合自己的能力、特点和喜好,进行综合考虑与把握。

2. 把握结构层次

围绕"发现"的定向目标展开的发现活动,在教学的具体过程中,应显示出它的结构层次,防止平面化倾向。教师在引导时,必须随着问题情境的产生,帮助学生提出各种解决问题的假设性方案,要让学生检索出先前获得的与问题有关的经验和知识,并在此基础上构成一个新的组合来解决问题。解决问题的过程,是由表及里、由此及彼、不断思考的认识过程。

这里所谓的结构层次,主要包含两个方面的内容,一是课时与课时之间的层次,二是环节与环节之间的层次。课时间的层次,往往体现在各课时的教学要求不尽相同上。教师通常是遵循学生的阅读与认知规律,沿着初探—深究—运用,这样一条轨迹来把握的。初探阶段,重在引导学生感知课文内容,进行初步的发现尝试;深究阶段则是进一步理解课文内容,展开深入的发现活动,得到情绪的感染,受到启迪;运用阶段,是为掌握、巩固某一知识并转化成能力而进行形成性训练,通过训练,深化原来的发现和认识。环节与环节之间的层次,指在教学单位时间内(特指一课时)的教学过程显示出纵向有序递进、横向联系开掘的趋势,而不是一个平面上的问答,每一环节的设置,都要以引导学生不断深入发现为出发点。

3. 激发动态活力

应用引导—发现教学策略时,课堂教学是动态发展的,而不是封闭型的单一结构。在这种结构中,教师不再是课堂的主宰者,而是在某些情况下置于"后反应"状态;学生的学习也不是仅对一个或对或错的现成答案进行判断,而必须用自己的大脑来亲自获得知识。作为以"主体""发展"为基本思想的引导—发现教学策略,更强调教师与学生、学生与学生、学生与教师之间的多向交流,体现出学生自我发现、相互评判发现、在发现中寻求更深刻发现的学习行为特征。以生涯规划课为例,可以分组讨论职业选择的影响因素,从而激发学生思考,在讨论中形成不同的观点,产生思想碰撞。然后,教师引导学生进行分析,对每一个影响因素进行归纳整理,最终进行总结。通过这一系列活动,不断探究学生的内心想法,在讨论中使其意识到考虑问题时需要全面、系统、客观地看待问题的重要性,同时,也使得学生产生关于职业选择、生涯规划的深刻感悟。

三、示范—模仿教学策略

(一)表现形式

示范—模仿教学策略也是教学中常用的一种策略,它主要用于动作技能类的教学内容,包括一些操作技能的学习。心理健康教育侧重于心理品质的提升,主要是通过心理健康教育使学生掌握最基本的心理适应、调适能力,帮助他们解除心理困惑,预防心理问题和心理疾病的发生。示范—模仿教学策略特别适合于帮助学生掌握最基本的心理品质、提升技能。

(二)适用范围

从示范—模仿教学策略的表现形式可以发现,该策略适用于技能类培养,在心理健康教育课中可以应用于:

(1)人际关系建立、维护、改善。

(2)情绪的识别与调适。

(3)学会学习、学习动机的激发及新环境(新学校)适应等。

(4)了解自我、悦纳自我,建立自信心,克服自卑。

(5)培养坚强的意志力,勇敢面对挫折等。

(6)学会生涯规划。

(三)设计要点

设计使用该策略,需要从以下几个步骤进行:

1. 动作定向

教师向学生阐明需要掌握的行为技能及技能的操作原理,同时向学生演示具体的动作,使学生明确要学会的行为技能的要求。

2. 参与性练习

教师指导学生模仿练习一个个分解的动作,并及时提供反馈信息,消除不正确的动作,强化正确的动作,使学生对所学的动作由不够精确、不够熟练逐渐走向精确、熟练。

3. 自主练习

在这一阶段,学生已基本掌握了动作要领,可以将单个的技能结合成整体技能,通过反复练习,使技能更加熟练。

4. 技能的迁移

学生动作技能基本达到自动化的程度,可以不需要思考便能完成行为技能的操作步骤,并且可以把获得的技能与其他技能组合,构成更为综合性的能力。

由于学生的需求不同,教学目标和教学内容不同,不存在适用于一切教学活动的最优教学策略。教学设计者必须掌握一系列适用于不同目标、内容及对象的教学策略,才能在教学设计实际中选取并综合运用各种教学策略,创造出最有效的教学环境,取得最佳的教学效果。

四、情境—陶冶教学策略

(一)表现形式

情境—陶冶教学策略有时也称暗示教学策略,由保加利亚心理学家洛扎诺夫首创,主要通过创设某种与现实生活类似的情境,让学生在思想高度集中但精神完全放松的情境下进行学习。

人的认识是有意识的心理活动与无意识的心理活动的统一,是理智与情感活动的统一,这就是情境—陶冶教学模式的理论基础。

(二)适用范围

情境—陶冶教学策略是一种主要用于情感领域教学目标的教学策略。该教学模式的教学目标是使学生在思想高度集中、精神完全放松的状态下,高效率、高质量地掌握所学内容,并且在情感和思想上受到触动和感化。通过情感和认知多次交互作用,使学生的情感得到不断陶冶、升华,个性得到健康发展,同时又学到科学的知识和技能。

(三)设计要点

情境—陶冶教学策略主要由以下几个步骤组成:

1. 创设情境

教师通过语言描绘、实物演示和音乐渲染等方式或利用教学环境中的有利因素为学生创设一个生动形象的场景,激起学生的情绪。

2. 自主活动

教师安排学生加入各种游戏、唱歌、听音乐、表演、操作等活动中,使学生在特定的气氛中积极主动地从事各种智力操作,在潜移默化中进行学习。

3. 总结转化

通过教师启发总结,使学生领悟所学内容主题的情感基调,达到情感与理智的统一,并使这些认识和经验转化为指导其思想、行为的准则。

第四节 教学策略的教学设计案例

【案例分析】

案例:情绪管理的教学设计

中学生情绪是在活动与交往过程中,在成长、环境和教育等诸多条件影响下,逐步形成和发展起来的。随着青春期身体的发育与成熟,神经系统的内抑制和自控能力的发展,中学生的情绪发展表现出丰富性、文饰性、跌宕性、心境化、两极性等特征。如果这些特征向积极方面表现,则形成良好的心境,有利于身心健康。如果这些特征向消极的方面表现,则容易产生情绪方面的问题。中学生常见的情绪问题有焦虑、抑郁、恐惧、易怒、冷漠等,这些情绪问题对他们的学习、生活、身心健康都会产生重大影响,需要给予极大的关注和及时的调节。情绪调节的主要方法有放松训练法、合理情绪疗法、转移注意法、发泄情绪法、控制情绪法等。教师要引导学生加强情绪管理,学会情绪的自我调节,确保自己经常拥有愉快的心情。

活动主题:放飞心情,迎接心晴

(一)设计理念

本节课的主题是情绪调节。情绪具有两极性,对于消极情绪需要加以调节,以维持心理健康。美国心理学家霍尔认为,青年期处于"蒙昧时代"向"文明时代"演化的过渡期,其特点是动摇的、起伏的,他把这一时期称为"狂风暴雨"时期。中学生情绪的自我调节能力还不强,时常会受到消极情绪的困扰,因此需要给予指导,提高他们管理和调节不良情绪的能力。本节课的设计理念是通过案例分析认识到调节情绪的必要性,掌握情绪调节的理论与方法,再通过实例将情绪调节的理论与方法运用于实际生活中。本节课设计的主要目标是使学生能够通过调整认知来克服消极的情绪,能调节和控制情绪,保持乐观、开朗的心境。

(二)学情分析

高中生处于半幼稚半成熟的过渡时期,其情绪情感具有独特的表现:情绪体验丰富多彩;情绪活动不稳定,波动较大;情绪体验强烈易冲动;情绪表现外显与内隐并存。正是由于具有这样的情绪特点,他们会出现忽然兴奋、忽然沉默的情况,容易从一个极端走向另一个极端。当遇到顺利的情境时,他们就显得格外兴致勃勃,在生活学习、工作中力量倍增;但是当他们遇到挫折时,对信念就产生动摇,出现沮丧、灰心的情绪。由于对自己情绪的各种认识和控制能力尚未成熟,他们在面对学习、考试、陌生交友圈、对异性萌生好感等各种问题的困惑和烦恼时,有时表现出消极、负性的情绪状态。一般的、适度的、情景性的负面情绪反应是正常的,也是无害的;然而,持久的情绪困扰与忧虑,会使个体长期陷于不良情绪之中不能自拔,甚至出现心理障碍和心理疾病,影响学生的学习和生活,因此需要及时调节情绪来适应高中的学习和生活。通过本节课的学习,希望他们能够认识到情绪调节的重要性,掌握一些简单的情绪调节方法,学会情绪的自我管理,保持乐观的心情。

(三)教学目标的设计

1. 知识与技能目标

(1)了解中学生情绪发展的基本特点,理解情绪的 ABC 理论。

(2)能了解情绪的表现,认识到情绪对人的身心健康的影响。

2. 过程与方法目标

(1)通过案例分析了解情绪产生的原因和特点。

(2)通过辨析自己的情绪状态,找出进行情绪管理、解决情绪问题的方法。

(3)能应用有效的方法控制自己的情绪,对情绪进行自我调适。

3. 情感态度与价值观目标

(1)重视情绪的调控,提高主动调整情绪的意识。

(2)体验消极情绪转变带来的变化,体验合理控制和调节情绪带来的成就感,培养健康、积极的情绪状态。

(四)教学重难点

1. 教学重点

使学生认识到调节情绪的重要性,帮助他们掌握调节消极情绪的方法。

2. 教学难点

提高他们主动调整情绪的意识,引导他们重视情绪的调控,保持良好的情绪状态。

第六章 心理健康教育教学策略与教学设计

(五)教学内容与教学策略

教学内容	教学策略分析
1.暖身活动:比手画脚(5分钟) 教师介绍游戏: (1)准备若干张纸条,上面书写以下内容:我很高兴、我很生气、我很难过、我很失望、我很无奈、我很着急、我很困惑、我很害怕、我很担心、我很不甘心、我觉得丢脸、我觉得厌恶、我觉得惊讶、我好舒服、我好兴奋、我好痛苦、我好寂寞、我好满足、我好无助……每张纸上写一种情绪,写好后折成四折,放在一个小纸箱或其他容器里。 (2)全班同学自愿举手参加表演,参与者抽取一张纸条,不能让别人看到纸条内容。 (3)抽到纸条的同学表演纸条上写明的情绪,不能说话,只能用面部表情和肢体动作表演,其他的同学猜表演者的情绪。 学生:按照教师介绍的游戏规则和方法积极地参与到游戏活动中。 教师小结:我们可以从非语言信息来判断各种情绪,在游戏中,我们可以从他人的非语言信息中判断其情绪。同时,我们的情绪有时候也会被他人所感知,所以要学会调控我们的情绪。	通过暖身活动,活跃气氛,并使学生感受到情绪是可以被他人感知的,所以要学会控制自己的情绪,从而引入主题。 使用引导—发现教学策略,让学生在其他人的情绪表演中学会判断;引导学生感知自己的情绪波动,学会控制自己的情绪。
2.解读理论:"想法"决定情绪?(10分钟) 活动介绍:学生观看四则小故事的PPT,内容是反映不同人对同一件事会产生截然不同情绪的素材。然后思考问题:为何对同一件事,不同的人会产生截然不同的情绪? (1)荒岛上的鞋子推销员。两个卖鞋子的推销员到一个荒岛上,发现荒岛上的人都不穿鞋。一个感到非常失望,因为他认为这个岛的人都不愿穿鞋,要成功推销是没有希望的;另一个感到非常兴奋,因为他认为这个岛上的人还没有鞋子穿,成功推销的希望极大。 (2)对玫瑰花的看法。A的看法:"这世界真是太美好了,在这丑陋、有刺的梗上,竟能长出这么美丽的花朵。"B的看法:"这世界太悲惨了,一朵漂亮、美丽的花朵,竟然长在有刺的梗上。" (3)对半杯水的反应:两个十分口渴的人,当他们见到有半杯水时产生了不同的情绪反应。A:"还好,还有半杯水。"B:"哎呀,怎么只剩半杯水了!"	通过四则小故事,让学生明白影响我们情绪的不是事件本身,而是我们对事情的看法,不同的想法引起不同的情绪。明白产生什么样的情绪完全由自己控制。 使用传递—接受教学策略,用故事传递道理,在故事情节中发现道理,使学生的体验更加深刻。

续表

教学内容	教学策略分析
（4）哭婆婆与笑婆婆的故事。从前，有一个老太太，整天坐在路口哭，被称为"哭婆婆"。一天，一位禅师路过此地，便问其缘由。老太太告诉禅师，她有两个女儿，一个嫁给了卖伞的人家，一个嫁给了卖鞋的人家。每当天晴的时候，她就想起了卖伞的女儿，想到她的伞会卖不出去，因此伤心而哭；而每当天下雨的时候，她又想起卖鞋的女儿，想她的鞋一定不好卖，因此也伤心落泪。所以，无论天晴下雨，她总是在哭。禅师听罢，脱口便说："下雨的时候，你要想卖伞的女儿生意好，天晴的时候你要想卖鞋的女儿卖得好，这样你就自然不会哭了。"听了禅师的一番话，老太太顿悟了。从此，街头便有了一个总是乐呵呵的"笑婆婆"。 学生：讨论、发言。 教师：介绍情绪的 ABC，A 为事件、B 为想法、C 为情绪。情绪 ABC 理论的核心思想是，我们通常认为"某某事情使我产生了某某情绪"，其实影响我们情绪的不是事件本身，而是我们对事情的看法。对同一件事不同的人会有不同的想法，即使同一个人也会对事件有不同的想法，而不同的想法则引起不同的情绪。导致情绪问题的原因往往不是事件本身，而是不正确的、非理性的信念。	教师通过介绍情绪 ABC 理论，教导学生主动有力地驳斥自己的非理性信念。 使用传递—接受教学策略，介绍情绪 ABC 理论，通过实例分析加深印象。
3. 现学现卖：请你帮助他（10 分钟） 活动介绍：学生看小磊的故事。小磊和小奇是同桌，这次英语测验，一向学习成绩不冒尖的小磊却比英语课代表小奇考得好。同学们纷纷议论，怀疑小磊作弊。面对同学们的怀疑、责问，小磊非常气愤，他觉得同学们都看不起他，都在嫉妒他、怀疑他，就在课堂上和大家争吵起来，大发雷霆、摔文具盒、拍桌子，以发泄自己的不满。 思考：小磊的消极情绪和不良行为与他的不合理想法紧密相关，请学生先帮他找出这些不合理的想法，完成表1。 表 1 消极情绪和不良行为的表现和原因 	事情（件）	想法	情绪	行为
---	---	---	---
			| 学生：完成表1。 教师引导：请同学们思考如何帮助他改变这些想法，使他的消极情绪和不良行为转变为积极的情绪和行为，从而走出情绪的深渊。请同学们完成表2。	通过解决实际案例，加深学生对情绪 ABC 理论的理解和运用。 使用引导—发现教学策略，掌握情绪 ABC 理论的妙用

续表

教学内容	教学策略分析
表2　积极情绪和良好行为的表现与信念 	事情	想法	情绪	行为
---	---	---	---
			| 学生互相交流并分享。 4.解剖自我:我的情绪低谷(10分钟) 教师介绍活动过程。 (1)请学生回想曾经令自己快乐、生气、伤心、紧张、受挫或自卑的一件事,列出三个问题: 　A.曾有一件事,让我很不开心,这件事情是…… 　B.在那段日子里,当时我感到…… 　C.这样的情绪影响了我的日常生活,影响表现在…… (2)将那件事按照情绪ABC的理论写成:事件(A)和当时的想法(B)情绪或所导致的行为结果(C)。 例:同学叫我绰号,我感到不被尊重,就生气不理同学。 (3)学生思考,这些事件和想法是否引起了你的情绪困扰?如果原来的想法引起了你的情绪困扰的话,试试换种想法会怎么样?当时自己是如何走出那一段低谷的?如果运用情绪ABC理论解决的话会有什么区别? (4)小组内交流分享。 (5)请部分学生代表发言分享。 学生:思考、交流、分享。 教师小结:通过解决自我问题,可见"怎么想"决定我们产生什么样的情绪。情绪其实操控在我们自己手中,记住换个想法,心自然就晴了。接着,教师呈现心理小贴士(其他的有效方法): 　A.转移注意力。 　B.合理发泄情绪。哭:适当地哭一场;喊:痛快地喊一回;诉:向亲朋好友倾诉衷肠;动:进行剧烈的运动。 　C.学会控制情绪。控制情绪就是要做到"喜怒有常"和"喜怒有度"。 5.魔法情绪:魔镜魔镜(5分钟) 活动介绍: (1)学生分成两人一组,相对而坐。甲学生做出各种愉快的表	通过解决自己的案例,进一步加深学生对情绪ABC理论的理解和运用。进一步体会、分析自己的情绪。 使用情境—陶冶教学策略,让学生沉浸在自己的情绪体验中,学会运用情绪ABC理论,发现认知(B)改变对情绪带来的影响,通过自我感知,真正领悟理论的魅力与实际效果。 通过游戏,让学生明白拥有愉快情绪其实很简单。 使用示范—模仿教学策略,让学生自己去模仿,发现情绪的传染性,并体验有时心情不好了,别人示范的

续表

教学内容	教学策略分析
情,乙学生作为镜子模仿甲的各种表情。时间为1分钟左右。 (2)双方互换角色。 (3)学生围绕刚才的活动讨论分享: A.看到"镜子"的表情你有什么感受? B.情绪可传染吗? C.你在努力做各种愉快表情时你的情绪有变化吗? (4)学生发言。 教师小结:心理学研究表明,当我们装着有某种心情,模仿着另一种心情,往往能帮助我们真的获得所模仿的心情。因此,每天早上起床后我们对着镜子笑一笑,告诉自己"今天会有个好心情",往往会为你带来一天的好心情。即使没有镜子的时候,也可利用镜子技巧,使自己脸上露出一个很开心的笑脸来,挺起胸膛,深吸一口气,然后唱一段歌曲,或吹一小段口哨,让自己的心情晴朗起来。 6.情绪食谱:总结感悟(5分钟) 送给大家一份"校园快乐"食谱: 配料:一杯友谊、二匙善良、三盏宽容、四勺理解、五杯关怀、六勺希望、七袋诚挚、八罐信任、九份努力,外加一桶笑声。 调制方法:取关怀和诚挚,与信任充分搅拌,然后将努力、善良、宽容和理解加入,添上友谊和希望,加上大量笑声,同阳光一块烘烤,每日食用一份。"校园快乐食品"好吃,大家一起分享吧! 教师简单介绍一下这份"食谱",并体验与同学们共同分享快乐的情感。请大家把这份食谱发送给你的亲朋好友,与他们一起分享。	积极情绪也可以带动自己的改变。 通过情绪食谱,总结我们保持愉快情绪的要点,升华主题"放飞心情,迎接心晴"。 使用引导—发现教学策略,使学生在教师一步步地引领中感受阳光,感受温暖。

【本章小结】

(1)教学策略是为了实现特定教学目标而采用的教学内容顺序、教学环节、教学组织形式、教学方法和教学媒体等因素的总体考虑。

(2)奥苏贝尔提出以教师为中心的教学结构理论,他认为教学以教师为主导,此后布鲁纳的"学科结构论"、布鲁姆的"掌握学习"理论以及加涅的"学习条件"理论对以教师为中心的教学结构理论基础提供了支持。

(3)动机理论认为:动机可以影响有意义学习的发生,动机可以影响习得意义的保持,动机可以影响对知识的提取回忆。

(4)建构主义学习理论强调以学生为中心,要求学生由外部刺激的被动接受者和知识的灌输对象转变为信息加工的主体、知识意义的主动建构者。

(5)目前常用的自主学习策略有"支架式""抛锚式""随机进入式""自我反馈式"和"启发式"等。

(6)"主导—主体"理论。"主导—主体"模式介于"学生中心"和"教师中心"两种模式之间,既强调发挥学生的认知主体作用,也注意发挥教师的主导作用。

(7)教学策略按其对学习者的信息加工过程的控制程度划分,可分为生成性策略、替代性策略和指导性策略三类。

(8)教学策略按学习结果分为言语信息的教学策略、智力技能的教学策略、认知策略的教学策略、动作技能的教学策略和态度的教学策略五种类型。

(9)教学策略实施步骤分为引发注意、明确学习目标、激发先前的知识储备、呈现教学材料、通过学习指导引发认知与行为、实践体验、反馈和评定结果等。

(10)教学策略形式包括传递—接受教学策略、引导—发现教学策略、示范—模仿教学策略和情境—陶冶教学策略等。

【实践演练】

(1)找一篇教学设计案例,然后对其所使用的教学策略进行分析。
(2)使用本讲教学策略,设计一堂中学生情绪辅导的教学策略案例。

【二维码】

心理健康教育教学
策略与分类

心理健康教育教学策略
实施步骤

心理健康教育教学
策略形式

第七章　心理健康教育教学评价的教学设计

▶ 内容提要 ◀

本章主要介绍如何设计心理健康教育教学评价。科学的教学评价设计会促进教学质量的提升和教师的成长。本章围绕新课程改革下的教学评价改革、教学评价的重要功能、科学系统地设计教学评价的设计原则,以及如何设计教学评价的方法进行指导。

▶ 学习目标 ◀

1. 知识与技能:掌握新课程改革下的教学评价改革方向,了解教学评价的功能。

2. 过程与方法:根据教学评价方法学会如何多维度评价一节优秀的心理健康课。

3. 情感态度与价值观:感受良好的教学评价对教学的积极促进作用,从教学评价中感受一节优秀课程的生成过程。

教学评价是更为接近实践活动的认识活动,其强烈的实践指向性对人们的实践活动具有明显的导向作用。在课堂教学活动中,持有不同的课堂教学观,就会形成不同的课堂教学和评价,产生不同的教学评价结果。教师的课堂教学评价活动实质上就是教师深层教学思想的具体化和现实化。学校心理健康教育评价是学校心理健康教育总体规划的重要组成部分,它对于促进学校心理健康教育工作的开展,掌握学校心理健康教育活动的进程,调整和确定学校心理健康教育的目的,不断改善和完善学校心理健康教育,使之逐步纳入科学化和规范化的轨道都有着重要的作用。

第一节　教学评价概述

一、新课程改革下的教学评价改革

2001年《教育部关于印发〈基础教育课程改革纲要(试行)〉的通知》中明确指出,教学评价要符合如下要求:

建立促进学生全面发展的评价体系。评价不仅要关注学生的学业成绩,而且要发现和发展学生多方面的潜能,了解学生发展中的需求,帮助学生认识自我,建立自信。发挥评价的教育功能,促进学生在原有水平上的发展。

建立促进教师不断提高的评价体系。强调教师对自己教学行为的分析与反思,建立以教师自评为主,校长、教师、学生、家长共同参与的评价制度,使教师从多种渠道获得信息,不断提高教学水平。

建立促进课程不断发展的评价体系。周期性地对学校课程执行的情况、课程实施中的问题进行分析评估,调整课程内容、改进教学管理,形成课程不断革新的机制。

继续改革和完善考试制度。在已经普及九年义务教育的地区,实行小学毕业生免试就近升学的办法。鼓励各地中小学自行组织毕业考试。完善初中升高中的考试管理制度,考试内容应加强与社会实际和学生生活经验的联系,重视考查学生分析问题、解决问题的能力,部分学科可实行开卷考试。高中毕业会考改革方案由省级教育行政部门制定,继续实行会考的地方应突出水平考试的性质,减轻学生考试的负担。

高等院校招生考试制度改革,应与基础教育课程改革相衔接。要按照有助于高等学校选拔人才、有助于中学实施素质教育、有助于扩大高等学校办学自主权的原则,加强对学生能力和素质的考查,改革高等学校招生考试内容,探索提供多次机会、双向选择、综合评价的考试、选拔方式。

考试命题要依据课程标准,杜绝设置偏题、怪题的现象。教师应对每位学生的考试情况做出具体的分析指导,不得公布学生考试成绩并按考试成绩排列名次。

总结我国中小学课堂教学的评价活动,总体上呈现出两大特征:一是量少,教师和学生不重视课堂教学评价的作用;二是质不高,许多课堂教学评价仅局限于简单的陈述性知识的再现。具体情形是课堂里只有教师在认真地演"独角戏",教师关心的是自己教学方案的按计划完成,对学生的参与情况、学习过程和学习效果重视不够。对学生的评价主要是通过提问和回答的方式进行的,而大部分问题是质量不高没有多少实际意义的机械问题。因此,应重视和加强课堂教学评价的诊断、导向、激励、教学等功能,树立新的课堂教学评价观,把课堂教学的重心从教师完成教学任务转移到正视学生的基础,促进学生的发展上来。

心理健康教育课程具有特殊性,存在缺少统一的教材、没有成绩考核要求、教师队伍数量少、教研团队规模小等现实状况,但对课程的评价绝不能少,课程评价的体系更要参照基础学科教学积累下的丰富经验,琢磨出心理健康教育评价体系。

二、教学评价的概念及分类

教学评价是以教学目标为依据,按照科学的标准,运用一切有效的技术手段,对教学过程及结果进行测量。根据评价在心理健康教育课程中的不同作用,可以分为诊断性评价、形成性评价和总结性评价。

(一)诊断性评价

诊断性评价又称起始评价,是指在教学活动开始之前进行的教育心理评价。其主要任务是评价学生进入新的教学活动前所具有的基础,包括学生的智力、人格特点、心理健康状况,以及各种优点、缺点等方面的内容。目的是更好地组织教学内容,选择教学方法,以便对症下药,因材施教。诊断性评价所获得的资料既可以作为课程设计参考,又可作为评价课程教学效果的依据。将课程开始时学生有关状况与结束时相比,就可以了解课程教学的有效性及其程度。诊断性评价的方法颇多,诸如查阅学生心理档案、教师对学生的评价及采用某些心理测验等。

目前心理测验采用问卷调查较多,有些学校已经采购了第三方网络问卷服务,学生可以在手机端完成测验,并由软件系统做出基础数据分析给出建议。也有相当一部分心理教师采用纸质问卷进行测试,相比前者,在数据处理上消耗的时间较多。

(二)形成性评价

形成性评价又称过程性评价,是在课程进行过程中实施的评价。其目的是收集有关教师教和学生学两方面的信息,从而更好地改进教学过程、提高教学质量。在进行过程性评价时,教师应该懂得,一堂心理健康教育课下课了并不等于它的结束。为了总结经验和教训,还需要对照目标检查效果,看各项任务的完成情况。各项目标的达标程度在评价时重在看学生的实际变化情况,不宜采用布置知识性作业或考察的方法。应结合学生心理训练的需要,提出一些自我训练建议,供学生参考采用。形成性评价主要看学生的认识是否得到提高,观念是否有所改变,问题是否得到缓解,需要是否得到满足,对心理健康教育课是否满意等。对个别学生提出的不便在课堂上辅导的问题,需要在课后进行个别辅导。

(三)总结性评价

总结性评价又称终结性评价,是在课程结束时所进行的评价。心理健康教育课程的主要教学目标就是让学生认识自身的心理,掌握自身心理的"知"。这里的"知"包括有关心理发展和心理素质的知识,以及自我心理教育的知识。因此,笔试和口试是心理健康教育课程总结性评价的主要方法。值得指出的是,评价时应将分数和评语结合起来。分数反映了学生对心理知识的掌握程度与自我认识的水平,评语则是心理指导性的评语。佩奇(E. P. Page)的研究表明,在评定学生的学业成绩时,有评语比无评语好,鼓励性的评语比一般性的评语强化作用大。因此,教师的评语应对学生心理认识的新发展给予肯定。要通过评语激发学生努力学习心理知识的动机和优化心理素质的愿望。实际上评语本身,也成为心理知识传授的内容,成为心理健康教育专门课程的一个有机组成部分。

三、教学评价功能

学校心理健康教育教学评价的功能是指通过评价的实施与完成,以发挥评价的整体功能和效能。正确地认识、了解并充分地运用学校心理健康教育教学评价的功能,对学校心理健康教育教学工作的开展具有极其重要的意义。

(一)指导功能

指导功能是指学校心理健康教育教学评价就像一根指挥棒,它能正确地引导学校心理健康教育教学的发展方向,促进教育教学的目标实现,从而体现出评价的指导性和权威性。评价的指导功能表现在它以科学的价值观和操作性的教育目标所构成的价值系统,为心理健康教育教学活动指明方向、描绘蓝图,并通过对评价结果的不断调节和控制,使心理健康教育教学活动向预定的目标逼近。要保证学校心理健康教育教学评价的指导性功能得以实现,首先要确定科学的目标,并根据目标制订出恰当的评价体系。教学目标制订与教学评价是教学的首尾阶段,首尾呼应是一节完整课程的基本要求。另外,还要注意顺应时代发展,对其进行及时的调整,使之体现出发展性和先进性,发挥其应有的指导与导向作用。

(二)诊断功能

心理健康教育课程往往需要设计精细的活动,同时,同一活动不同的教师带领也会有不同的效果,这就需要深入地分析。诊断功能指完成一节课后,通过对搜集到的信息进行整理分析,通常能发现学校心理健康教育工作中的优缺点及存在的问题,鉴别此种工作是否达到目标,区分教育效果的优良程度,确定工作价值的大小,并预测未来工作成功的可能性。诊断鉴定的对象可以是心理健康教育教师、学生,也可以是心理健康教育工作的工作计划和方案,还可以是心理健康教育课程等。通过诊断,区分优劣,明确问题所在,最终还是为了提高学生学校心理健康教育教学的质量,更好地促进学生心理健康的发展。

(三)反馈功能

反馈功能是指通过学校心理健康教育教学评价,学校、领导、教师给学生提供反馈信息评价的功能,是教学评价的最直接的作用。反馈可以使学生对心理健康状况持有正确的认识,并据此调整和改进自己不恰当的心理和行为,使之与社会发展相适应。及时且适当的反馈可以让学生增强自我意识,形成正确的自我概念,提高自我评价功能。肯定的反馈更可以增强学生的自尊心与自信心,促进学生心理素质的积极发展。从学校领导和教师层面来说,反馈信息可以使学校心理健康教育教学工作正确的做法、经验得到及时的强化,使错误的方案和做法得到及时纠正,从而使学校心理健康教育工作在不断地调整、改进和完善中发展。

(四)激励功能

激励功能可以用在两个环节。第一,对教师的激励和对学生的激励。其中对教师的激励方面,无论是各级教研部门还是学校教师管理,都可以通过教学比赛等评价形式,区分出水平高低、能力大小、成绩优劣。这样会直接影响到学校工作的形象、荣誉和利益等,从而激发被评者的成就动机,促进他们追求更好的评价结果,促使他们做更好的工作。比如评价功能和其他一些措施结合起来,根据评价进行表扬、奖励、批评、惩罚,或直接投入经费等,则评价的激励功能更为显著。现在常见的评价形式有教学案例征集比赛、基本功大赛、优质课程比赛、说课比赛、观摩课程展示、教学研究比赛等。例如北京市每年举办的北京市"成君杯"中小学心理健康大赛活动,成为国内很多心理教师基本功大赛的典范。

第二,对学生而言,恰当的学校心理健康教育教学评价能够调动学生的积极性,使学生由于获得肯定和表彰而对认识调控自己的心理产生浓厚的兴趣,并逐步转化为深刻而稳定的需要。为了发挥评价的激励功能,首先应允许充分运用评价的反馈机制,及时了解学校心理健康教育教学实施效果的成败,及时调整各环节存在的问题,教师收到反馈后,要实事求是,客观面对反馈结果。其次,应创造积极向上、创新愉快的评价氛围,激励教师改进不恰当的教育方法,争取最佳的教学效果,激发学生在评价过程中获得的体验,进一步升华,产生更深刻的认识,并通过获得新的体验而增强信心,从而加倍努力学习能促进自身心理健康发展的知识和技能。

(五)研究功能

学校心理健康教育的建设仍需要大量的实证数据和教学反馈。学校心理健康教育教学评价是一个复杂的过程,这个过程包含丰富的研究因素。评价作为严肃的科学研究活动,本身具有教育与研究上的价值及方法,信息的收集与整理、结果的处理与反馈都与教育研究过程一致或相近。通过评价学校心理健康教育工作,能够清楚了现状,明确解决问题的方法和手段。评价过程就是一个研究的过程,是发现问题和解决问题的过程。相信在不断地"实践—反馈—改进"的过程中,这一学科的科学性也会逐步提升,同时会反作用于教学工作。

(六)问题识别功能

问题识别功能是指学校心理健康教育评价可以成为甄别学生心理素质优劣的有效手段,从而将学生的心理健康水平分成不同的等级。识别功能虽然是学校心理健康教育教学评价的功能之一,但它不是其原初的本体性的功能,而是其附加性的功能。评价的根本目的是改进和激励,是为每一位学生心理的健康成长。评价应成为促进学生心理健康水平提高的过程,而不是将学生放在评价的筛子上,筛选出学生心理的优劣。

(七)沟通渠道的功能

沟通渠道功能是指学校心理健康教育教学评价的实施有利于评价者之间、被评价者之间、评价者与被评价者之间相互交流,使他们不仅能够深入细致地了解别人的长处,同时能看到自己的不足,促使评价双方通过交流来加深彼此的了解,互相学习,共同前进。当学生看到教师精益求精的工作作风、专业的工作状态,也会增加对教师的信任。例如,有些教师每个学期都会通过"给老师抛金子"的方式获得学生对心理健康教育教学工作的建议,同时也会收到很多学生的心里话。这促进了教师对课程的改进,为教师提供了了解学生的机会,学生也获得被重视的感觉,拉近了师生距离。

四、教学评价原则

学校心理健康教育教学评价的原则集中体现了评价的指导思想和基本要求,它既具有自身的客观规律,又蕴含人们的主观意志,是开展评价活动必须遵循的基本原则。唯有依据学校心理健康教育教学评价的原则办事,才能合理并有效地发挥学校心理健康教育教学评价的功能,推动学校心理健康教育工作沿着正确的轨道健康发展。一般而言,学校心理健康教育教学评价原则有以下四个方面:

(一)科学合理的原则

科学合理是指进行学校心理健康教育教学评价必须实事求是,不能主观臆断,评价的设计、评价指标的体系建构及评价的实施等,均应科学、客观地反映学校心理健康教育及其评价客观规律。

1. 客观性原则

客观性原则是指评价者在进行学校心理健康教育教学评价时,必须采取客观的态度,实事求是地进行评价,而不应以主观的感受或者受其他因素的影响而随意地评价。强调坚持客观性原则,是因为它能更好地发挥评价的激励功能,促使人们努力地做好工作。不坚持客观性原则,则会挫败被评价者的积极性与主动性,破坏评价双方的心理平衡,进而影响学校心理健康教育工作的顺利开展。贯彻客观性原则,要求评价者在收集整理分析资料的过程中应做到客观公正,不掺杂个人的主观因素;应尽可能地广泛收集资料,以保证所收集资料的全面性,从而做到客观公正。

2. 科学性原则

科学性原则是指在学校心理健康教育教学评价的过程中,要运用科学的理论和技术去评价客观事实。在这里,科学的理论和技术是指科学的学校心理健康教育评价指标体系。具体地说,就是要求所设计的评价指标是有效且紧扣评价目的的,各项指标都必须对评价结果起作用。制订的评价指标是全面的,每项指标都在某个局部评价范围内反映评价目标,各项指标之间不重复,没有因果关系、交叉关系。对各项指标赋予的权重应运用科学的方法获得,而非随意而定。评价标准应是在切合实际的基础上做出正确且合理的规定。贯彻科学性原则,要求评价者做到以下几点:首先,评价者应选取一个科学的学校心理健康教育教学评价指标体系;其次,评价者在评价方法的选择上,要将量化评价与质性评价相结合;再者,评价者要运用科学的态度和方法。

(二) 以人为本的原则

以人为本是指学校心理健康教育教学评价要尊重学生个人或群体的合理性需求,通过学生喜闻乐见的形式,引导学生在愉快的交流活动中感受和体验。要充分发挥评价各方的自主性,保证学生在评价中有充分的发言权,使评价过程成为一个充满关怀、同情与理解的过程。

1. 主体性原则

主体性原则是指进行学校心理健康教育教学评价时,要尊重被评价者的主体性,提高被评价者在评价过程中的参与度。被评价者可以参与评价指标的取舍与指标重要程度的确定、评价指标的制订、评价结果的解释等。同时可以采用自我评价和同伴互评的方式,充分调动被评价者的积极性和主动性。贯彻主体性原则,要求评价者做到以下几点:①评价者要重新思考被评价者在评价活动中的角色和地位,将被评价者接纳到评价活动中。②评价者要允许被评价者与其平等地相互倾诉、对话及倡导一种协商对话评价。例如,在学生发言中,遇到一些意料之外的观点,教师是否能够站在学生的角度理解其观点的由来。

2. 理解性原则

理解性原则是指在学校心理健康教育教学评价过程中,评价者要以民主、平等及欣赏的态度理解被评价者,要以理解为目的,综合把握各种手段收集到的信息与资料。理解还应该包括评价主体之间的相互理解。学校心理健康教育教学评价应真正地将被评价者视为有尊严、有情感的人。评价者必须与被评价者在情感、动机和体验方面发生交互作用,而这些都需要通过理解来把握。以理解为原则的评价能够更好地把握评价者的真实情况、更好地获得客观详尽的信息资料,更好地平衡各评价主体的意见。

贯彻理解性原则,要求评价者做到以下几点:第一,评价者应理解被评价者的精神世界与心灵体验,双方在共情中相互理解;第二,评价者应正确理解收集到的各种信息,以免丢失许多有价值的信息;第三,评价者要参与评价的多种评价主体交流信息,形成一种以理解为基础的多元的评价格局。

(三)促进成长的原则

促进成长是指不能单纯地为评价而评价,而应使学校心理健康教育教学评价过程本身变成学校心理健康教育过程的延伸,使评价活动成为培养学生心理健康素质的有效途径,而非成为阻碍学生心理健康发展的障碍。

1. 发展性原则

发展性原则是指评价主体从发展的观点出发,充分注意被评价对象的发展变化,充分利用积累成果,对被评价者有计划地进行综合评价。就学生而言，则是指学校心理健康教育教学评价应围绕学生的发展为学生的发展服务。既要反对那种站在学生对立面的评价，也要防止为评价而评价的做法。

2. 差异性原则

在实施学校心理健康教育教学评价时，不仅对于不同年龄段的学生应持有不同的评价尺度，对于同一年龄段的学生，如果在个体间存在心理发展水平的差异，也应持不同的具有针对性的评价标准。由于学生的心理发展过程都是循序渐进的，不同年龄、不同个性的学生都有他们自己的发展起点和能力水平，采用整齐划一的评价尺度和标准，可能会削弱某些心理发展起点低、进步缓慢的学生的自信心。因此，进行学校心理健康教育教学评价应采纳维果茨基的最近发展区理论，让评价适合每一个学生，保证每一个独具个性的学生的心理都能朝着健康的方向发展。贯彻差异性原则，要求评价者做到以下几点：首先，评价者应对不同年龄、不同心理发展水平的学生采取具有差异性的评价标尺和尺度；其次，评价者应对不同起点的学生做出恰如其分的分析，使评价能够对学生产生激励和鼓舞作用。

（四）现实可行性原则

现实可行性是指学校心理健康教育教学评价应围绕评价目的，根据评价实际情况进行，以保证评价的实用性和可行性。

1. 实用性原则

实用性原则是指通过学校心理健康教育教学评价，使参与评价的各个方面的人员都能够真正从中获益。评价结果应在分析评价对象优缺点的基础上提供改进的方向。实用性原则注重评价设计、评价实施及评价结果的应用，避免追求华而不实的评价。要让评价符合客观的实际情况，在考虑经济问题的前提下，保证评价能发挥最大的效用。贯彻实用性原则，要求评价者做到以下两点：首先，评价者应考虑评价参与人员的实际情况和可接受程度，使评价符合实际的情况和要求；其次，评价者在评价的操作过程中把握好使用的要义，使评价结果能真正发挥作用。

2.可行性原则

可行性原则是指学校心理健康教育教学评价应与当时当地的主客观条件相适应。评价指标体系在保证科学性和正确性的前提下,尽量使其简化,减少抽象化的条文,便于人们掌握,从而保证评价实施的可行性。评价的实施如需要投入巨大的人力、物力、财力,指标设计过于复杂、方法运用过分玄妙,就会使人感到难以掌握,从而造成评价实施中有一道不可逾越的障碍。忽视可行性原则的评价,设计得再好、再完美,只能成为一种鉴赏品,而缺乏真正的使用价值。贯彻可行性原则就要求评价者做到以下两点:首先,评价者要使学校心理健康教育教学评价在保证科学合理的前提下,尽量简便易行;其次,评价者所采用的评价准则应尽量减少概念化和抽象化的条文,避免虚无缥缈,不可捉摸。

在制订评价方案、确定评价对象、建立指标体系、具体进行操作时,都要从实际出发,从可行的角度来组织工作。例如,心理健康教育的目标之一是提高学生的心理素质和心理健康水平,具体评价时应进行指标分化和细化,使之可操作,否则评价的指标就会形同虚设,不能反映实际情况,从而达不到评价的目的。另外,可行性还要求评价对象具有可比性,能区分高低优劣。需要注意的是,应将上述关于学校心理健康教育教学评价的原则整合起来,认真贯彻。唯有如此,才能保证学校心理健康教育教学评价顺利地进行,进而达到预期的目的。

第二节 如何评价一节优秀的心理健康教育课

中学心理健康教育课是依照中学生心理发展规律,以现代心理学理论为基础,一般通过活动的形式展现出来的教学活动。它是学生主体参与、深入体验、积极感悟内化的自我教育过程。《中小学心理健康教育指导纲要(2012年修订)》中指出心理健康教育课应以活动为主,包括团体辅导、问题辨析、心理训练、专题讲座、游戏辅导、心理情景剧、情境设计、角色扮演等。

评课,是指对课堂教学的成败得失及其原因做切实中肯的分析和评价,并且能够从教育理论的高度对一些现象做出正确的解释。评价一节心理健康课,可以从以下五大要素着手:教学理念、活动目标、教学过程、分享交流、教师专业素养和个人风格。同时结合一些课程评价工具,使评价具有系统性及可对比性。

一、教学理念

教学理念是评课的大前提,教学理念是人们对教育实践及其教育观念的理性构建。心理教师和评课者都需要有先进的教学理念,遵循最新课改大教育背景下的教育理念和心理健康教育学科背景下的教学理念,只有这样才能正确识别课的优劣,更好改进自己和他人的教学。心理健康教育课的教学理念要有系统整体教育观,即遵循最新课改大教育背景下的教育理念和心理健康教育学科背景下的教学理念的有机结合。

(一)遵循最新课改大教育背景下的教育理念,关注学生核心素养

从时间维度,中学生心理健康教育课要着眼于学生整体人格和生命质量的发展,这样每一堂心理健康教育课,都为其人格的完整和高质量的生命起到积累、提升和厚积薄发的作用,教育的终极意义就实现于当下一堂堂实实在在的日常课中。

从内容维度,心理健康教育课要扎根于最新课改所确立的教育根本理念,即以培养"全面发展的人"为核心,以学生发展六大核心素养为依据,即"人文底蕴、科学精神、学会学习、健康生活、责任担当、实践创新"。

在一堂"情绪ABC"的心理课中,厦门一位心理教师呈现素材:厦门即将在2017年9月举办金砖国家会议,五个国家分别是巴西、俄罗斯、印度、南非、中国。①其中有一个国家的朋友请你帮忙,你说:"OK,没问题。"并轻松比出"OK"的手势,这位朋友却很生气,你知道这位朋友来自金砖五国中的

哪个国家吗?为什么?②你去其中一个国家的朋友家做客,他却拿出"盐巴和面包"来招待你,你很诧异。你知道这位朋友来自金砖五国中的哪个国家吗?为什么?

评课:不难看出,这位心理教师教学理念十分先进,素材的使用有"国际范儿",将当地最新时事和心理学原理有机融合,通俗易懂。其备课具有全球化意识,通过"巴西人和中国人面对OK的手势,不同的情绪反应和想法""面对盐巴和面包招待贵宾,俄罗斯人和中国人不同的情绪反应和想法"等这样有国际视野的例子突破难点,学生更深刻认识到"面对同样的事情,对事情的解释和想法不同,情绪也不同"。同时关注学生核心素养中的"社会参与",师生要具有全球意识,尊重世界多元文化的多样性和差异性,积极参与跨文化交流。

(二)遵循心理健康教育学科背景下的辅导理念

心理健康教育课不同于心理学科教育,它注重学生健康心理和人格的形成,而不是心理理学知识和理论的教育。

在心理健康教育课程目标的引领下,心理健康教育课程的辅导理念应注意:一是体现民主平等、助人自助的理念。学生能在安全开放的心理课堂氛围中,自主参与课堂活动和讨论,积极合作,助人助己,促进自身心理的健康发展。二是符合中学生心理发展特点和实际需要,培养其积极心理品质。学生在创设的活动和心理情境中能获得积极的、愉快的心理体验,并由此感悟积极的个人心理意义,积极适应环境。三是科学把握辅导主题与核心概念,有机使用辅导素材促进中学生自我认识。在科学心理学理论基础上确定辅导主题和核心概念,辅导素材要选择能让学生获得心理体验的各种文化和与时俱进的社会生活经验,不应拘泥于心理学学科知识的选择。辅导素材应是当代社会生活经验、心理健康知识和初中生的生活经验的有机统一。这些是心理健康文化的再生产过程,也蕴含在学生健康心理的建构过程中。

二、活动目标

(一)关注目标的内在联系,重视"情感""意志与行为"对"认知"的助力

在科学的心理理论基础上,初中心理健康教育课三维目标的制订要遵循初中学生的心理认知发展规律,围绕学生内在成长及对现实的适应,以《中小学心理健康教育指导纲要(2012年修订)》为指导思想。

根据本书第四章内容,制订三维目标要具有实现的可能性,突出学生的主体地位。例如"做校园绅士,不做暴力熊"的心理话题,"认知目标"的阐述有以下两种角度:①教师"教"的角度:通过情景扮演的活动,使学生认识到校园暴力会伤己伤人。②学生"学"的角度:在情景扮演中,初步认识到校园暴力会伤己伤人。后者会较前者好,需要站在学生角度制订三维目标。

关注目标的内在联系,知、情、意是人类心理活动的三种基本形式,它们之间彼此统一相互制约:第一,认知是产生情感的基础,情感反作用于认知;第二,认知是意志的前提,意志也影响认知;第三,情感对意志有一定的影响,意志可调节人的情感。总之,知是情的基础,情又影响知的提高,行是知、情、意的外部表现,知是行的先导,行是知的目的。在课堂上不能单向地关注认知与实践的关系,却忽视意志和情感的重要意义,情感的助力效应有时比认知的引导功能更直接有效,而意志在人类心理和实践行为中占据着动机原点的主导地位。

(二)突出重点和突破难点,落实三维目标

重点和难点处理是落实三维目标的重要方面。教师应善于观察重点的设置是否精准,侧重"知""情""意"哪一块,是否因面面俱到而设置太多重点,导致主次不清,预设与呈现是否一致。有的教师在真实上课时会花较长

的时间在非重点上，造成目标中的重点形同虚设。对难点突破可以看出教师的专业深度、对学生现状与最近发展区的了解程度和对教学方法技能运用的娴熟程度。重点不一定等于难点，如七年级"衰老与死亡"的重点是认识到衰老和死亡对生命的意义，能更加珍爱生命，而难点是营造"时间不等人"的情境和当衰老、死亡来临时的五味杂陈的氛围。之所以这是难点，是因为不同于单纯的认知教学，心理健康教育课强调学生在活动中体验，在体验中升华感悟。而"敬畏死亡，珍爱生命"这样的认知提炼需在活动中体验，自然生成。情境的营造让学生身临其境至关重要。这堂课中可以让学生观看意外事故的视频，用冥想加强代入感，再用一分钟生死遗言的活动，让学生感同身受，体验死亡的突如其来，时间的紧迫性，通过这些丰富的感受自然生成"敬畏死亡，珍爱生命"。

三、教学过程

心理健康教育课注重体验，在活动课程的实施中，要充分体现学生主体、教师主导的开放式师生人际互动。对教学过程的评价需要注意以下方面：

（一）课堂教学的活动性与体验性

教学思路的设计是否以活动为载体？活动的可操作性和规则管理如何？活动是否面向全体学生？是否给予学生充分体验的时间？学生在活动中的体验是否丰富深刻？活动设计是否独特新颖、有价值、有情境性？

课堂实例：七年级上学期"初中新生活，我来了"。一位心理教师用"天使微笑"作为导入活动，活动规则为：在教室内随意走动，向同学微笑问好。当你觉得对方的笑容很亲切，为他竖起大拇指点赞。

评课：用"天使微笑"作为暖场，可活跃全班气氛，规则简单，可操性强。同时导入与本课实质性有内在联系的活动，即"用微笑适应新的初一生活"，过渡至课题。现代的知识观强调"情境性"，即创建实习场，学生在课堂情境中习得的"微笑人际"的方式就可以迁移到真实的生活中,实现"学习和生活要紧密联系在一起"的目标。

(二)课堂结构的完整性与节奏感

课堂结构指一节课的教学过程各部分的确立,以及他们之间的联系、顺序和时间分配。课堂结构反映教学横向的层次和环节。课堂结构要紧扣活动目标。按照科学性原则、可操作性原则、统一性原则和效益性原则设计课程。心理课堂结构可以包括导入环节、主题活动、分享环节、总结延伸。导入环节作为课堂暖场,可调动学生参与活动的积极性。主题活动让学生有更深层的体验。分享交流环节中,学生通过小组讨论分享彼此的体验,在讨论中加深感悟,深化认知。总结延伸的目的是让学生将活动中的感悟与实际生活联系,延伸课堂的有效性。

评课时要注意课堂结构是否严谨完整、层次分明;各个教学环节时间分配是否合理,教学节奏是否和谐;各个环节的活动是否做到"节奏明显、动静结合";环节内部的结构是否集中火力,目标明确;环节与环节之间逻辑是否严谨。

(三)教学方法的科学性与丰富灵活性

评价一堂心理健康教育课需要观察教学方法是否科学合理,是否应用了心理学的原理和心理辅导技术方法。如七年级上册"我的情绪我做主"运用认知疗法来突破难点,"我与父母换角色"运用心理咨询中"空椅子"技术突破难点,初二年级的"人际沟通高手"运用萨提亚家庭治疗模式的五种沟通姿态来突破难点。初中心理健康教育课虽然以活动为主,但教师需要反思活动背后的心理学理论是否扎实,自己对基本的心理理论和原理是否重视不够。

评价一堂心理健康教育课需要观察教学呈现是否丰富灵活;是否允许有多种且符合不同智能特点的学习方式的存在,比如视频播放、小组讨论和团队活动这三种教学方式就是配合三类不同感觉（视觉型、听觉型、体觉型）的孩子的学习方式；是否根据情境变化，及时调整教学。

评价一堂心理健康教育课需要观察是否融合了现代信息技术。在评课时候，要观察教师在教学中是否应用了现代信息技术，如PPT技术、白板技术、微课技术等。

（四）教学的亮点和提升点

评价一堂心理健康教育课，评课者要观察教师是如何在课上突出重点，分散难点，突破难点并进行学法指导的，这些通常是听课的关键，因为教学的闪光点往往就在这时出现。同时，评课教师可从活动和体验的角度进行重点评价，准确说出不足，并提出相应改进建议。

四、分享交流

心理健康教育课的生成性决定了学生多元、个性的经验表达。心理课堂的魅力在于它的未知性。一堂好的心理课要看面对这份未知，它能打开多少空间，而交流与分享就是打开这个空间的钥匙。评课者要观察心理教师提问是否恰当，让全体学生主动参与讨论，在讨论中形成良好的认知结构。面对学生五花八门的生成，教师如何进行辨析归纳，引导学生从表面到本质，从混乱到明晰。

交流分享的形式需多元化，促进团体动力形成。如课堂必有"对话交往"，除了师生互动，还需要有生生互动。评课中要看教师是否善用课堂人际资源。如小组活动和小组讨论就非常强调"学习共同体"，让学生在合作中参与情景活动，共振出更大的智慧火花。同时，评课者还要关注，面对交流分享不在预设问题之内的课堂事件，教师能不能利用非预设性生成资源。

（一）听学生交流分享，评课堂氛围

评课者要观察在分享交流环节中，课堂氛围是否轻松民主，全体学生是否主动参与讨论,在讨论中形成良好的认知结构。同时,教师的有效引导不应是强行灌输事先的预设,而是在师生互动、生生互动基础上自然生成的。

班级的班风和班级文化会影响课堂生成和课堂氛围。如有的班级积极开放,思想活跃,只要给学生空间,稍加点拨即可;有的班级班风不正,不良的价值观占据主导,需要通过设问和追问不断启发,层层引导;还有的班级死气沉沉,思维僵硬,防御性强,提问要聚焦,有亲和力,循循善诱。课堂氛围也反映了教师是否有深入了解不同班级的学生整体特点。

(二)听教师设问,评课堂提问有效性

有效引导离不开恰当的提问,恰当的提问需要教师准确把握主题思想。心理健康教育课主题来源于学生的困惑,教师对这一困惑所持的态度和主张就是心理健康教育课的主题思想,主题思想决定着课堂引导的价值取向。

教师的设问要紧扣活动目标,引导要以活动目标为依据,否则引导极易偏离主线。

在一堂"愤怒情绪的管理"的心理课中,主体活动是"吹气球",教师在活动后提问"刚才在吹气球的过程中你身体有什么感觉?这种感觉和我们的一种情绪很像,你觉得是什么情绪?在气球快爆炸的时候,你用了什么方法让它不爆炸?在愤怒的情绪快到极限的时候,你用了哪些方法调节?"面对这四个问题,学生们纷纷举手。

评课:这四个问题层层递进,在感受的基础上做了类比,又在防止气球吹爆的方法上做了迁移,引发学生思考,愤怒时是怎样消气的。非常精彩的提问!主题活动后的有效提问非常有必要,可以促成有生命力的课堂:个性化的学习过程,开放的学习结果,快乐而独特的活动体验,朋辈资源的大共享,搭建出不同思维碰撞的平台。

（三）通过教师对学生的反馈，评价反馈的深刻性

有效地反馈，有针对性地引领提升是分享交流环节的难点。在课堂教学中，学生的分享五花八门，教师易被学生无关分享所干扰，造成课堂分享无重点、杂乱无章。面对学生分享，教师的反馈要牢牢聚焦活动目标，突出重点、层层深入。如"思维导图"这一活动，用在时间管理的主题课中，其目标是提高时间效率。那么教师应更多地引导在用思维导图节约时间成本，提高活动效率后的感受；用在学会学习的主题课中，其目标是使学生运用思维导图来规划在学习中的总结，教师就应该把重点放在思维导图的做法指导和学生展示自己所做的思维导图上。

学生内心感悟会随着交流分享不断丰富与增强，教师要在学生分享过程中恰当地追问，把学生的感悟升华。如《学会拒绝》一课，在"YES or NO"导入环节之后，学生分享了自己一直说 YES 不懂拒绝的感受，教师及时追问："你喜欢自己成为这样一直说 YES，不懂拒绝的人吗？"通过此问题，让学生更加深刻地认识到不懂拒绝给自己带来的困扰，从而使学生感悟到学会拒绝的重要性。

作为心理健康教育课的教师，在交流反馈中要熟练运用自我表露、澄清、提问、复述等辅导技术，面对学生的分享能给予及时性的评价，有效地提升课堂反馈质量。同时教师真实、多样化和个性化的多元反馈可以促进学生强悍的内驱力的形成。

五、教师专业素养与个人风格

（一）教师的专业素养

课程中可看出心理教师的基本功，如语言是否生动准确，富有感染力；板书是否清晰工整，美观大方；教态是否亲切自然，亲和力强等。同时，心理教师的专业素养影响其对心理教学目标的理解程度。心理教师需具备教育

学、心理学扎实的理论基础,熟练掌握心理辅导方法与技术。同时角色定位应准确,教师除了是教学活动的组织者和学生必要时的指导者,更是与学生共同成长的"学习共同体",是"平等中的首席",能做学生知心朋友。身上具有真诚、尊重、积极关注、共情等人格特质。

(二)个人风格

评课中还要关注教师鲜明的个人教学艺术风格,也许循循善诱,也许激情满怀,也许睿智简练,其个人风格与教学的相互作用也是评课者要关注的,同时根据教师的个人风格给出合适的建议。

辅导理念、活动目标、教学过程、分享交流、教师专业素养和个人风格是评价一堂心理健康教育课的五大要素。在评课的内容上,要注重内容局部和整体的统一,将课堂教学方法和教学过程、教学效果统一评价。在评课的方式上,为保证客观,要将自我评价、同行评价和学生评价有机结合。心理教育课是一门艺术,有效评课可以优化教师课堂教学理念和教育水平,从而促使教师在教学过程中不断追求课堂教学的艺术境界。

六、课程评价参考工具

如下工具表格,可用于课程评价。

表 7-1　三级心理健康教育课的评课表

一级指标	二级指标	三级指标
辅导理念	系统整体的辅导观:遵循最新课改大教育背景和心理健康教育学科背景下教学理念的有机结合	关注学生核心素养
		体现民主平等、助人自助的理念
		符合中学生心理发展特点和实际需要,培养其积极心理品质
		科学把握辅导主题与核心概念,有机使用辅导素材促进初中生自我认识

续表

一级指标	二级指标	三级指标
活动目标	突出重点和突破难点,落实三维目标	制定三维目标要具有实现的可能性,突出学生的主体地位
		关注目标的内在联系,重视"情感""意志与行为"对"认知"的助力
		重难点的设置是否精准,侧重"知""情""意"哪一块,预设与呈现是否一致
教学过程	课堂教学的活动性与体验性	活动可操作性强,规则管理到位
		活动设计独特新颖、有价值、有情境性
		活动面向全体学生,给予充分体验时间,学生在活动中的体验丰富深刻
	课堂结构的完整性与节奏感	环节完整、逻辑严谨、动静结合
		导入活动、主题活动、讨论分享、总结延伸
		各个教学环节时间分配合理,层次分明
	教学方法的科学性与丰富性	应用心理学的原理和心理辅导技术方法
		教学呈现丰富灵活,视、听、体多元呈现
		融合现代信息技术
	教学的亮点和提升点	如何在课上突出重点,分散难点,突破难点并进行学法指导,寻找亮点和提升建议
分享交流	交流分享的形式是否多元有效,是否促进团体动力	听学生交流分享,评课堂氛围
		听教师设问,评设问的有效性
		听教师对学生的反馈,评反馈的深刻性

续表

一级指标	二级指标	三级指标
专业素养 个人风格	专业素养	教育学、心理学理论基础扎实
		熟练掌握心理辅导方法与技术
		角色定位准确,做学生知心朋友,学习共同体
		具有真诚、关注、共情等人格特质
	教学基本功	语言生动准确,富有感染力
		板书清晰工整,美观大方
		教态亲切自然,亲和力强

表 7-2　听课记录表

_____年_____月_____日

学校:_____ 年级:_____ 班级:_____

教师:_____ 学科:_____ 教材:_____

课时:_____ 教学手段:_____ 学生数:_____

师生个别对话次数记录(要相应格内划"正"字计):

窗------------------------｜-讲台-｜------------------------门

	1	2	3	4	5	6	7	8	9	10	
1											1
2											2
3											3
4											4
5											5
6											6
7											7
8											8
9											9
10											10
	1	2	3	4	5	6	7	8	9	10	

续表

其他形式活动记录(在相应项目处划"正"字计):
(1)全班统一活动:
(2)每人自主活动:
(3)分组活动:

内容\人数	交流	操作	讨论				
2人							
4人							
6人							
自由组合							

(4)安排连续:＿＿＿＿＿＿＿＿

(5)不安排连续:＿＿＿＿＿＿＿＿

(6)个别学生面向全体学生问答:＿＿＿＿＿＿＿＿

(7)向全班演示:单人:＿＿＿＿＿；多人:＿＿＿＿＿；小组:＿＿＿＿＿

(8)其他:＿＿＿＿＿＿

表7－3　课堂教学设计评价表

项目	指标	评分		
		A(1)	B(0.7)	C(0.5)
教学目标设计	①教学目标清晰具体			
	②针对学生实际状态			
	③考虑学生发展可能			
教学内容设计	①体现与生活世界沟通			
	②体现灵活结构性			
	③体现学科教育价值			
教学过程设计	①师生双方活动形式			
	②考虑双方活动有效性			
	③开放设计有度有弹性			

第七章 心理健康教育教学评价的教学设计

表7-4 课堂教学实施过程评价表

项目	指标	评分		
		A(1)	B(0.7)	C(0.5)
积累性常规活动	①活动节奏恰当			
	②点面结合灵活			
	③活动方式趣味性			
开放式导入	①开放合理性			
	②开放发散性			
	③开放深刻性			
资源生成	①学生有主动活动时间、自主学习有效			
	②资源生成的丰富性（形式、内容、方向）			
	③资源生成的质量（综合、新颖、有创造）			
回应反馈	①教师回应及时			
	②回应明确有推进			
	③对新资源有敏感性			
过程生成	①新资源利用程度			
	②分析比较、综合重组水平			
	③形成深入学习新方案			
互动深化	①生生互动程度（倾听质量、不同意见表达）			
	②生生互动质量（讨论深化）			
	③师生互动程度（教师组织与点拨水平）			

续表

项目	指标	评分		
		A(1)	B(0.7)	C(0.5)
开放式小结	①总结提炼水平			
	②内容的延伸性（新问题的提出）			
	③作业的开放性、实践性			

说明：

(1)"资源生成"是"过程生成"的必要条件，且取决于学生积极性的调动，但不完全局限于某一阶段。

(2)"回应反馈"主要是指教师对学生活动的反应，包括教师与学生一对一活动、与学生小组活动或其他形态的生物相关活动。它与"资源生成"相关，且为交互作用。

(3)项目中所列五项，并非每节课都必须完成，这是就某一部分教学内容进行的全过程描述，程序也可能有变动。不能机械教条式使用，是这一指标体系促进改革和激发教师创生力的重要条件。

(4)每一项目都由师生合作完成。

表 7-5　课堂教学反思评价表

项目	指标	评分		
		A(1)	B(0.7)	C(0.5)
自我评价	①总体评价恰当性			
	②总体评价具体性			
	③自我意识清晰性			
问题反思	①问题归因恰当			
	②反思清晰度			
	③反思深刻度			
教学重建	①改进设想的可行性			
	②改进设想的针对性			
	③有层次提升			

注：评价人员在上述表格评分栏的每一横行三格中，必须且只能选择1个。

第三节　教学设计案例评析练习

请同学们根据本章前两节关于教学评价的相关内容,对下述完整课例进行评析。本节内容建议以小组的形式开展学习。充分利用前面学到的知识,全面地评析课程。也可以由小组同学先进行试讲,课程可选择本书第八章、第九章的相关课例,然后由讲课同学、同组同学、指导教师为其进行客观的评课。

评析课例:幸福指数

(一)活动目的

(1)通过活动引导学生了解自己的幸福指数,关注幸福指数。

(2)通过活动让学生感受"日常生活中处处有幸福",提升自己的幸福指数。

(二)活动准备

(1)事先了解学生对幸福指数的认识情况与现状。

(2)准备一些"神秘礼物"(按小组数准备份数,礼物尽可能包装漂亮,封好)。

(3)"幸福之星"设计和印制,每个同学一张。

(4)记分卡设计和印制,每个同学一张。

(三)活动过程

1. 小调查

教师在优美的音乐声中,微笑着开始今天的活动:

很高兴又开始我们一周一次的"心灵之旅"。早上在上班的路上,我发现今天的阳光很灿烂,走进校园就闻到一阵阵沁人心脾的花香,看到一个个神采奕奕的同学,真好。

带着这份美好的心情走进同学中间,我感觉今天真是幸福的一天。这节课我们的话题就和幸福有关(出示专题:幸福指数)。

曾经和许多人一起讨论过"什么样的人是幸福的人"这个话题,你们一定能猜到,答案是各种各样的,因为,我们每个人对幸福的理解是不同的,每个人内心幸福的标准也是不一样的。现在,我们就来做一个小小调查,每个同学以自己对幸福的理解为标准,给自己的幸福指数打分。

假设:"幸福指数"得满分是五颗星,你的幸福是几颗星呢?请在自己的卡片上,给你的幸福之星涂上颜色吧。

2. 分享幸福

请大家在涂颜色的时候,思考一下你的幸福之星包含哪些内容,没有涂色的星星又包括什么内容。

愿意和大家分享一下吗?(同学完成自己的"幸福之星"后,自愿交流分享)

学生的交流:妈妈对自己的关心和照顾,让自己觉得幸福;可以在这么好的学校念书,比起贫困地区的孩子,觉得自己更幸福……有两颗星星未涂,因为觉得还不是太幸福,可能自己还可以更幸福……

教师在黑板上写出重点词汇。把学生们感到幸福或不幸福的内容和理由尽量列在黑板上。

3. 游戏:变化的满意度

面对大家真诚的交流,我也分享到了同学们的幸福和快乐,我觉得自己更加幸福了。为了表示感谢,我决定送给大家一份小小的礼物。这可是一份特殊的礼物哦。但礼物不能随意打开,它需要遵循几个步骤,我们一起来看看,并按照规则的要求来打开这份神秘的礼物。

规则:在打开礼物之前和之后,都要在发下的记分卡上打上你对礼物的满意度分数,每个同学要打出 3 个分数。满意度满分为 10 分。要求每个同学先在自己的记分卡上打出个人分数,然后请组内的记录员算出本小组平均数,每个小组有 3 个分数。

步骤:

(1)在礼物拆开之前,打出第一个满意度分数。

(2)拆开礼物之后,打出第二个满意度分数。

(3)在和其他组的礼物比较以后,打出第三个满意度分数。

每小组按规则打出相应的分数,并把小组打出的分数贴在黑板上。

大家看看这些记录,发现什么没有?

有的小组的分数在上升,有的小组的分数在下降,满意度在变化。是什么因素影响了我们的满意度分数呢?

学生的回答:"本来以为老师会给我们很贵重的礼物,所以一开始分数很高,可是看到收到的礼物只是小小的一份零食,所以分数就变低了""本来我觉得我们小组得到一包糖挺好的,可是和其他组比了以后,发现其他小组得到的礼物比我们的更好,所以就分数变低了""本来觉得收到了这么点小东西,不是十分满意,转而一想,这是老师给我们的礼物,礼轻情意重嘛,我们应该高兴,所以分数就提高了"……

教师引导:对礼物的期待、和他人的比较等因素,影响了我们的满意度,也影响了幸福的感觉,你们看是这样吗?

4. 如何提升我们的幸福指数

大家现在最想做什么?学生齐声:吃(老师给的神秘礼物都是可吃的零食)。

老师知道同学们现在都很渴望分享这份礼物,好,那就满足大家的愿望,拆开礼物一起尽情分享吧。

……(享受礼物)

我从你们满意的神态上感觉到大家都很开心,很幸福。看来愿望的实现,可以提升我们的幸福指数。那么,请你们想一想,还有其他办法可以提升我们的幸福指数吗?

请各小组在尽情享受礼物的同时,讨论这个问题——如何提升我们的幸福指数?看看哪个小组方法最多,点子最好。

学生讨论后的交流:要多发现生活中的值得感激的事情,要保持一颗感恩的心,和他人分享也会觉得幸福……

大家分享了许多提升幸福指数的方法,真不错。老师总结了一些方法,与大家一起来分享:幸福宝典——回味温情、分享快乐、关爱他人、悦纳自我……

其实这些方法不是凭空的想象,都是我们大家经验的总结。

5. 感受幸福

正如同学们刚才所说的,如果我们用心去感受,就会发现,其实生活中处处都有幸福。

(背景音乐)多媒体图文:当我们来到这个世界,睁开眼睛,每天都有充足的食物,和煦的阳光迎接清晨,秋天沉甸甸的麦穗挂满枝头,家人相亲相爱,朋友其乐融融,师生共同进步,大家一起努力,走神也那么有趣,运动场上挥洒汗水,小花也那么美丽,未来充满希望。

这些图片都记录着我们生活中的美好时刻。的确,生活中不是缺少幸福,而是缺少发现幸福的眼睛、耳朵和心灵,关键是我们能否用心去感受、去体验,不是吗?

6. 再一次打出自己的幸福指数

以我们现在的心情,再次打出我们的幸福指数,你会为现在的幸福涂几颗星?

教师在学生中巡视:我看到很多同学打出的幸福指数有了提升,星星明显多了哦。

请大家思考多出来的星星包含有哪些内容。(全班一起分享交流)

教师小结:(配乐多媒体图文)愿每一个同学用自己的眼睛、耳朵和心灵去发现、去感受、去体验我们身边的幸福,记下生活中的点点滴滴,去寻找和感受生活的乐趣,祝愿大家天天幸福,做个幸福快乐的人。

(四)建议与说明

(1)本课题的提出源于对学生的一次随机调查。调查显示,认为自己不幸福的学生占了被调查学生的一大半,这对于学生的健康成长是不利的,因此萌发了要与学生谈谈关于幸福的话题。当然与初一年级的学生谈"幸福",这个话题有些抽象,但只要从学生中取材,让他们去感受,就会有效果。因此,建议教师在讲授该内容以前,一定要对学生了解和熟悉,用学生的素材来引导效果会更佳。

(2)活动过程中教师要引导的重点不是对幸福概念的分析,而要着重于感受与发现。

(3)神秘礼物的活动是本课的关键,也是学生的兴奋点和最后幸福指数提高的关键,教师要注意课堂内活跃气氛的调动,注意学生热情和激情的激发,注意影响满意度分数因素的讨论和幸福指数关系的分析,这样才能达到活动目的。

(4)感受幸福的环节要注意运用学生生活中的场景照片,让他们感觉真实而且温馨,从而才能体验到"生活中处处有幸福",达到较好的引导效果。

(5)本课适合初中预备、初一年级的学生。

请写下你对上述课例的评价。

【参考评析】

本活动的角度比较新颖,活动比较形象。教师通过对学生的一次随机调查,发现觉得自己"不幸福"的学生占了一大半,从而引发了要对学生进行"幸福感"的引导,选题取材都很不错,完全是从学生的实际出发、关注学生的幸福感问题,其实也就是关注学生的健康成长和健全人格的培养。

在平时与学生的接触中,常常也能听到学生的一些感叹:没劲!虽然学生的说法不一,有的认为自己自由支配的时间太少,有的认为要完成的作业太多,也有的认为家里管得太多……总之,众多的同学感到没劲,也就是不快乐、不幸福,这对于他们的健康成长是不利的。当他们觉得自己不幸福的时候,就很容易失去学习及生活的兴趣和动力,甚至会钻牛角尖,走入"死胡同",产生放弃甚至轻生的念头。因此,引导学生客观对待生活、客观对待人生,感受拥有的幸福,珍惜现有的生活,显得尤为重要。教师很好地抓了"幸福指数"的话题,从小小调查为切入点,创设了一些情景让学生去体验和感悟。本堂活动课,形式丰富多彩,促成了课堂活泼生动的效果。尤其是神秘礼物环节,极大调动了学生的兴奋点和投入的热情,使幸福的感觉有了直接的体验,幸福指数也因此有了变化。在此基础上,通过一组来自学生生活的照片,让学生去感受"我们可为一次小小的成功感到幸福""可为朋友的一个笑容感到幸福""我们甚至可以因为清晨的一缕阳光而感到幸福"等,幸福并非就是"功成名就",而是日常生活中的点点滴滴。最后,前后呼应,再一次涂自己的幸福之星,让学生真切感受了日常生活中的幸福,以良好的心态去面对生活,从而也收到了活动的效果。

当然,幸福是一个很大的话题,仅仅利用一节课的时间难以达到全面、深刻的效果。但这是一个很好的导向,还可以考虑把它作为一个系列来进行探讨。

【本章小结】

(1)2001年《教育部关于印发〈基础教育课程改革纲要(试行)〉的通知》中明确指出,要建立促进学生全面发展的评价体系。

(2)教学评价以教学目标为依据。根据评价在心理健康教育课程中的作用不同,可以分为诊断性评价、形成性评价和总结性评价。

(3)学校心理健康教育教学评价的原则集中体现了评价的指导思想和基本要求,它既具有自身的客观规律,又蕴含人们的主观意志,是开展评价活动必须遵循的基本原则:科学合理的原则、以人为本的原则、促进成长的原则、现实可行性原则。

（4）评价一节优秀的心理健康课,可以从五大要素进行评课：教学理念、活动目标、教学过程、分享交流、教师专业素养和个人风格。

【实践演练】

（1）请结合本章第二节内容,尝试分析自己作为一名教师目前所具备的专业素养与个人风格是什么。

（2）请结合教学设计评价的方法,尝试对自己所学的某一节大学课程进行系统的评价。

【拓展阅读】

1. 经济合作与发展组织.为了更好的学习：教育评价的国际新视野[M].窦卫霖,等译.上海：上海教育出版社,2019.

2. 韦伯.怎样评价学生才有效：促进学习的多元化评价策略[M].陶志琼,译.北京：中国轻工业出版社,2016.

【二维码】

教学评价概述

如何评价一节优秀的心理健康课

教学设计案例评析练习

第八章 初中阶段心理健康教育内容与设计案例

内容提要

少年期是个体从11岁到15岁的时期,又称学龄中期,大致相当于初中阶段。少年期是从童年期(幼稚期)向青年期(成熟期)发展的一个过渡时期,具体是指以第二性征出现为起点,身心各方面发生重大变化的时期。根据初中生心理发展年龄特点,本章参考了江海燕和陈琦的观点,结合相关教育心理学理论将初中生心理健康教育课程设计分为学习篇、认识自我悦纳自我篇、交往篇。

学习目标

1. 知识与技能:学习结合初中生的学习心理特点,提升其学习动机,培养其良好的学习习惯和合理的学习方法及有效克服考试焦虑。

2. 过程与方法:学习怎样促进初中生正确地认识自我、悦纳自我和人际交往能力,掌握根据初中生心理发展特点及常见的心理问题设计心理健康教育课程的技能。

3. 情感态度与价值观:学习如何帮助学生顺利度过青春期,培养良好个性。

第一节 学习篇

初中阶段,学习是青少年的主要活动。动机和意志是学生学习中的动力因素。学生在学习中碰到的最大"敌人"不是自己能力不够,也不是学习任务难度大,而是遇到困难和挫折时产生的情绪问题和动机障碍。许多学生都有过学习成绩不理想的经历,有的学生能够正确总结归因,改进自己的学习方法;有的学生却会因此产生焦虑情绪或自卑感。随着初中生自我意识的发展,学习中自主性也日益显得重要。培养学生的自我计划、自我调控技能有助于他们学业成绩的提高。本节从初中生学习动机、学习习惯、学习方法等方面,进行学习辅导活动。

案例一:学习动机的提升

(一)教学理念

学习动机是直接推动学生进行学习活动的内部动力。随着中学生年级的升高,体验不断深刻,逐步形成并发展了内在动机,学习亦更自觉。在初中阶段,精神性动机和内部动机逐渐占优势。中学生的学习动机随着他们的社会化而逐渐复杂化,他们的学习期待更多、更复杂地反映了内部需要和社会性诱因的相互制约性。学习动机对学习效果具有积极的影响。但是,学习动机强度与学习效率并不完全成正比。过分强烈的学习动机往往使学生处于一种紧张的情绪状态之下,注意力和知觉范围变得狭窄,由此限制了学生正常的智力活动,降低了思维效率。因此,基于相关学习动机理论,设计激发与培养初中生的学习动机是很有必要的。本课以成就动机理论为基础,设计了初中生学习动机的提升课。增强学习动机,就意味着树立适当的抱负水平、建立良好的人际环境和培养对学习的兴趣。

(二)教学目标

(1)了解成就动机对学习的影响。

(2)了解自己的能力与抱负水平。

(3)树立恰当的抱负水平、激励学习动机。

(三)教学形式

讲述与讨论、角色扮演、自我测验。

(四)教学重点

理解学习动机对学习效果的重要性,了解初中生的学习动机特点。

(五)教学难点

使学生正确了解自己实际能力,树立适当的抱负,培养能激励自己上进的学习动机。

(六)课前准备

(1)准备一个缺乏学习动机的故事。

(2)准备不同抱负水平对学生学习影响的情境。

(3)准备好自我测查学习动机的测验问卷。

表8-1 学习动机的测验

选项	是	否
(1)如果别人不督促你,你极少主动地学习		
(2)当你读书时,需要很长时间才能提起精神		
(3)你一读书就感觉疲劳与厌烦,只想睡觉		
(4)除了老师指定的作业外,你不想再多看书		
(5)如有不懂的,你根本不想设法弄懂它		
(6)你常想自己不用花太多的时间成绩也会超过别人		
(7)你迫切希望自己在短时间内就大幅度提高自己的学习成绩		
(8)你常为短时间内不能提高成绩而烦恼不已		
(9)为了及时完成某项作业,你宁愿废寝忘食、通宵达旦		

续表

选项	是	否
(10)为了把功课学好,你放弃了许多你感兴趣的活动,如体育锻炼、看电影与郊游等		

注:前5题反映学生的学习动机是否太弱,后5题反映学生的学习动机是否太强。如果学生的前5题均填写"是",则说明其学习动机太弱;如果后5题均填写"是",则说明学习动机太强。

(七)教学场地

在教室或团体辅导室进行教学。

(八)教学过程

(1)教师讲述一个因为缺乏成就动机而无所作为的故事,引起学生的兴趣与动机。

【例】

天鹅的志向

很久以前,天鹅和乌鸦是邻居,他们都过着舒适的、闲散的日子。后来,天鹅听说外面的世界很精彩,就打算去看一看。于是,它决定开始学习游泳和飞翔。乌鸦知道后,就对天鹅说:"你这是何苦呢?学习游泳和飞翔,一不小心就会淹死或摔死的。现在我们的日子不是挺好的嘛,干吗要去经受这些磨炼?"天鹅没有受乌鸦的影响,坚持每天练习游泳和飞翔,最后终于掌握了技能,并到外面去周游世界,增长了不少的知识。而乌鸦却因为缺乏远大志向而无所作为。

(2)教师结合故事,讲解成就动机的含义及其对学习的重要作用。如,成就动机是指个人对自己认为重要或有价值的事,不但愿意去做,而且力求达到完美地步的一种内在的推动力。对于学生来说,成就动机强的人,在学习上会积极主动,不甘落后,不断去争取进步。相反,成就动机低的同学,对自己没有信心,对学习不抱希望,得过且过,在学习上总是处于落后状态。

(3)角色扮演:教师出示事先准备好的角色扮演情境,请同学们按情境需要认真扮演,并针对情境中的情况进行讨论:情境中的人物成就动机是强还是弱?成就动机的强弱对其学习有何影响?自己与哪种情境相似?通过这种扮演与讨论,以增强学生对成就动机与学习的重要关系的认识。

【例】

情境一:某学生,自幼得到祖父祖母的溺爱,贪玩成性。上学后,仍然不好好学习,整日只觉得玩的时间太少。问他将来想做什么,他回答:"玩。"

情境二:某学生,平时学习得过且过,每次考试都在六七十分。老师希望他更努力些,但他一点也不着急,称自己追求"60分万岁"。

情境三:某学生,平时父母要求很严,他自己也总是希望自己的学习在学校是最优秀的,并常以考上重点大学为目标。每次考试,他都紧张,怕自己的成绩被别的同学赶上,达不到第一。因此,学习总是很紧张,压力很大。

情境四:某学生,喜欢学校的学习和其他活动。他平时学习很努力,也积极参加各种文体活动。他希望自己将来能考上大学,更希望凭自己的真才实学对社会有所作为。

(4)教师结合学生的表演和讨论,鼓励学生的成就动机。但教师需要进一步说明:成就动机与学习效率的关系并非呈直线关系,而是呈倒"U"形关系,即学习动机太弱和太强对学习都是不利的,前者会使人没有上进心,无所事事;后者会使人太过紧张,产生过度焦虑,反而削弱学习效率。只有中上强度的学习动机,才能比较好地使学生发挥自己的实际水平。

(5)教师发给学生一份简要的问卷,让学生自己填写,让他们了解自己的学习动机的强弱。

(6)教师向学生指出:要保持适当、较强的成就动机,必须建立适当的抱负水平,即抱负水平必须比自己的一般水平要高一些,这样才能激发自己的潜能,获得成功感;但抱负水平又不能只求远大、宏伟而脱离自己的实际,这样只会使理想成为幻想,或使自己经常遭受失败和挫折的打击,反而因此削弱自己的成就动机。

(九)教学反思

通过角色扮演和小测试辅助的方式使学生了解初中阶段学生的学习动

机实际情况是本课的亮点。在教学过程中要注意角色扮演的效果,尽量让全班学生都感受到自己学习动机的实际情况。

学生学习动机的培养,是一项重要而又比较讲究方法的工作。目前,学校对学生学习动机的培养,主要通过学习成绩的反馈来进行,即透过对成绩好学生的表扬或成绩不好学生的批评来激励学生。除了这种方法外,学习动机的培养还有其他途径,如通过学生对所敬爱的老师的回应来促进其不断上进,或通过激发学生对学科的兴趣和求知欲来自觉地努力学习等。

教师可在"学习动机的增进"心理教育课时,注意多种方法和途径的配合。另外,教师比较注重鼓励学生树立远大的理想和抱负,但在针对学生的个体差异,引导学生树立符合自己实际情况的抱负方面,还有些不足,这也是需要注意的地方。

案例二:学习习惯的养成

(一)教学理念

学习习惯是指学生在学习过程中逐步形成的比较稳定的学习行为方式,如学习中的注意力倾向、记忆的习惯方式、思考问题和解决问题的心理定式、作业和复习的行为习惯等。学习习惯有好坏之分:好的学习习惯符合学习心理的规律,有利于提高学习效果,而不好的学习习惯则偏离学习的心理学规律,会妨碍学习的效果。学习习惯是长期养成的学习行为方式,不是一两天的心理教育课就能改造好的。本课设计的主要理论依据为行为主义学习理论,采用练习律和效果律巩固良好的学习习惯,修正不良的学习习惯,从而提高学习效果。

(二)教学目标

(1)了解学习习惯对学习效果的不同影响。

(2)了解自己的学习习惯并进行自我分析。

(3)掌握修正不良学习行为的方法,养成好的学习习惯。

(三)教学形式

剧情表演与分析、自我测查、团体活动。

(四)教学重点

掌握修正不良学习行为的方法,养成好的学习习惯。

(五)教学难点

通过组织剧情表演、分析讨论,使学生掌握修正不良学习行为的方法。

(六)课前准备

(1)准备好的和不好的学习习惯事例各一个,供学生进行短剧表演。
(2)准备"学习习惯"的小测验。

表8-2 学习习惯测验参考内容表

学习习惯方面	经常是	有时是	很少是
(1)有耐心查字典或参考书			
(2)有及时复习功课的习惯			
(3)朗诵时要摇头晃脑			
(4)任何读物一定要大声念出来			
(5)平时不用功,考前才慌张准备			
(6)喜欢抄袭别人的作业			
(7)喜欢躺着看书			
(8)有拖延交作业的行为			
(9)要有人督促才肯用功			
(10)不喜欢与人讨论功课			
(11)不喜欢发问请教			

续表

学习习惯方面	经常是	有时是	很少是
(12)喜欢边吃东西边学习			
(13)喜欢边看电视(听音乐)边学习			

(七)教学场地

在教室或团体辅导室进行教学。

(八)教学过程

(1)短剧表演:教师展示两个反映好与不好学习习惯的情境,请几个学生进行表演,其他同学进行观看。

【例一】

好的学习习惯情境:

小刚:"妈,我回来了。"

妈妈:"回来了,今天在学校好吗?"

小刚:"好!我在班上的数学小测验得了第一呢。"

妈妈:"不错!妈妈很高兴。"

小刚:"我现在去做作业了。"

小刚走到书房,开始作业。他把今天语文老师教的课文复习一遍,找出生字,翻阅字典,非常认真。

【例二】

不好的学习习惯情境:

小强:"妈,我回来了。"

妈妈:"回来了,今天在学校情况怎样?"

小强:"妈,先别问学校的事,我想吃东西。"

(边说边往厨房走,打开冰箱,吃饼干、喝饮料)

妈妈:"你看你,一回家就只想到吃。快去做作业,等会儿才吃饭。"

小强:"好了好了,我就去做作业。"

小强拿起饼干、饮料走到书房,他一边吃,一边做作业。过了一会儿,他嚷了起来:"妈,这个生字我不认得,快来帮我。"见妈妈没有来,小强就东看西玩,既不专心学习,也不自己查字典。

(2)组织学生进行讨论:①小刚与小强,他们的学习习惯哪个好,哪个不好?②不良的学习习惯有哪些?对我们有什么害处?③良好的学习习惯有哪些?对我们有什么好处?

教师鼓励每个学生就上述问题积极发言,教师归纳补充,并说明正确的学习习惯对于学习有很大的帮助,学生一定要改正自己不良的学习习惯,养成良好的学习习惯。

(3)教师让学生填写准备好的"学习习惯小测验",以进一步了解自己的学习习惯。填写完后,教师帮助学生分析自己的学习习惯,哪些是好的,哪些是不好的。

(4)分组讨论:"如何改正自己不良的学习习惯,如何养成良好的学习习惯?"教师将学生分成几个6~8人的小组,要求每个小组就这个问题进行讨论。小组讨论完后,每个小组派出一名代表将小组意见在班上发表,最后由教师归纳总结,并布置每个学生一周内写出改进自己学习习惯的具体措施和计划。

(九)教学反思

学习习惯是长期养成的学习行为方式,不是一两天的心理教育课就能改造好的。教学的目的主要是让学生在思想认识上有所收获,组织剧情表演并讨论时注意使学生认识什么是良好的学习习惯、什么是不良的学习习惯、学习习惯与学习效果有什么关系。还要注意使学生了解自己的学习习惯有什么特点、优点和问题,如何改进自己的学习习惯。在这些问题上学生有了正确认识,这对于改进自己的学习习惯打下了一个良好的基础。在这个基础上,教师要严格要求学生,让学生按改进自己学习习惯的计划长期坚持训练,逐渐养成良好的学习习惯。

案例三：掌握正确的学习方法

（一）教学理念

长期以来，人们一直假定学习能力反映了一个人智力的一般水平。一个人越聪明，获得新知识越快，掌握越牢固。但是，最近的心理学研究表明有效的学习不是依靠天生的、一成不变的学习能力，而是主要依靠一系列必要的学习方法和技能。如果学习不好的学生，教师不给予学习方法和技巧的指导，那么他们的学习效率就很难得到提高。那些缺乏有效学习方法的学生，不断犯错误，学习成绩差，不断受到挫折和批评，因此很可能丧失信心，对所有的学习活动畏惧或焦虑不安。一些学生虽然通过自己的摸索，掌握了某些有效的学习方法，但他们仍然没有充分有效地使用自己的大脑。本课设计考虑了建构主义学习理论强调的学习环境中的四大要素，即"情境""协作""会话"和"意义建构"。当代建构主义者主张，世界是客观存在的，但对于世界的理解和赋予意义却是由每个人自己决定的。学习不是由教师把知识简单地传递给学生，而是由学生自己建构知识的过程。学生是以自己的经验为基础来建构现实，或者解释现实的，由于他们的经验及对经验的信念不同，于是他们对外部世界的理解便也千差万别。所以，学生对自己适合的有效学习方法的建构是很有必要的。

（二）教学目标

(1) 让学生掌握有效的预习、听课和复习方法。
(2) 让学生了解自己所使用的学习方法及其主要特点，即学习风格。
(3) 指导学生改进自己的学习方法。

（三）教学形式

讲授法、讨论法、心理评估。

（四）教学重点

通过测试和讨论使学生了解自己的学习方法和学习风格。

（五）教学难点

让学生了解自己的学习风格，教师针对不同学习风格的学生进行学习方法的指导。

（六）课前准备

1.每个学生一份学习方法诊断表

下面10道题是测查中学生学习方法和复习技巧的。请认真回答这些问题后，再看后面的评分方法与结果分析。

表8-3 学习方法诊断表

学习方法	经常是经常有	偶尔是偶尔有	很少是很少有
(1)在考试复习过程中，你有没有以提纲挈领的方式对考试内容加以系统整理			
(2)在考试经历中，你是不是认为自己善于把握考试的重点与难点			
(3)你是否特别关注教师平时授课时强化的内容与例释			
(4)你是否充分关注教师所指定的课外参考资料			
(5)在复习过程中，你有没有经常拟一份复习时间与课程方面的计划表			
(6)在复习迎考过程中，你有没有经常以自问自答或其他较为有效的方法来回忆课文内容，检查学习效果			

续表

学习方法	经常是 经常有	偶尔是 偶尔有	很少是 很少有
(7)你有没有认真地把课堂笔记、课后作业和课文内容结合起来对照学习			
(8)在平时作业或作文练习中,你有没有及时纠正老师所指出的错误(如果有错误的话)			
(9)你是不是经常把容易忘记或是最为重要的内容放在复习阶段的后期			
(10)在平时学习或练习过程中,当你遇到难题时,你是不是自己先动脑筋,积极探求,只有在迫不得已的情况下才去请教同学或老师			

评分标准与解释:凡答"经常是"或"经常有"者,记-1分;凡答"偶尔是"或"偶尔有"者,记0分;凡答"很少是"或"很少有"者,记1分。

在测验上得正分较高的学生,说明他们在应考复习过程中不够讲究科学的读书方法,因而他们中绝大多数的人感到考试目标不够明确,总觉得课程内容太多,难以融会贯通,缺乏整理与概括的能力。由于基本功不够扎实,因此学习常处于被动地位。这类学生在考试中往往记不住一些简单的内容要点,对论述题等回答不完整,缺乏条理性。此外,他们在考试中常常丢失一些不该丢失的考分,比如教师强调过的有关作业等。

2. 每个学生一份学习风格评估表

表8-4 学习风格评估表(**本表适用于中学生**)

(1)学习一个不熟悉的科目时,我喜欢: A.从许多不同的学科领域中收集信息 B.专注于中心问题 (2)我希望: A.对许多科学领域都略知一二

续表

B. 只成为某一学科的专家

(3) 当学习一篇课文时,我常常

A. 先快速浏览一遍,然后挑着读特别感兴趣的章节

B. 一章接一章地系统学习,直到理解了前面的材料才继续往下读

(4) 当向其他人询问某一感兴趣的科目时,我倾向于提出:

A. 要求泛泛回答的涉及面较广的问题

B. 要求具体回答的涉及面较窄的问题

(5) 在逛一个书店或图书馆时,我喜欢:

A. 到处漫游浏览许多不同科目的书籍

B. 有选择地停留,只看少数几门科目的书籍

(6) 在学习中,我记忆最好的内容是:

A. 一般原理

B. 具体事实

(7) 当完成一件任务时,我喜欢:

A. 了解与该任务关联并不紧密的背景知识

B. 把注意力集中在与该任务紧密相关的信息上

(8) 我认为学校应该:

A. 给学生们设置更多的学习科目

B. 使学生们集中学习几门主要的科目

(9) 在假期里,我喜欢:

A. 每个旅游地点逗留时间少一点,这样可以多玩几个地方

B. 集中时间在一个地方玩,这样可以真正了解这个地方

(10) 我在学习上,喜欢:

A. 探索一般原理或规律

B. 掌握具体的事实和知识的细节

评估方法与解释:先计算在10个问题上得多少个"A"和"B"。如果在测验上得了5个以上的"A",该生属于广博型的学习风格;若得了5个以上的"B",该生属于精深型学习风格。

广博型的学生兴趣广泛,对多数科目都感兴趣,他们愿意探索一般性的原理,而不愿意注意材料的细节,他们可以使一个课题与尽可能多的知识领

域发生联系,迅速发现事物之间的联系。精深型的学生善于把握细节,而不善于把握一般原理。因此,对于不同类型的学生,在学习方法上,教师要有不同的指导。例如,对于广博型的学生,在开始掌握课题的具体细节之前,首先要考虑一般原理,取得对整体的把握。然后,用一般的原理把学习的具体细节联系起来。对于精深型的学生,有条理的、循序渐进的学习方式更为适合。在学习前制订一个详细的学习计划,将使学习更加有效。

3. 准备好课堂讨论题目及参考答案

(1)如何提高预习的效果?

参考答案:对于语文课的预习,要求做到:①通过查字典把生字新词弄明白;②通过复习旧知识,为理解新知识做好准备;③仔细阅读课文,看看哪些自己能明白,哪些不明白,并把自己不明白的地方标记出来,到上课时,再集中精力重点地听。

在预习数学时,要求:①先看例题;②再做练习,看自己是否真正懂了;③再想想新知识与以前学过的知识有何联系。

(2)怎样听好课?

参考答案:要听好课,首先要做好听课前的准备,包括知识的准备即做好预习,工具的准备即书本、笔记本及学习用具等;精神上的准备,即保证课前有充沛的精力。其次,在听课时,要做到专心听课;要边听边思考、边分析,才能抓住要点;对于要点、重点,最好还是记在笔记本上,以便复习使用;认真听课还应大胆提出问题和回答老师的提问;在刚上课和快要下课时,要特别注意听老师的"开场白"和"结束语",因为这些都是一堂课的重点。"开场白"让我们了解这节课将要讲些什么,对这节课老师要讲的重点有思想准备,而"结束语"可以让我们重温这堂课的主要内容,培养自己的概括能力。听课时千万不要只凭兴趣出发,因为每门课的知识都是前后连贯的,如果上堂课没兴趣听或没听懂,就会影响下一堂课的学习。因此,即使对某些内容不感兴趣,也要耐心听下去。

(3)怎样使复习的效果更好?

参考答案:复习不是背诵学过的知识,也不是回过头来学习。良好的复习方法是:①通过复习检查哪些知识已经掌握,哪些知识还没有掌握,对于未掌握的知识,要重新学习;②搞好综合练习,灵活运用所学知识,做到活学活用;③把所学的知识联系起来,加深理解,列成提纲,形成知识网络系统;④牢牢记住基础知识,例如数学公式和公理、语文的字词等。

(七)教学场地

在教室或团体辅导室进行教学。

(八)教学过程

(1)学生用学习方法诊断表自评其学习方法:教师发给每个学生一份学习方法诊断表,让学生自己填写。填写完后,教师指导学生自己评分,帮助学生了解自己的学习方法是否科学和有效。

(2)采用配对讨论法讨论如何提高预习效果:教师把学生配对成小组。每对学生就这个题目进行讨论,得出共同意见。然后与另外一对学生进行同样的讨论,形成4人的共同意见。再与另外4人一起讨论,获得8人的结论。最后得出全班学生的意见。教师就这个问题提出补充意见。

(3)采用六六讨论法讨论"怎样听好一堂课":教师将学生分成6人小组。每组学生就这个问题进行讨论,要求每个学生发言1分钟。在发言之前,最好静思几分钟。小组讨论完后,教师归纳总结,提出补充意见。

(4)全班同学共同讨论"怎样使复习的效果更加有效",学生就讨论问题发表各自意见,教师将好的意见写在黑板上。最后,由教师归纳出有效的复习方法若干条。

(5)让学生了解自己的学习风格,教师针对不同学习风格的学生进行学习方法的指导。

教师发给每个学生一份学习风格评估表,让学生自己填写。然后指导学生评估自己的学习风格。

(九)教学反思

本课的主要目标是让学生掌握有效的学习方法,并了解自己所使用的学习方法及其主要特点,根据不同学习风格,指导改进其学习方法。讨论心理测试结果时要注意学生们对测试结果的正确认识,以免产生偏见而导致负面效果。心理测试结果不是绝对的,利用好了一定是有参考价值的辅助工具。

当前中小学生中普遍存在学习方法不当的问题,这应当引起教师的高度重视。学生学习方法的问题主要有:听课和记笔记抓不住要领,效率不高;死记硬背,不消化理解;不懂不爱问,有问题不及时请教老师或同学;不看课本,不复习就做作业;忽视基础知识和基本技能训练,偏重钻难题;不重视理论联系实际,不能活学活用;自学方法较差等。教师要具体分析不同学生学习方法上存在的特殊问题及其原因,给予有针对性的辅导。由于每个人都有自己的个性特点,在学习上也存在着不同类型的学习风格,因此,学习方法就要因人而异,而不应该千篇一律。教师要指导学生根据自己的个性特点和学习风格,摸索出一套适合于自己的学习方法。

第二节　自我意识篇

心理健康的标准之一是个体能正确地认识自我并悦纳自我,我们每个人都觉得了解自己,但是,这种自我的认识是否准确客观,是否符合自己的实际情况,却很少有人去思考和反省。事实上,初中生能否正确地认识自己取决于他们的自我意识水平,自我意识水平直接影响他们的心理健康发展。正确地认识自我并悦纳自我是个体自信、自强的基础,这正契合了党的二十大主题中的"自信自强、守正创新"。本篇帮助学生在正确认识自我的基础上,学会悦纳自己,即包括喜欢和欣赏自己的优点与长处,改正和接受自己的缺点与短处。帮助学生理解自己的性格、能力并学会以不骄不躁、不卑不亢的心态去面对自我、悦纳自我。

案例一：我的性格

(一)教学理念

性格是指个人对现实的态度和行为方式中稳定的心理特征,它主要包括四个方面的内容：①对现实的态度，如对待学习或工作是负责、创新还是马虎、守旧，对待他人和集体是诚实、利他还是虚伪、利己，对待自己是自尊、自爱还是自卑、自弃；②意志方面的特征，如对待困难是顽强、有恒心还是软弱、放弃；对待危急情况是勇敢、镇静还是怯懦、惊慌等；③情绪方面的特征，如情绪是强烈、外露、易激动还是微弱、内向、比较稳定等；④理智方面的特征，如思维的品质是灵活性、独立性、创造性还是刻板、依赖和思想狭隘等。每个人的性格表现是各不相同的。理解自己的性格特征有利于促进正确认识自我和悦纳自我，同时也有利于促进人际关系。

（二）教学目标

(1) 了解性格的特征并知道性格的两面性。

(2) 了解自己的性格特点。

(3) 学习如何改善自己的性格。

（三）教学形式

讲述与讨论、配对游戏、角色扮演。

（四）教学重点

了解自己的性格特点。

（五）教学难点

学会如何改善自己的性格特点。

（六）课前准备

(1) 教师事先将性格特征列在一张大图表中，呈配对形态。

【例】

内向—外向，勇敢—懦弱，热情—冷淡，认真—马虎，文静—活泼，诚实—狡诈，谦虚—骄傲，勤劳—懒惰，独立—依赖，冷静—冲动，平和—暴躁等。

(2)准备好小动物的图片。

(3)准备好几个表现学生不良性格的情境。

(4)准备纸和笔。

(七)教学场地

在教室进行教学。

(八)教学过程

(1)配对游戏:教师列举出小动物的图片,请同学们说出相应的个性特点与动物相配,以引起学生的动机和兴趣。

如:出示小猪的图片,请同学说出其性格特点:懒惰(鼠胆小,牛勤劳,马狂野,羊温顺,猴灵敏,狐狸狡猾,虎凶狠,狗忠实等)。

(2)组织讨论下列问题:

①上列哪些动物的个性是受人喜欢的,哪些动物的个性是让人不喜欢的?

②人的性格特征有哪些?

③哪些是大家所喜欢的,哪些是不喜欢的?为什么?

(3)教师拿出事先准备好的性格配对挂图,加以归纳说明。注意强调性格表现大多有两面性,即性格特征中有好的,也有不好的,要求同学们发扬好的一面,克服不好的一面。其中,关于情绪方面的性格特征,如内向或外向、热情或冷淡、文静或活泼等,则没有绝对的好坏之分,关键在于表现要适中,过分或不及都不利于心理健康。

(4)教师发给同学每人一张白纸,请他们写出自己的性格特点,并以一个小动物来比喻自己,记上姓名后交给老师。

(5)教师念纸条上写的性格特征和比喻的小动物名称,但不念姓名,由班上同学猜这人是谁,猜对最多者取2~3名为优胜并给予奖励。

(6)角色扮演:教师列出准备好的情境问题,请同学们根据情境需要进行角色扮演,并结合该情境进行讨论:情境中的人物存在什么样的性格缺点?他需要如何改善自己的性格,才能成为一个让人喜欢的人?

【例】

情境一:班上同学都在认真地打扫卫生,但有一个同学却很马虎,他拿着扫帚东划一下,西划一下,把地扫得像一个大花脸。

情境二:下课了,同学们在教室外聊天。几个男同学在一起嬉笑,突然,其中一个同学因为别人开他的玩笑而吼了起来,他冲着同伴大吵大闹,还动手打了起来。

情境三:一同学做什么事都缺乏毅力。学英语要背单词,他背了两个单词就不想背了,放下书便跑了出去;老师要求每天做眼保健操两次,他总是断断续续,不能坚持;老师认为他长跑不错,想让他练长跑,但他却没有坚持每天跑步的毅力,因而仍然没能成为长跑健将。

(7)教师小结:强调性格的两面性,鼓励学生正确了解自己性格中的长处与短处,并通过自己的努力来改善自己的性格。

(九)教学反思

"我的性格"心理教育课,小学生和中学生均适合。但在组织教学时,小学宜以游戏形式为主,让学生在活动中了解自己,并知道如何改善自己的性格;中学则可以通过讲述、讨论和问卷测验等形式来进行心理教育。教师需要注意的是,学生的性格并非通过一两次的心理教育就能改善,事实上,性格的改善是一项长期艰巨的工作,因此教师不能着急。也要让学生明白,性格的改善只有通过日常学习生活中不断地有意识地调节才能成功。

案例二:我的能力

(一)教学理念

能力是指直接影响活动效率,保证活动顺利完成的个性心理特征。人的能力可以分为一般能力和特殊能力两种。一般能力是指为大多数活动所需要并对大多数活动的效率都有一定制约性的一般能力,包括观察力、记忆力、注意力、想象力等,也就是我们常说的智力。特殊能力指为某种专门活动所必需、对该活动的效率有很大制约性的能力,如音乐能力、绘画能力、表演能力等。对于中小学生来说,能力的高低是影响其学习好坏的一个重要条件。同时,通过知识和技能的学习,又能改善和提高自己的能力。

(二)教学目标

(1)让学生了解一般能力即智力的概念。
(2)了解自己的智力水平。
(3)了解如何在学习中通过自我努力来取长补短。

(三)教学形式

讲述与讨论、智力测验、智力竞赛游戏。

(四)教学重点

使学生理解通过自己的努力学习,可以提高自己的智力水平。智力是制约学生学习活动效率的一个重要因素,但智力的高低并不是影响学生学习成绩的唯一因素。

(五)教学难点

了解如何在学习中通过自己的努力有意识地取长补短,从而提高自己的能力。

(六)课前准备

智力测验工具:最好用瑞文团体智力测验。
智力竞赛题(仅供参考):
(1)假设3只猫能在3分钟内杀死3只老鼠,请问100只猫杀死100只老鼠,最多要花费多少分钟?(3分钟)
(2)一位大人带着一个小孩,小孩是那位大人的儿子,大人不是小孩的爸爸。请问这两人是什么关系?(母子)
(3)下面两种数学式的读法,你认为哪种是对的?(都不对)

①8 加 8 是 15 ②8 加 8 等于 15

(4)一位牧羊人有 17 只羊,除了 9 只外,全部死光了,请问他还有几只羊?(9 只)

(5)有一个魔术盒子,里面装了几个鸡蛋;魔法一施展,每分钟鸡蛋的数目就增加 1 倍;1 小时整,盒内盛满了鸡蛋。请问几分钟时,盒内为半满状态?(59 分钟)

(6)池塘中有许多鸭子在游水,请问最少要多少鸭子才能排出下述阵式队形:一只鸭子前面有两只鸭子,一只鸭子后面有两只鸭子,两只鸭子当中有一只鸭子?(3 只鸭子排成纵队)

(7)河的东岸只有一只小船,最大载重量只有 200 英镑。有一位体重 200 英镑的先生带着两个体重都是 100 英镑的小孩,3 人居然利用这条小船,到达西岸。请问他们用了什么方法?(两个小孩先过河,一个小孩把船划回来让大人独自划过去,另一个小孩再把船划回来载人)

(8)一位国王想罢免宰相,偷偷写了两张纸条放在帽子里,交给大法官,当众要求宰相从中取出一张纸条,如果取出的纸条上写明"留"字,可继续留住;如果写明"去"字,就退隐归乡。聪明的宰相知道两张纸上都写了"去"字,抽取任何一张都讨不到好处。结果,宰相想出了一个聪明的办法,使大法官宣布他应留下。想想看,宰相用什么办法保住了他的地位?(他先毁掉抽出的那张,让法官取阅另一张,再由法官决定他的去留)

(七)教学场地

教室或团体辅导室进行教学。

(八)教学过程

(1)教师讲一个故事,引出聪明的概念,激发学生了解自己智力的动机。
【例】

阿凡提的故事

从前,有一个县长从狼口里救下了一只绵羊,绵羊乖乖地跟他回到家,可是才到家里,县长就动手宰羊。绵羊拼命地叫,惊动了隔壁的阿凡提。阿凡提过来看,县长对他说:"这只羊是救出来的。""那它为什么还骂你呢?"阿凡提问。"它骂我什么?"县长不解地问道。"它骂你也是一只狼。"阿凡提回答说。县长听了,心里惭愧,便将绵羊放了。

结合故事,教师提问:阿凡提是不是很聪明?同学们知道一个人是否聪明,是可以测量的吗?想了解自己的智力吗?

(2)对学生进行智力测验。做智力测验时,教师必须严格按照测验的要求和指导语进行,不得随意改动。

(3)组织智力竞赛游戏:教师先向学生讲明智力竞赛的目的是要调动大家的积极性,让大家开动脑筋,并在竞赛过程中发现自己智力的优势与不足。然后向学生说明竞赛的规则和要求,并将同学分为两组,左右分开座位。进行竞赛过程中还要注意做好分数记录,以便在竞赛完成后发给优胜组奖品。

(4)教师组织讨论,结合智力竞赛的有关题目,简要讲述智力包括反应速度、计算和思维推理能力、记忆力、注意力等,并请同学讨论:

①自己的智力在学习中有何优势和不足?

②如何通过自己的努力来取长补短?

(5)教师小结:强调通过自己的努力学习,可以提高自己的智力水平,并要求学生在学习中注意根据自己智力的优势与不足,有意识地取长补短。

(九)教学反思

本课程的主要目标是让学生理解通过自己的努力学习,可以提高自己的智力水平,鼓励他们有意识地取长补短,从而提高自己的能力。使学生明白智力是制约学生学习活动效率的一个重要因素,但智力的高低并不是影响学生学习成绩的唯一因素。同时,智力水平并不是绝对不能改善的。因此,教师在进行"我的能力"心理教育课时,一定要明确这两点。根据学生的不同年龄和不同年级,教师在选择智力竞赛题目时应注意难易度的适当性,对智力较差的学生也要注意有意识地鼓励和支持。

第三节 交往篇

人际交往的一方面是，主要侧重于学生与同伴、老师、父母的沟通。学会与同伴沟通是中小学生必须具备的一种重要社会技能。随着年龄的增长，父母对孩子的影响逐渐减弱，而同伴的影响逐渐增强。对于学生来说，同伴之间有更多的共同语言，良好的同伴关系会给学生带来安全感和归属感，有利于促进学生的学习和心理健康。

人际交往的另一方面是，如何帮助学生与成人沟通，这是目前学校教育容易忽视的一个环节。一般来说，两代人之间有代沟和冲突是难免的，可以通过沟通加以缓解。沟通必须是双向的，光要求教师、家长注意与孩子沟通还不行，还要教给孩子与成年人沟通的技能，纠正孩子对成年人不合理的看法，这样才会使沟通更为顺畅，才会达到相互理解。对于个体的发展，甚至是一个国家的发展来说，交往都是至关重要的。党的二十大报告中，习近平总书记强调，"中国坚持在和平共处五项原则基础上同各国发展友好合作，推动构建新型国际关系，深化拓展平等、开放、合作的全球伙伴关系，致力于扩大同各国利益的汇合点。促进大国协调和良性互动，推动构建和平共处、总体稳定、均衡发展的大国关系格局"。鲜明体现了我国的对外战略和责任担当。本篇从交往与友谊、有效沟通、心理弹性等方面设计了相关案例，以帮助初中生进行良好的人际交往。

案例一：交往与友谊

（一）教学理念

随着自我意识的迅速发展，到初中阶段，小学时期的集体性交友方式发生了改变，交友中集体趋于解体。由于初中生身心方面矛盾的出现，心理上经常处于不安和焦虑状态，所以他们需要一个能倾吐烦恼、交流思想、表露自我并能保守秘密的朋友。初中阶段是生理发育成熟和心理迅速发展的时期，其生理和心理发展的特点也充分表现在其人际关系和人际交往的过程中。青少年的人际关系在进入中学以后有了明显的变化,总体而言,中学生人际交往的特点是:①同伴交往占据着十分重要和特殊的地位,②小团体现象突出,③师生关系有所削弱,④容易与父母产生隔阂。对于步入青春期的初中生来说,与同龄人的交往在生活中有极其重要的地位。同伴关系对青少年的社会性和情感发生具有独特的、成人不可替代的贡献。同伴关系对青少年社会支持感、亲密感的获得,以及自我概念的发展同样有重要作用。因此,对初中生开展以"友情"为主题的教育活动,对于他们的健康成长是十分必要的。

(二)教学目标

(1)通过本主题活动的设计,深化对友情的理解。
(2)认识人际交往中的影响因素。
(3)掌握人际交往的基本技巧,发展良好的人际关系。

(三)教学形式

游戏体验、小组讨论、案例分析。

(四)教学重点

通过组织内成员之间的互动而获得自我发展的学习过程,学生间领会到同学之间的交往技巧。

(五)教学难点

一是让学生能够互相激励,解除顾虑,创造一个彼此信任的团体气氛,使学生能够进行深层次的有意义的活动来解决友谊问题。二是团体心理辅导的积极性在于发展的功能,通过团体活动可以改善学生的不成熟的偏差态度与行为,促进其良好的心理发展。

(六)课前准备

搜集游戏案例,PPT课件。

(七)教学场地

教室或团体辅导室进行教学。

(八)教学过程

1. 暖身操

请大家伸出双手,手心向上。当我说"右"的时候,大家将自己右手放在左手上面,手心相对,然后回到原来位置;说"左"的时候,将左手放右手上面,再回到原位。如此反复,顺序随机,速度逐渐加快。好,就让我们用热烈的掌声欢迎这次以"友情"为主题的心理辅导活动,也欢迎大家积极地参与到活动中来。

2. 活动环节:采用自创游戏

游戏:名字之惑。

游戏规则:随机抽取五名同学背对着黑板,在老师发出"开始"的口令下,全班同学举手示意并站起来喊台上一位同学的名字:"××,回来吧。"台上被叫名字的同学能猜出背后谁在喊他,并猜对那位同学的名字,就可以回到座位,否则游戏继续。(在活动过程中,人际关系好的同学一般很早就会被几个同学叫到,并提早回到座位。有两部分同学值得关注,一类是特别内向,平时不爱交际的,另一类是最后离开台上回座位的同学。)

引导台上的同学们分享感受:刚才还没有同学喊你,你的心里有什么感受? 从这个游戏中,你得到了什么启示?

教师小结:

(1)要想别人怎样对待自己,先要怎样对待别人。

(2)与人交往,需要我们主动伸出友谊之手。

3. 体验空间

过渡语:不知从哪一天开始,你突然意识到自己长大了。你不想大家还把你当作一个孩子,不想父母对你紧握不放,你想得到信任,你想追求民主平等,你想走向独立,想寻求自由。于是你的注意对象从父母转移到同伴身上。在同龄人那里,你既享受到了美好的友情,又获得了成人感的满足。因此,在这一时期,与同伴交往并维持友谊关系成为你日常生活的一项重要内容。在你的生活中已经不能没有友情,在你的身边也不能少了朋友。

但是,在乎朋友不等于会交朋友,重视友情也不意味着理解友情。或许你也有过这样的经历:在交友这条道路上,不都是欢笑,也经常有烦恼,虽然我们对友谊的追求很主动,但也一次次地陷入困惑;我们在交友中遇到的各种问题,有时真像是难解的谜!为什么明明是我的知己,却又有许多的矛盾需要解决,这些困惑在很大程度上决定了你的交友之路是否顺畅。

下面针对一些具体的交友问题,考虑一下自己对友情的看法,可以引发你对友情的思考,从而加深对友情的理解。

(1)与某甲是好友,就不能再和某乙做朋友,否则就是不忠。

(2)只要努力就可以和每个人都成为好友。

(3)好朋友就应该朝夕相处,保持密切的关系。

(4)对朋友的过错决不能轻易饶恕,否则友谊就不纯洁了。

(5)不要和能力不如自己的人交往。

(6)如果让别人知道我真正的样子,别人可能不喜欢我,所以要隐藏自己。

(7)能结交到朋友的有效方法就是忍耐。

(8)和朋友发生争执后互不讲话,如果先向对方开口,就是认输。

教师小结:这些同学们常咨询的问题,给我们带来了一些交友上的启示,希望同学们平时要注意这些思维偏见,每天保持一个良好的交友心态。

4. 性格小组讨论

喜欢与具有哪些特点的人交朋友?

不喜欢与具有哪些特点的人交朋友?

(1)小组讨论:6个同学一组。

(2)小组代表发言,教师点评。

(3)教师小结:人人都喜欢的品质包括真实真诚,可靠可信,聪慧善良,友好热情,幽默快乐等。

教师小结:日常生活中虚心听取他人对自己的评价和反馈,了解自己在人际交往中的受欢迎程度,分析其中的原因,积极发展受欢迎的性格特点。

5. 聊天游戏

请两个同学一组,就以下话题聊天:

(1)自己喜欢吃的东西(面对面)。

(2)自己喜欢看的电影或电视剧(背对背)。

(3)自己将来希望做的工作(一人站着一人坐着,可互换)。

(4)喜欢与什么样的人做朋友(脚尖对脚尖,很近的距离)。

引导同学们分享感受:什么时候感觉舒服,什么时候感觉不舒服？为什么？适当距离、面对面最舒服;背对背感觉距离疏远,心不在焉,没有眼神、肢体各方面信息的交流,感觉自己不被对方重视;一人站着一人坐着,感觉不平等;脚尖对脚尖距离太近,有一种压迫感。

讨论环节:解开人际千千结。

6. 案例分析

同学小A,他读了许多书,也很爱和别人谈论各种问题。别人在一起谈什么,他总爱兴致勃勃地参与进来。但是,他还有个特点,总以为自己挺会说话的,因而时常打断别人的话,总是打开话匣子来一段"现身说法",大唱"独角戏"。往往他一开口就停不下来。本来可以一句话表达的事情,他却来个"详听分解",语言也不精练,总是以"我""我表哥"等为对象的"唯我式"的事情为例来说明,不会尊重别人。结果……

大家知道了他这个特点后,谈论什么问题都躲着他,实在躲不开,便只要他一开口,大家就转移话题,弄得他很尴尬,也很苦恼。

思考下列问题:

(1)你认为小A为什么会需要友情？你怎么看待他的这种做法？

(2)自己与同学交往曾出现过什么不愉快的事情？

(3)怎样才能寻找到真挚的友情呢？

引导同学们想象,6个同学一组,小组代表发言,教师点评。

教师小结:自我中心抛脑后,他人装心里,宽容巧用,妥协善用,微笑待人。做到平时多交朋友,以诚待人,以心换心,要学会自我调适。

(九)教学反思

本节课的主题选择针对性强,贴近学生生活,符合学生的心理发展。

本节课的辅导目标明确,理论依据充分,循序渐进,具有很强的指导价值。现阶段引导学生认识影响自身人际交往的因素,树立正确的人际交往观念,并掌握基本的人际交往技巧和解决人际冲突的方法。活动设计中的每一个环节都比较巧妙,每一环节都发挥了学生的自主性和活动性。

总之,课堂效果较好,学生能够完成教师布置的任务,改变对事件的认识和态度。

不足:本设计如果在性格小组讨论中,能够与"我的性格"结合探讨会更好。

案例二:有效沟通

(一)教学理念

人际沟通的能力不是天生的,而是在后天的学习和实践中形成和发展起来的。初中生由于生活环境的相对单纯和狭窄,他们不需要为日常的衣食住行担忧,他们的任务只是学习,他们通常的交往对象只有家长,老师和同学,以及为数不多的亲戚朋友。在这样的环境下,他们很少,也不需要同外界环境有过多的接触,加上初中生身心发展的限制,他们的人际交往和人际沟通能力相对就比较差。缺乏人际沟通能力对学生的身心发展是不利的。因此,有必要加强对学生的人际沟通能力的教育。一般来说,有效的人际沟通方式,可以分成语言沟通和非语言沟通两种。其中,语言沟通是日常人际沟通的主要方式。我们主要是通过语言同别人交流思想,联络感情,进行人际交往的。

(二)教学目标

(1)教育学生明了语言沟通对人际沟通的作用和价值。

(2)教育学生学习语言沟通的技巧。

(三)教学形式

讲述与讨论、班级游戏活动、角色扮演。

(四)教学重点

理解语言沟通在人际交往中的作用和价值。

(五)教学难点

教育学生有效沟通技巧。

(六)课前准备

(1)教师事先录制有关的音频(音频内容教师可自拟,参考内容见教学过程)。

(2)教师事先找几个有表演才能的同学表演有关的动作。

(七)教学场地

在教室或团体辅导室进行教学。

(八)教学过程

(1)教师将课前录制的音频播放给学生听。

第一段音频的内容如下:

小林:嗨,是小强吗?我是小林。好长时间不见了,现在忙吗?

小强:小林,你好。我现在还好,你呢?

小林:我也挺好。星期天你有没有空?电影院放映一部好看的电影,我买了两张票,一起去看,好吗?

小强:好啊!星期天我没有事情,一起去吧。

小林:电影是下午3点钟,我们2点50在电影院门口见面,可以吗?

小强:好的,我准时到。

小林:星期天见。不见不散。

小强:星期天见。不见不散。

(2)听完录音,组织学生讨论录音内容。参考问题如下:

①是谁和谁在谈话?

②他们在说些什么?

③他们要做什么?

④你觉得他们的表达方式如何?

⑤如果是你,你会怎么做?

(3)教师播放第二段录音。第二段录音的内容如下:

小芳:嗨,小云,你的书包掉到地上了。

小云:咦?怎么会掉了?我刚才明明不是挂得好好的吗?小芳,是你碰掉的吧!你把它捡起来。

小芳:不!不是我碰掉的。我看见的时候它就已经在地上了,我不知道是谁碰掉了。

小云:我不管,反正你得把它捡起来挂好,否则,我对你不客气。

小芳:你这个人怎么这样?我好心告诉你书包掉了,你却说是我碰掉的,要我帮你捡起来,说话还这么不客气。我不捡,你要怎样?

小云:你不捡,我就揍你。

小芳:你敢!我告诉老师去。

(4)听完录音,组织学生讨论谈话内容。参考主题如下:

①是谁和谁在说话?

②他们在说些什么?

③他们说得对吗?为什么?

④如果你是小云,你会怎么对小芳说?

⑤如果你是小芳,你会怎么做?

(5)教师总结:语言是人们进行沟通时最常用的方式。语言是我们用来表达思想的工具。用语言与别人沟通,最容易让别人了解,但如果运用得不好,也容易引起别人的误会,引起人际矛盾。因此,同学们不论与谁说话,都要注意用词恰当,要客气而且有礼貌。

(6)让同学做角色扮演,如父子、师生、朋友等,进行交谈。谈话主题自定。

(7)教师选择有代表性的对话,将交谈内容记录下来,与学生共同讨论交谈是否恰当,应如何改进。

【补充活动】

(1)了解身体语言的作用。

教师只用手势,动作及面部表情,表演一首歌曲给学生猜。例如,"两只老虎,两只老虎,跑得快,跑得快,一只没有尾巴,一只没有耳朵,真奇怪,真奇怪"。

教师找两个自愿出来表演的同学,表演一个情景。教师私下告诉他们要做什么,不要让其他同学听见。两个同学一起表演以下情景,让学生猜:

①第一个情景中,一个学生活动他的手臂,上下地跳,而脸上却表现出生气的表情。

②第二个情景中,学生同样活动他的手臂,上下地跳,但是脸上却表现出高兴的表情。

其他的参考情景如下:

①一个学生用拳头敲击桌子,面露生气的表情;另一个学生用拳头敲打自己的另一个手掌心,面露愁苦的表情。

②一个同学把头低下来,面露悲伤的表情;另一个同学低下头,做出害羞的样子。

③一个学生用双手摩擦他的手臂,表示出他很冷;另一个学生用双手摩擦他的手臂,表示出他很痛。

教师总结:在上述情境中,他们不用说话,我们就已经知道他们的意思。在我们同别人交往时,我们不但可以用语言表达我们的意思,还可以用身体语言表达我们的意思。所以,当我们与别人交谈时,一定要眼睛看着对方,要会察言观色,从对方的表情和动作来了解对方的感觉。同时,在和别人交谈时,我们自己也必须注意身体语言,才能与对方进行有效的人际沟通。

(2)"耳边传话"游戏。

学生排成一排,由教师在第一位同学耳旁低声说一句话,教他传给第二位,再由第二位传给第三位,如此依序传下去,最后一位同学将听到的话公开,教师和同学一起评判传话的功效如何。

教师讲解:我们向别人转述语言时一般都会加入我们自己的理解。由于我们每一个人对我们所听到的话的理解不同,语言在传递的过程中会发生一定的变化,到最后可能会面目全非。所以,我们的语言沟通有它自己的局限性。我们在与别人交流时一定要注意讲话的准确性,也要注意准确理解别人的讲话。

(九)教学反思

人际沟通能力是在实践中形成和发展起来的。因此,人际沟通能力教育不能仅仅局限于课堂教育,而应该鼓励学生走出课堂,把课堂里所学的加以练习和运用。同时,教师要给学生创造各种练习的机会。尤其是对于那些内向的、不善于人际沟通的学生,教师更是需要给予他们帮助与鼓励。有些同学的人际沟通能力差,不是他们的理解能力差,而是他们缺乏与人交往的勇气,不敢与人交往,不善于表达自己的思想。因此,我们的人际交往训练可以采用循序渐进的方式,先从表达自己的思想开始,选择一个自己熟悉的话题向同学表述,比如自己的学习,自己关于某一问题的看法等。这不仅可以提高他们的语言表达能力,还可以帮助他们树立人际交往的自信心。在此基础上,表达的范围可以逐渐扩大延伸,最后达到与人熟练进行自由沟通的境界。

案例三:认识心理弹性

(一)教学理念

一帆风顺的生活固然不错,但在人的整个生命历程中,必然会遇到一些挫折和逆境,尤其是最近几年一系列灾难性事件(如地震、洪涝、泥石流等)频发,且中学生的课业负担较重,这无形之中加重了学生的心理负担。因此,当一些负性事件出现时就会对青少年的心理造成很大的冲击甚至会导致一些不可挽回的意外事件发生。然而,在现实生活中我们也会发现有些青少年在经历负性事件后不会有非常强烈的情绪反应,或是能够很快地从负性情绪中恢复过来。那么究竟是什么导致了这种个体差异呢?这些个体是如何从负性情绪中恢复的呢?这就是人们经常所说的"恢复力",即心理弹性。初中学生因生理、心理上的变化,自我意识的增强,他们的心理弹性正处于发展变化过程中,我们引导学生认识心理弹性,增强其挫折承受能力,促进其人格的全面发展。

(二)教学目标

(1)使学生认识到挫折在每个人成长过程中是不可避免的。
(2)帮助学生理解心理弹性的含义及其构成要素。

(三)教学形式

讲述与小组讨论、感悟与体验。

(四)教学重点

理解心理弹性,体验心理弹性的重要性,以及由此带来的快乐感受。

(五)教学难点

在实际生活中学会运用心理弹性的技能、技巧。

(六)课前准备

相关的资料、多媒体课件,半瓶水,歌曲《阳光总在风雨后》。

(七)教学场地

教室或团体辅导室。

(八)教学过程

1. 导入

教师:同学们,在今天上课之前,我先问大家一个问题,你们在生活中经历过挫折吗?

学生:经历过。

教师:那么,当你在遇到挫折时,是采取什么方式去应对的呢?

(同学们开始分享)

教师:刚刚大家都说了一下,自己在面对挫折时的应对方式,其中有些是比较积极的,也有些是比较消极的。当面对挫折,为什么有些人是积极地去应对,而有些人则采取消极的应对方式呢?这就是我们今天所要学的内容。接下来,请同学们看大屏幕,看看屏幕中的这些人在面对挫折时,是怎样应对的。

2. 播放事先准备好的投影材料引入主题

(1)2016年,志愿者在深圳救助了一位流浪汉,没想到竟然是一名大学生。这名杨姓同学2003年毕业于浙江农林大学,2004年来到深圳,但是不慎丢失了所有的证件。杨姓同学倍感挫败,感觉无颜面对家乡亲友,不敢回乡补办证件,就这样一天天在深圳滞留、流浪。

(2)日本一名名叫尾西的18岁男生,整整3年没有走出自己的房间,白天睡觉,晚上上网或者看漫画,拒绝与任何人交流。身体严重透支以至于不得不接受治疗。而起因仅仅是初中时竞选班长失败。

(3)2008年5月12日,本应是一个平常得不能再平常的日子,然而这一天,却成了全中国人民永生难忘的一个日子,在这一天,汶川地区发生了里氏8.0级的地震。而在震中,许多平凡的人在灾难面前,用团结、坚强带给我们更多的感动,马志成就是其中的一位。地震发生时,整个房屋坍塌,废墟之中马志成用仅能活动的手臂挖掘30个小时而成功自救。

(4)一个人的生命历程:

22岁:经商失败　　　　　　23岁:竞选州长失败

24 岁:经商又一次失败　　29 岁:竞选众议院议员失败

37 岁:当选国会议员　　　39 岁:争取连任国会议员失败

47 岁:竞选副总统失败　　49 岁:竞选参议员再次失败

51 岁:竞选为美国总统

他就是第 41 任美国总统——亚拉伯罕·林肯。

教师:同学们,这些资料都是来自我们的生活。看完这些资料后,大家有何感受呢?请大家说一下上面材料里叙述的主人公应对挫折的方式有何不同?为什么会产生这么大的差别呢?

(学生分享)

教师:大家说得非常好,上面材料中的主人公在面对挫折时之所以会采取消极的应对方式,是因为他们的心理弹性水平不高,不能正确地看待生活中所遇到的挫折。

学生:那么,老师,什么是心理弹性呢?

教师:这位同学问得好,今天我们这节课的主题就是"认识心理弹性"。

教师:心理弹性是指个体在危机情境或负性事件中能保持良好适应,并获得良好发展的能力,是个体内在保护因素和外在保护因素的结合(Silvia Helena Koller, 2007)。每个人都具有心理弹性,只是心理弹性的水平会因人而异。心理弹性较低的个体在遇到挫折时往往会产生强烈的负性情绪,甚至导致一些过激的行为,如材料中的杨姓同学、尾西等。相反,如果一个人具有较高的心理弹性水平,那么当他经历挫折时就不会产生非常强烈的负性情绪或可以迅速地从负性情绪中恢复过来,并采取积极的措施来应对,如上面材料中的马志成和亚拉伯罕·林肯。他们在面对挫折时,不但没有被挫折击垮,而是采取积极的措施来应对挫折,并最终获得成功。

教师:那么,为什么个体心理弹性水平会因人而异呢?是什么因素导致了个体心理弹性水平的不同?请同学们相互讨论一下。(学生开始讨论)

教师:经过一番激烈的讨论,我相信大家心中都有了自己的答案,现在请同学们把你的答案跟大家分享一下。

学生:我认为是自信导致了个体心理弹性的差异。

学生：我认为是毅力。

学生：我认为是家人与老师的关怀。

学生：我认为对待挫折的不同态度导致了个体心理弹性水平的不同。

……

教师：刚才大家说得非常精彩，把同学们的答案综合起来就是心理弹性构成要素。下面老师也来说一下心理弹性的构成要素。

教师：自从心理弹性的概念诞生以来，国内外的心理学家对心理弹性的构成要素进行了大量的研究，通过研究发现对心理弹性形成发展起关键作用的是一些内部和外部的"保护性因素"。所谓"保护性因素"就是指能缓解不利处境对儿童消极影响的因素，包括内部和外部保护性因素。内部保护因素指的是个体内部能帮助其克服逆境并能积极发展的特质性因素，如自信、积极的自我评价、较强的自我效能和成就期望，以及积极乐观的生活态度等。外部保护性因素主要是良好的家庭环境、人际关系和社会氛围等。（曾守锤 等，2003）。

教师：通过老师的讲解与同学们的讨论，我相信大家对心理弹性的概念及其构成要素有了一定的认识，下面我们来做一个小游戏——"我看我说"。请大家观察这个装了水的瓶子，想象一下当你在沙漠中行走了很久，十分口渴时，意外地发现这个瓶子时，会有怎样的感受？请同学们跟大家分享一下自己的感受！

学生：渴死了，可这瓶子里怎么才有半瓶的水啊！这管什么用！

学生：真是太好了，居然会有半瓶水，终于有救了！

教师：听完这两位同学的描述，现在请大家讨论一下，关于同样的半瓶水，他们的感受有什么不同？

学生：老师，他们关于半瓶水的态度不同，一个同学说"只有半瓶水"，而另一个同学说"还有半瓶水"。

教师：这位同学分析得非常准确。尽管只是两个词的不同，却反映出了刚刚那两位同学截然不同的心态。说"只有半瓶水"的这位同学是比较消极、悲观的；而说"还有半瓶水"的那位同学则具有比较积极的心态。正是因为每个人的心态不同,才会导致对待相同事物而产生不同的态度。同样,对待挫折,如果以积极的心态去面对,那么挫折则可能成为人们前进的动力,正如巴尔扎克曾说过:"世界上的事情永远不是绝对的,结果完全因人而异。挫折对于强者是一笔宝贵的财富,对于弱者则是万丈深渊。"

3. 领悟方法

教师:那么我们该怎样来面对挫折呢?怎样才能提高自己承受挫折的能力呢?正如同学们刚才所说,要提前做好准备,学习相关知识,换句话说也就是:

第一,充分做好心理准备。因为挫折在人的一生中是不可避免的,没有经历过挫折的人生是不完整的人生。只有经历风雨,才能看见彩虹,才能充分体验到成功的快乐。

第二,敢于面对挫折,迎难而上。没有挫折的考验,便没有坚韧的人格。正是因为有挫折,才会有勇士与懦夫之分,正如我们前面材料中看到的美国总统林肯一样,遇到挫折不屈不挠,要具有不达胜利誓不罢休的精神。

第三,多与他人进行沟通、交流。面对挫折,除了要做好准备之外,还要注意日常的疏导、宣泄,遇到不开心的事情多与父母、同学和老师交流或者到海边散步等。通过这些途径来减缓不开心的事情给自己带来的负面影响,减轻自己的心理负担。

4. 交流感受

教师:刚才大家说了很多,也说得很精彩。现在让我们来听一首歌,放松一下,有会唱的同学大家一起唱,好吗?(播放歌曲《阳光总在风雨后》)

教师:这首歌的歌词有一句我非常喜欢——"阳光总在风雨后,乌云后有晴空,珍惜所有的感动,每一份希望在你手中"。

学生:挫折对于我们来说,只是暂时的,并不意味着我们将来不能成功。走过了风雨,我们仍将成功。

学生:挫折并不可怕,可怕的是我们缺乏面对挫折的勇气,我们要鼓起勇气,勇敢地面对挫折,迎接挑战。

学生:胜败乃兵家常事,一次失败没什么了不起的,在哪里跌倒,在哪里爬起来。

学生:在人生的漫漫长河中,我们做任何事都要有信心,有恒心。

5. 结束活动

教师:刚才大家的发言相当精彩,老师感到很欣慰,我相信通过这节课的学习,大家对心理弹性及其构成有了非常深刻的认识,心里充满了未来面对挫折的自信与勇气。今天这节课就到此结束,大家再见。

(九)教学反思

通过这节课的学习,学生能认识挫折与困难在人的一生中是不可避免的。学生对心理弹性及其构成要素有了深刻的认识,从而对以后的教学起到很好的铺垫作用。

【思考题】

(1)学习动机对学习有何重要影响?试请学生检查自己的学习动机是否恰当并给予及时调节。

(2)学生检查自己是否有不良的学习习惯,并提出改进的方法和措施。

(3)认识自我的途径和方法有哪些?

(4)如何让学生较好地接纳自己的短处?

(5)初中生应该掌握哪些人际交往的技巧?如何通过教学的手段使学生掌握这些技巧?

(6)语言沟通有什么样的缺陷?如何教育学生利用非语言的沟通方式进行交流?

【本章小结】

(1)学习动机是直接推动学生进行学习活动的内部动力。学习动机的发展,随着年级的升高,间接动机逐步起主导作用,学习动机的概括性不断增强。学习动机对学习效果具有积极的影响。但是,学习动机强度与学习效率并不完全成正比。增强学习动机,就意味着树立适当的抱负水平、建立良好的人际环境和培养对学习的兴趣。

(2)学习习惯是指学生在学习过程中逐步形成的比较稳定的学习行为方式,如学习中的注意力倾向、记忆的习惯方式、思考问题和解决问题的心理定势、作业和复习的行为习惯等。本课设计试图采用练习律和效果律巩固好的学习习惯,改造不好的学习习惯,从而提高学习效果。

(3)学生对自己适合的有效学习方法的建构是很有必要的。促使学生掌握正确的学习方法的课程设计,考虑了建构主义学习理论强调的学习环境中的四大要素,即"情境""协作""会话"和"意义建构"。当代建构主义者主张,世界是客观存在的,但对于世界的理解和赋予意义却是由每个人自己决定的。学习不是由教师把知识简单地传递给学生,而是由学生自己建构知识的过程。学生是以自己的经验为基础来建构现实,或者解释现实,由于他们的经验及对经验的信念不同,于是他们对外部世界的理解便也千差万别。

(4)学生在考试前的不良心理状态有两种情况:一种是过分兴奋,表现为心绪不宁,健忘分心,神经过敏等;另一种是以抑制占优势,表现为精神萎靡、感觉迟钝、思维功能减弱,对一切都不感兴趣。采用角色扮演、松弛训练、心理测试的教学方式,改进学生对考试成绩意义的认识,提高应对考试焦虑的技巧。

(5)青少年的人际关系在进入中学以后有了明显的变化,总体而言,中学生人际交往的特点是:①同伴交往占据着十分重要和特殊的地位,②小团体现象突出,③师生关系有所削弱,④容易与父母产生隔阂。心理健康教育课是一个积极的人际互动的过程。由团体动力学理论为基础,设计了初中生交往与友谊、有效沟通、信任与合作三个主题课程,帮助学生学会如何遵守规范和规则,通过积极参与团体活动,体验到团体生活的乐趣和同学之间团结互助、友爱和温暖,对别人有了进一步的了解,从而培养其同情心、同理心,与他人建立良好的人际关系。

【拓展阅读】

1. 刘宣文,赵晶.学校心理健康教育课程设计与教法[M].北京:中国人民大学出版社,2020.

2. 李笑群.中学生学习心理指导[M].长春:吉林人民出版社,2012.

3. 孙嘉卿.学生自我问题与教育方案[M].北京:中国轻工业出版社,2010.

4. 赖斯,多金.青春期:发展、关系和文化[M].陆洋,林磊,陈菲,译.上海:上海人民出版社,2009.

【二维码】

学习篇　　　　自我意识篇　　　　交往篇　　　　心理弹性

第九章 高中阶段心理健康教育内容与设计案例

▶ 内容提要

高中阶段对学生一生发展,世界观、人生观以及价值观的形成具有重要影响,因此本章围绕高中阶段心理健康教育内容展开,对高中生主要存在的心理健康问题,结合《中小学心理健康教育指导纲要(2012年修订)》进行教学案例课程设计。

▶ 学习目标

1. 知识与技能:掌握高中阶段心理健康教育内容;通过学习设计案例,为日后设计课程储备教学素材;在现有设计案例基础上进行调整升华,设计出更具创新性和适应性的心理健康教育课。

2. 过程与方法:掌握高中阶段心理健康教育课程设计的基本方法,深入学习设计案例并进行课程设计训练。

3. 情感态度与价值观:形成正确的对待高中阶段心理健康教育课的情感与态度,从高中生身心发展特点出发,设计出符合高中生的教学方案;树立正确的心理健康教育课设计理念,遵循心理健康教育课设计基本原则,为消除高中生心理困扰、解决心理问题服务。

第一节 情绪篇

案例一：抑郁与抑郁情绪

（一）教学理念

研究报告发现：在 13 至 15 岁期间，青少年抑郁心境急剧增加，在 17 至 18 岁达到高峰，随后下降到成人水平。青少年学生易患抑郁症的主要原因是学习压力和同学关系不融洽。高中生一直处于高疲惫、高焦虑状态，更容易产生抑郁情绪。

（二）教学目标

(1) 学会正确掌握抑郁情绪和抑郁症的区别。
(2) 了解抑郁症的基本表现，并形成在必要的时候寻求专业帮助的意识。
(3) 日常生活中，学会运动调节抑郁情绪的方法。

（三）教学重点

日常生活中，学会运动调节抑郁情绪的方法。

（四）教学难点

了解抑郁症的基本表现，并形成在必要的时候寻求专业帮助的意识。

（五）教学方法

(1) 认知法（观看视频）。
(2) 讨论法（专题讨论、脑力激荡）。

（六）课前准备

患过抑郁症的明星图片及故事、《小欢喜》剪辑片段。

(七)教学场地

学生教室。

(八)教学过程

1. 导入之看图说故事

教师向学生呈现患抑郁症的明星图片并介绍他们抑郁的故事。

教师提问:这些明星都有哪些类似的困扰?关于他们的这种困扰,你了解多少?

2. 我们不一样

教师引导:下面请同学们认真观看视频,并思考什么是抑郁症,抑郁症的表现有哪些。

观看视频《小欢喜》中的片段。视频简介:影片中主人公乔英子每日情绪低落、注意力不集中,经常失眠偶尔出现幻觉,在持续的抑郁状态下离家出走并出现自杀意图,经检查得知乔英子患上了抑郁症。

教师讲解抑郁症及其表现。

教师引导:现实生活中同学们也面临着以下情况,你觉得有这些表现是不是表明患有抑郁症呢?

情景1:有时候,你觉得胸口发闷难受,不想和人讲话,只想一个人躲在角落里静静地待一会。

情境2:有时候,你觉得生活一点意义都没有。这世界上发生的任何事情都跟你没有关系,你都提不起一丝的兴趣。

情景3:有时候,你觉得自己真的没什么用,什么都做不成,什么都不想做,每天就想"葛优躺",玩手机,不想学习。

教师引导:现实生活中每个人在面对生活、学习、工作的压力时,都会出现低潮期,什么都不想干,打个游戏,这不是抑郁症,而是常见的抑郁情绪。抑郁症和抑郁情绪是有区别的,只有当抑郁情绪出现的频率多了,持续的时间超过两周,并且严重影响到了生活、学习及社交时,才应考虑抑郁症的可能。而且除了临床表现,抑郁症诊断还需要参照生理指标查看是否有结构性病变,最终由临床医生给出诊断结果。

教师讲授:区别抑郁情绪与病理性抑郁的方法。

3. 寻找"宝藏"

继续观看视频《小欢喜》中的片段。视频简介:影片讲述了乔英子在朋友的陪伴和鼓励下,在父母创造的良好家庭环境下,终于走出了抑郁的阴影,重露笑颜,最终也考出了理想成绩,报考了自己心仪的学校。

教师提问:就像视频中的乔英子,如果你的身边有一个同学正遭受着抑郁症的困扰,我们应该如何做才可以帮助他们早日摆脱抑郁的折磨?如果你觉得你提供不了任何帮助,那么我们又该如何做,以免对其进行二次伤害?

学生分享讨论。

教师讲授:

(1)提供良好的社会支持系统。

(2)提升抗压能力。

(3)激发积极情绪。

(4)寻求专业人士帮助。

4. 总结

抑郁情绪并不可怕,可怕的是我们忽略它、抑制它,让它恶性病变。因此在我们遇到抑郁情绪时,我们要学会接受它:认识它,再想办法解决它。

(九)教学反思

本节课中,老师运用认知法和讨论法,深入浅出地讲解了抑郁情绪和抑郁症的不同及表现,最后提出了解决方法。

整节课设计思路清晰,教学设计环节科学合理,内容环环相扣,层层递进。让学生清晰地辨别出抑郁症和抑郁情绪,还通过出谋划策的方法让学生们了解了这一问题的产生原因并提出了一系列的解决方法。这为学生在以后的日常生活中应对抑郁情绪提供了有效的帮助。

案例二：焦虑

（一）教学理念

目前，我国中学生尤其是高中生，在紧张的学习生活中普遍存在着或多或少的考前焦虑等心理问题，这对学生的学习乃至人生成长是极其不利的。作为学校心理健康教师，每逢在考试前夕，尤其是在重大考试前，总能接待不少前来咨询考前焦虑问题的学生。

（二）教学目标

(1) 了解考前焦虑是一种常见的心理现象，过低或者过高的考前焦虑都会影响我们的考试发挥，只有适当的考前焦虑才能激发最好的考试状态。

(2) 结合自身的考试经历分析考前焦虑的原因，调整对考试的看法。

(3) 掌握调控考前焦虑的方式，并把这些方式运用到日常学习中。

（三）教学重点

掌握调控考前焦虑的方法，并把这些方法运用到日常学习中。

（四）教学难点

结合自身的考试经历分析考试焦虑的原因，调整对考试的看法。

（五）教学方法

(1) 认知法（阅读与听故事、观看视频）。

(2) 讨论法（专题讨论、脑力激荡）。

(3) 操作法（绘画）。

（六）课前准备

《蜡笔小新》片段、A4 纸、彩色笔。

(七)教学场地

学生教室。

(八)教学过程

1. 导入之求助信

教师向学生呈现一名遭遇考前焦虑学生的信件。

教师提问:

(1)信件中的主人翁遇到了什么样的心理问题?

(2)在你的学习生活中有没有遇到过跟信件中的主人翁一样的问题?

(3)我们如何帮助信件中的主人翁走出困境?

2. 焦虑科普

教师引导:同学们在考试前总会感觉有一定的压力,并且这种压力不仅会严重影响某些同学在考场上的真实发挥,而且会对其身心健康产生不良影响,今天的课让我们一起走进《巧对考前焦虑,考出最佳状态》。

教师提问:考前焦虑就一定是坏的吗?

学生分享讨论。

教师讲授:当动机处于一个中等的水平时,考试发挥最佳;动机强度过低时,缺乏考前学习和复习的积极性,效率不可能提高;动机强度超过顶峰时,学习和复习效率会随强度增加而不断下降。

教师提问:根据案例中主人翁的表现,同学们总结出过高的考前焦虑有哪些表现呢?

学生分享讨论。

教师讲解:过高的考前焦虑有三种典型反应:

(1)躯体反应。

(2)情绪表现。

(3)认知和行为症状。

3. 画出焦虑

教师引导：请同学们用绘画的方式画出，听到"考试"这个词语的时候，脑子里出现的第一个画面，并用三个形容词描述其内容。

学生进行活动并分享。

教师讲授：心理学家研究发现考前焦虑的原因主要有以下方面：

(1)学习因素。

(2)认知因素。

(3)身体因素。

(4)性格因素。

(5)社会因素。

(6)家庭因素。

(7)学校因素。

教师引导：请同学们根据自己的绘画和教师讲解的考前焦虑的原因，填写问题。

我的考前焦虑的主要原因有_____，因为，一旦考试达不到理想的预期，会_____，因此，在这样的想法下，我会出现_____考前焦虑的表现。

学生根据自己的画作和教师的讲解找出自己考前焦虑的原因、表现和想法。

4. 焦虑调节站

教师提问：考前焦虑普遍存在且有可能影响学习和生活，那有什么方法可以应对它呢？

学生观看视频《蜡笔小新》片段，并分组讨论应对考前焦虑的方法。

学生分享讨论。

教师讲授：

(1)情绪角度调控。

(2)认知角度调控。

(3)技术角度调控。

5. **总结**

教师总结:焦虑每个人都有,焦虑并不可怕,可怕的是你助长了你的焦虑。希望通过今天这堂课,同学们能学会正视焦虑,接纳焦虑,调控焦虑。

(九)教学反思

整节课思路清晰,教学设计环节科学合理,内容层层递进。不仅让学生疏解了焦虑的情绪,还通过自我反思,了解焦虑产生的原因与调节焦虑情绪的办法。这为学生在日后应对焦虑情绪提供了有效的帮助。

案例三:烦恼

(一)教学理念

按照埃里克森心理社会发展八阶段理论,学生到了青春期,是最容易产生混乱感的时期。学习的压力,交往的困惑,生活的单调,身心发展的巨变、老师和家长的不解……经历着各种各样的烦恼,他们也不得不表现出人们口中的"青春叛逆期",但更重要的是,应当把烦恼当成检验自己意志力和增进自身智慧的原动力。我们应该刻苦学习文化知识,坚定理想信念,磨炼坚强意志,争做"新时代好青年",为实现中华民族伟大复兴的中国梦而奋斗!

(二)教学目标

(1)帮助学生认识烦恼,明确自己的烦恼。
(2)让同学们感受到每个人都有烦恼,有烦恼是正常的,学会正视烦恼。
(3)使学生在日常生活中能够采用合适的方法消除烦恼。

(三)教学重点

学生在日常生活中能够采用合适的方法消除烦恼。

（四）教学难点

让同学们感受到每个人都有烦恼，有烦恼是正常的，学会正视烦恼。

（五）教学方法

(1) 认知法（知识讲授、观看视频）。
(2) 讨论法（专题讨论、脑力激荡）。
(3) 操作法（活动体验）。

（六）教学准备

《秀才进京赶考》视频、烦恼便利贴。

（七）教学场地

学生教室。

（八）教学过程

1. 导入：雨点变奏曲

教师引导：下面老师会给大家讲一个故事，故事中如果大家听到了刮风、小雨、大雨、暴雨、雨停了和彩虹等指令时就要做出相应的动作，动作指令为："刮风——双手摩擦""小雨——一手的两指在另一只手上慢慢地敲打""大雨——鼓掌""暴雨——鼓掌加跺脚""雨停了——原地踏步""彩虹——双臂向两侧打开"。

教师引导：自古以来，人们喜欢把天气与心情联系在一起，认为天气和心情很相似。作为中学生的我们，生活中难免会遇到让我们感到烦恼、郁闷、生气的事情。今天的心理课就让我们一起走进"小小少年，几多烦恼"。

2. 我们的烦恼

教师引导：中学生有烦恼吗？我们通过一个学生写的烦恼作文来更好地了解一下中学生的烦恼。

教师向学生呈现王同学写的《我的烦恼》文章。

教师引导：在座的同学不管在学习上还是在生活上，都遇到了和王同学类似的烦恼。下面，请同学们回忆一件最近让你感到烦恼的事情，并写出你对这件事情的想法。

学生进行书写。

3. 烦恼解忧铺

教师引导：同学们有着这样或那样的烦恼，那我们该如何解决我们的烦恼呢？请同学们四个人一组，来帮助组内的同学解决他们遇到的烦恼。

学生讨论方法。

教师讲授烦恼与大脑的关系：

当烦恼来临的时候，我们一定要先处理情绪，再调整思维。请同学们欣赏视频《秀才赶考的故事》，并思考，同样遇见了棺材这件事，对他们的影响却不一样，导致结果也不一样了。

教师讲授情绪 ABC 理论：

引起我们情绪困扰的并不是外界发生的事情，而是我们对事情的态度、看法、评价等认知方式。因此，作为中学生的我们要改变烦恼不是致力于改变外界事件，而是应该改变认知。

教师引导：掌握了 ABC 理论后，请同学们分析一下，刚才写的烦恼事件的 ABC 分别是什么，并且换个理性、积极的想法，改变一下烦恼事件。

A. 诱因事件：_____

B. 对诱因事件的态度和看法：_____

C. 诱因事件的情绪感受：_____

D. 对诱因事件理性、积极的态度和看法：_____

学生进行书写。

教师引导：左右我们烦恼情绪的不是事件本身，而是我们对烦恼事件的看法和解读。

4. 总结

今天老师和大家一起探讨了中学生的烦恼和解决烦恼的办法。沙哈尔说,重要的不是我们收获知识,而是将知识应用到生活。这个过程不是一蹴而就的,老师希望同学们,今后遇到烦恼的时候能想起今天的内容,可以一步一步地做到先宣泄情绪,再调节认知,最后化解烦恼。

(九)教学反思

整节课设计都是以学生的感受和体验为出发点,让学生在活动中感受、感受中感悟、感悟中成长,真正地体现了心理课学生为主体,活动为理念的核心素养。相信,通过本节课的学习,学生日后遇到烦恼的时候能更加从容、理性地处理。

第二节　性心理篇

案例一:爱的苦恼

(一)教学理念

高中处于青年发展的中期,其身心发展最明显的特征是,性机能的成熟和性心理走向成熟。而性生理的成熟、欲望的增强与性心理发展的不平衡的矛盾,必然给中学生们带来一系列的心理困扰和烦恼。因此,分析高中生的性生理和性心理特点,帮助他们学会正确地处理各种性心理发展的矛盾冲突和挫折,对增进高中生的心理健康有着非常重要的意义。

(二)教学目标

(1)让学生正确认识青春期男女生之间的差异。
(2)通过角色扮演使学生清楚,青春期男女生要适度地进行交往。
(3)引导学生掌握遇到异性交往苦恼时的解决办法。

(三)教学重点

通过角色扮演使学生清楚,青春期男女生要适度地进行交往。

(四)教学难点

引导学生掌握遇到异性交往苦恼时的解决办法。

(五)教学方法

(1)认知法(教师讲授)。

(2)讨论法(专题讨论)。

(3)操作法(角色扮演)。

(六)课前准备

打印好的角色扮演剧本。

(七)教学场地

学生教室。

(八)教学过程

1. 导入之"你会怎么做"

教师引导:请同学们假设以下情境出现在你身上,你会怎么做?

情境1:你和某位异性是无话不说的好朋友,经常在一起说说笑笑,同学们经常开玩笑地说你们是金童玉女、天造地设的一对,对此你会怎么做?

情境2:放学回家,打开书包的一瞬间你看到了一封信,信上写着:"我喜欢你很久了,明天放学后,我在操场前的凉亭等你,希望你能来。"对此你会怎样做?

情境3:你喜欢上你们班的一名异性同学,看见他(她)你会心跳加快,变得羞涩,时不时地去关注他(她)的一举一动,看不到他(她)你就会魂不守舍,甚至变得茶不思饭不想,对此你会怎样做?

学生进行分享。

教师引导:俗话说,哪个少年不钟情,哪个少女不怀春,这是大家在青春期时所要经历的正常现象。今天就让我们一起走进《爱的苦恼》。

2. 男生与女生

教师提问：

(1)青春期的男生、女生有什么样的区别？

(2)为何小时候跟异性的相处很自然，而到了青春期跟异性交往时就会羞涩？

(3)异性交往是必要的吗？为什么？

学生进行讨论。

教师讲授：

(1)青春期的男生和女生的区别。

(2)青春期性意识发展特点。

(3)青春期男女同学之间交往的好处。

3. 花开须有时

教师引导：青春期男生女生交往有如此的好处，是不是就说明我们可以进行频繁的交往呢？下面我们通过角色扮演活动来寻找答案。

旁白：他们会经常一起去看夕阳，他去打篮球，她也会在旁边看着，给他加油。他们似乎越来越期盼每次见面的时候。不管愿不愿意承认，他们心里的某些情愫，正慢慢产生着。直到有一天……陆航给白欣写了一封信表达他对她的倾慕之情，并约她明天下午放学后在学校篮球场的凉亭中相遇。

教师引导：假如你是白欣，收到这样的来信你会去吗？如果去了会怎么说？

学生进行讨论。讨论完后继续角色扮演。

教师引导：如果你是陆航，你会如何摆脱这份情感给你带来的苦恼呢？请小组讨论。

学生进行讨论。

教师讲授：

(1)把苦闷压抑的情绪宣泄出来。

(2)转移注意力。

(3)潜意识的畅想法。

4. 总结

男女生的交往是每个人正常的心理需求,是个性健康发展的重要影响因素,但切记青春期男女生的交往要适度。

(九)教学设计评析

这节课教师首先呈现了几个情景,向同学提出问题,教师引导青春期对异性产生倾慕,甚至爱是一个非常正常的现象。接下来,教师通过介绍青春期男女生的区别,青春期性意识发展特点,帮助同学们了解到,对异性产生爱的感觉是由我们的身心发展造成的。最后,教师让同学们进行角色扮演,让同学通过深入角色清楚地感受到,青春期男女生要进行适度的交往,并提出一些具体方法供学生遇到爱的苦恼时参考。本节课逻辑清晰,既能让学生正视异性交往中的爱,也能使学生遇到爱的烦恼时,知道如何解决。

案例二:识别爱情

(一)教学理念

高中生生理发育基本成熟,心理上也进入了爱慕异性的时期,他们渴望了解爱情。但,我们的学校和家长,往往不会和同学们讨论什么是爱情。在这种爱情教育的缺少下,很多同学把异性之间的好感、友谊当作爱情来对待。因此,帮助高中生去理解爱情,引导高中生正确识别爱情是十分有必要的。

(二)教学目标

(1)帮助学生理解什么是真正的爱情。
(2)根据爱情三元论,让学生感悟到青少年的爱情不是真正的爱情。
(3)让学生学会珍惜青春美好时代,等待时机成熟后,再去追求真正美好的爱情。

(三)教学重点

帮助学生理解什么是真正的爱情。

（四）教学难点

根据爱情三元论,让学生感悟到青少年的爱情不是真正的爱情。

（五）教学方法

(1)认知法(观看视频)。

(2)讨论法(专题讨论)。

(3)操作法(测试)。

（六）课前准备

《泰坦尼克号》剪辑片段。

《爱无定则》冰心与吴文藻爱情故事的剪辑片段。

（七）教学场地

学生教室。

（八）教学过程

1. 导入"爱情识别器"

教师引导:爱情是人生中一个永恒的话题,但每个人对待爱情的态度、对于爱情的理解都是不一样的,下面进行一个趣味测试,通过这个测试来了解一下我们的爱情观。

测试内容:有一天,你在公园里看见一对情侣正在吵架,你觉得他们是为什么吵架的?

A. 其中一方有第三者　　　　　B. 为芝麻小事吵架

C. 无理取闹　　　　　　　　　D. 女方觉得男人不爱她

E. 男方把约会的时间忘记了　　F. 双方都有毛病

2. 感悟爱情真谛

教师引导:每个人对爱情的理解是不同的,但是爱情的本质是亘古不变的。正确认识爱情的本质,是正确恋爱观建立的基础,也是青年学生谨慎驾驶爱情之舟的前提。今天的课,就让我们去探索爱情的真谛吧!

教师引导:过去,许多文人墨客都通过自己的方式去歌颂爱情。现在,越来越多的经典影视作品也是用爱情作为创作主题,请同学们回忆在你所接触的文学作品或影视作品中,有没有让你印象深刻的语句、画面等,然后用你的理解描述一下爱情是什么。

学生进行分享。

教师引导:每个人都向往爱情,但是却少有人知道什么是爱情。老师今天给大家带来了,对于爱情最专业、最权威、最好理解的解释。斯滕伯格通过大量的实证研究发现,人类的爱情有三个维度,分别是激情、亲密、承诺。

(1)关于激情:

教师呈现《泰坦尼克号》影片剪辑,学生观看。

教师提问:根据影片中杰克和罗丝相互喜欢的表现,同学们能想到哪些表述吸引、激情的词汇?

学生进行分享。

教师讲解:激情是爱情的第一元素,它是强烈地渴望跟对方在一起的状态,是一种生理的唤醒,但,激情并不能长久,也不具备专一性。

(2)关于亲密:

教师呈现《泰坦尼克号》影片剪辑,学生观看。

教师提问:影片中杰克和罗丝的相爱给你带来怎样的感受?

学生进行分享。

教师讲解:亲密是爱情的第二元素,它是一种愿意为对方着想,看重对方,了解对方,相互分享,相互支持的感受与心态,这种感觉能让人体验到温暖和舒服。简单说来,就是相互间的亲近、坦诚和愉悦。

(3)关于承诺:

教师呈现《泰坦尼克号》影片剪辑,学生观看。

教师提问:看了这个结局,你心里有何感受?

学生进行分享。

教师讲解:承诺是爱情第三元素,承诺是维系爱情关系的基础,并且是爱情长期存在的决定,可以理解为一种责任和行动。

3. 爱情火眼金睛

教师引导:请同学们在掌握了爱情三元素论的基础上,分组讨论,为什么青少年的爱情不稳定,如昙花一现?

学生进行分享。

教师讲解:在现实生活中,尤其在青少年时期,很多人会发现,想拥有一份长久、完美的爱情太难了,这是因为在现实生活的爱情中,很少有人能做到三者兼备。耶鲁大学社会心理学家斯坦伯格根据激情、亲密和承诺三大要素组成了七种不同类型的爱情:

(1)喜欢式爱情。

(2)迷恋式爱情。

(3)空洞式爱情。

(4)浪漫式爱情。

(5)伴侣式爱情。

(6)愚蠢式爱情。

(7)完美爱情。

教师引导:三种要素构成了不同的爱情。那么青少年的爱情更倾向于哪一类呢?

学生进行分享。

教师讲授:青少年的爱情大概可以分为两种:一个是喜欢式爱情,另一个是迷恋式爱情。这两种爱情都不能成为真正的爱情。下面,请同学们一起欣赏视频《爱无定则》。

学生观看视频《爱无定则》。

教师引导:冰心先生与丈夫的爱情更倾向于哪一类呢?大家看完有什么感受?

学生进行分享。

4. 思政链接

习近平总书记在党的二十大中指出:"全面建设社会主义现代化国家,是一项伟大而艰巨的事业,前途光明,任重道远。……我们必须增强忧患意识,坚持底线思维,做到居安思危、未雨绸缪,准备经受风高浪急甚至惊涛骇浪的重大考验。"

5. 总结

教师总结:校园时期异性间的爱慕之情是正常的,但爱情之花更应该开放在生命之树成熟的季节。把握美好的青春时光,珍惜美好的青春时代,握紧令人欣羡的韶华与纯真。正确理解爱情,学会识别爱情,才能在合适的时期里收获完美的爱情。

(九)教学反思

高中时期的学生正处于生理、心理和社会性调整的关键时期,如何对高中生的恋爱行为进行有效引导并帮助高中生正确看待爱情是非常重要的。本教学案例就是围绕着这个话题展开的。

整个教案思路清晰,层层引导学生,从认识爱情到识别爱情,对学生起到了很好的引导作用。

案例三:培养爱的能力

(一)教学理念

爱是学生道德素养中的重要组成部分,然而青少年却常常会把与异性的朦胧好感误认为是爱,其实他们并不懂得自己的"恋爱"有何目的,更无法预测"恋爱"的结局,只是身不由己地陷入某种情感,给自己徒增无数苦恼。因此,在这紧要时刻,借助心理健康教育课,培养青少年爱的能力,对他们的健康成长有着十分重要的意义。

(二)教学目标

(1)帮助同学们学会培养爱的能力。

(2)通过活动让同学们感受到爱情中自我价值感的重要性。

(3)通过培养爱的能力,让同学们学会等待爱情。

(三)教学重点

通过活动让同学们感受到爱情中自我价值感的重要性。

(四)教学难点

通过培养爱的能力,让同学们学会等待爱情。

(五)教学方法

(1)认知法(观看视频)。

(2)讨论法(专题讨论)。

(3)操作法(活动)。

(六)课前准备

《瓶子的爱情》视频、写好数字的卡片、计时器。

(七)教学场地

团体辅导室。

(八)教学过程

1. 导入"瓶子的爱情"

教师引导:请同学们欣赏视频"瓶子的爱情",并思考视频最后所说的这段话你有什么样的理解。

学生欣赏视频并分享讨论。

教师引导:青春期的懵懂,可能会让我们过早地进入爱情,但这种爱情就像白云般飘逸,美丽而脆弱,浅薄而短暂,是不可期待永久的。今天的课让我们一起走进"培养爱的能力"。

2. 为何培养爱的能力

教师引导：同学们一起来做一个活动。规则如下：每张卡片背后都有一个数字，数字范围是1~100。男生将获得奇数编号，女生将获得偶数编号。老师会把编号贴在同学们背后，自己看不见自己的编号，只能看见别人的编号。大家可以说任何话，但不能把对方的编号告诉对方。每个人只能找一个异性进行配对，当两人加起来的数字最大，将获得两人数字之和再乘以十倍的奖金。

配对时间为5分钟，学生按照活动规则进行。

教师提问：为何选择对方为你的配对者？最终你的选择和你开始预想的一样吗？原因是什么？活动中你最大的感受是什么？

教师讲解：这个实验来源于麻省理工学院教授艾瑞里做过的著名的"男女配对"实验。

教师提问：如果把同学们背后的数字比作你人生的价值，那么通过这个活动，同学们会有什么样的爱情启发呢？

学生进行分享。

教师讲解：如果爱情是一场精准的匹配游戏，那么最重要的就是你自身的价值有多高（即你背后数字的大小），而你采取什么办法恋爱都是次要的。

3. 如何培养爱的能力

教师引导：同学们，我们如何用理性战胜感性，提升自身的价值，进而培养我们爱的能力呢？接下来，请同学们欣赏一位16岁各方面都很不错的高一男孩，在与同班一位女孩相恋后，与父亲进行的亲子对话，从而去寻找培养爱的能力的方法。

教师提问：男孩与父亲交谈后，是什么让他发生了改变？

学生进行分享。

教师讲解：培养爱的能力，法宝之一就是把爱情转变为学习的动力，去追求自我价值的最大化。法宝之二就是培养责任心，责任心很重要，不只是在亲情、友情里，更是在爱情中。法宝之三就是学会寻找依恋，尤其是朋辈依恋。法宝之四就是学会爱自己。

4.总结

教师总结:心理学家弗洛姆说,真正的爱意味着理解、尊重、关心、包容、责任,它不是为某个人所爱之意义上的一种情感,而是为了所爱之人的成长和幸福做出的一种积极主动的奋斗。爱情是需要准备的,需要更多的能力、智慧和自我价值感。因此,在这春季里,做春天该做的事,让我们茁壮成长,待到秋日再去收获爱的甘甜。

(九)教学设计评析

爱对于中学生来说是一个很熟悉的话题,也是一个很陌生的话题。说熟悉是因为从小到大,身边的老师家长都会提到爱,他们告诉我们要爱国家、爱学校……说陌生是因为虽然周围的人都在提到"爱"这个字,但大家好像都不太明白爱是什么。由于青春期的发展,中学生对爱会有更朦胧的感受。因此,本课以培养学生爱的能力为内容,既引起了中学生学习本堂课的兴趣,也能让学生进一步学会爱。

第三节 择业篇

案例一:生涯规划

(一)教学理念

预计到2025年,我国将全面实行新高考。新高考改革将学生生涯规划教育提到了前所未有的高度。新高考实行选科后,很多家长和考生从高一开始,就要思考如何选课、如何选考、如何安排学考、如何发展自己、如何填报志愿等生涯规划的问题。青年强,则国家强。当代中国青年生逢其时,施展才干的舞台无比广阔,实现梦想的前景无比光明。因此,利用心理健康教育课程帮助学生掌握生涯规划的相关内容显得尤为重要。

(二)教学目标

(1)了解高考改革下职业生涯规划教育对高中生的意义。

(2)通过完成生命线,学会规划自己未来的生涯发展。

(3)帮助学生对生涯规划教育形成崭新的认识和领悟。

(三)教学重点

了解高考改革下职业生涯规划教育对高中生的意义。

(四)教学难点

通过完成生命线,学会规划自己未来的生涯发展。

(五)教学方法

(1)认知法(教师讲授、观看视频)。

(2)讨论法(专题讨论)。

(3)操作法(绘画)。

(六)课前准备

空白纸、彩笔、《新旧高考区别》。

(七)教学场地

学生教室。

(八)教学过程

1. 导入之旅行攻略

教师引导:近两年的疫情导致同学们很少有机会出去旅行,假设今年寒假全球疫情都被解除了,那么你想去哪里旅行呢?旅行之前你会做出什么样的攻略呢?请同学们前后四人为一组,用思维导图的方式制订一个旅行攻略图。

学生制订攻略。

教师提问:

(1)你的旅游计划是什么?

(2)为了完成这个计划你需要考虑哪些因素?

(3)制订这个计划经过了哪几个步骤?

(4)如何安排这几天的行程?

(5)如何落实这个旅游计划?

(6)旅行过程中有一些变化的话,你有没有一些备选方案?

(7)你最终的旅行目的地是哪里?

学生进行分享。

教师引导:旅行前只有我们做好了详尽的规划,才能确保旅途的顺利和旅行中愉快的心情。人生亦如此。如果我们把旅行的目的地改成我们的文理选择、志愿选择、职业选择,同学们有没有为此也做过攻略呢?今天的课让我们一同走进"生涯规划"。

2. 盘点新旧高考

教师引导:对于生涯规划,或许很多同学会有以下看法:

(1)只想提高学习成绩,高考若考不好,还谈什么找好工作。

(2)考出好的分数,就能上好大学,就会有好工作。

(3)找工作的事情还远着呢,没有必要学什么生涯规划。

请同学们观看视频《新旧高考区别》。

学生观看视频。

教师讲解:除了视频中介绍到的专业报考外,新旧高考到底有何不同?主要包括如下:

(1)考试科目变化。

(2)总分不变,理综科目分值变化。

(3)计入高考成绩的方式发生变化。

(4)会考模式发生变化。

(5)上课形式发生变化。

从以上的对比中我们很快发现,新高考的改革,将进一步推动高中生择其所爱,考其所长。

教师提问:生涯规划如此重要,对同学们有什么具体的帮助呢?下面请同学们欣赏《五只毛毛虫的故事》,并思考故事与我们的生涯规划有什么关系。

学生欣赏故事。

教师提问:

(1)你觉得你像哪个毛毛虫?

(2)你想成为哪个毛毛虫,原因是什么?

(3)你觉得这个故事跟我们的生涯规划有什么关联?

(4)听完故事你最大的感受和收获是什么?

学生进行分享。

教师讲授生涯规划对学生的意义:

首先,生涯规划可以更好地帮助我们明确目标,走向成功。

其次,生涯规划可以帮助我们更好地探索自我。

最后,生涯规划可以帮助选择自己适合的专业。

3. 我的生命线

教师引导:每个人的生命只有一次,生命线也只有一条,所谓生命线就是我们每个人生命中走过的路线。同学们,我们一起做个活动,画出你的生命线。

学生在教师的规则讲解下,一步一步地完成活动。

教师提问:

(1)如果你的所有事件都标在了水平线之上,说明什么?

(2)如果你的生命线上左边或者右边一无所有,又说明什么?

(3)从"我的生命线"中,你有什么收获?

(4)如果叫你重新做这个游戏,是否会调整你的生命线?

学生分享感受。

教师引导:通过生命线活动,相信同学们对自己的未来也有了一定的规划。生命不是掌握在别人手里,是掌握在你自己手中的。无论你的生命线是长是短,是丰富还是单一,生命线上的每一个点,都是由你规划而来,也将会由你一步步地走完。如果我们把生命线上的每一步都走好,相信我们一定能成功地奔向人生的终点。

4.总结

教师总结:俗话说,早一分准备,多一分成功。希望同学们通过今天的生涯规划课程,了解在当前的教育背景下做好生涯规划的重要意义,树立正确的职业理想,为自己的将来做充分的准备。相信我们的人生之路会走得更长、更宽、更高。

(九)教学反思

对高中生来说,生涯规划是一个非常值得探讨的话题,在当前新高考的背景下,如何让学生掌握生涯规划的相关知识和规划自己未来的职业生涯显得尤为重要。

在本次教学案例中,教师围绕着生涯规划的主题,让学生在课堂中认识到生涯规划的重要性,并鼓励学生早做准备,积极主动地做好生涯规划,从而对自己的未来有一个清晰的认识与规划。

案例二:职业与角色

(一)教学理念

著名的爱国人士李宗仁先生曾说过,如果我们一个人能从80岁活到1岁,定会明亮很多。因为我们知道老了以后会怎样,往往会更清晰眼前的人生选择,减少很多迷茫和困惑。虽然我们无法从老活到少,也无法知道人生会发生什么。但是,我们可以在高中阶段努力去了解自己想要的人生,并通过科学的生涯规划和具体而踏实的行动来实现生涯发展的成功。

(二)教学目标

(1)了解舒伯的职业发展理论。

(2)通过绘制生涯彩虹图,更加地明确自己未来的人生规划。

(3)当角色和职业发生冲突的时候,能更好地解决这种冲突。

(三)教学重点

通过绘制生涯彩虹图,更加地明确自己未来的人生规划。

(四)教学难点

当角色和职业发生冲突的时候,能更好地解决这种冲突。

(五)教学方法

(1)认知法(教师讲授、观看视频)。

(2)讨论法(专题讨论)。

(3)操作法(绘画)。

(六)课前准备

空白纸、彩笔。

(七)教学场地

学生教室。

(八)教学过程

1. 导入《小欢喜》故事

教师提问:在《小欢喜》电视剧中宋倩的社会角色是一名金牌物理老师,为了专心陪孩子高考,更好地培养女儿,辞职在家。请同学们思考,作为一个女强人的宋倩为什么要选择辞职在家呢?

学生进行分享。

教师引导:我们在工作和家庭中的角色特征是截然不同的,当这两个角色的冲突,影响了宋倩职业生活转变的时候,她选择了家庭。如果在将来你的角色之间发生冲突了,你将如何抉择你的角色与职业呢?今天让我们一同走入"职业和角色"。

2. 探索理论

教师引导:舒伯把生涯发展阶段与角色彼此间交互影响的状况,描绘成一个多重角色生涯发展的综合图形,并将它命名为"生涯的彩虹图"。

舒伯认为,一个人的一生扮演许许多多的角色,就像彩虹同时具有许多条彩带,这些角色包括儿童、学生、休闲者、公民、工作者、配偶、持家者、父母及退休者。

3. 绘制彩虹

教师引导:同学们一起来绘制自己的生涯彩虹图。活动规则如下:

(1)在"我的生涯彩虹图"最外围弧线上写上年龄,在每两个弧形之间的间隔中写上不同的生涯角色名称。

(2)根据自己的现实或预想的未来状况,判断在某一阶段你会把主要的时间精力放在哪个或哪些角色上,把该年龄段对应的角色弧形涂上某种颜色。着色面积的大小代表投入精力的多少。颜色面积越多表示该角色投入的程度越多,空白越多表示该角色投入的程度越少。

(3)画完所有年龄对应的所有角色的彩虹后,分析一下自己在某些角色上投入的时间、精力是否符合你本身的期望。

(4)绘制完成后,在空白处结合彩虹图写出你的人生口号,并对其进行解释。

教师提问:

(1)你最喜欢和最重要的角色是什么?

(2)你的彩虹图和别人的有什么不同?

(3)别人的彩虹图对你有什么启发?

教师引导:你无法控制生命的长度,但你可以通过增加它的宽度和高度来扩大它的容积。

4. 总结

每个人的生涯彩虹图都是不同的,每个人都是独一无二的,每个人一生中的角色也是不断变化的。对于新世纪的我们来说,无论天气如何变化,我们都能主宰自己的彩虹生涯,让美丽永远照耀我们的人生。

(九)教学设计评析

本节课教学设计巧妙,在教学过程中科学地结合理论与生活实践,教师引导与点拨学生,动手、动脑,大大地激发学生的积极性,学生主动参与教学过程,充分体现了心理健康教育课学生主体性的原则。

案例三:参与实践理解自我

(一)教学理念

职业生活是人生的重要组成部分,职业是实现人生理想的重要载体。除了要对自我有清晰的认识之外,对职业世界的信息探索也是生涯规划过程中的重要组成部分。因此,利用心理健康教育课帮助学生认识职业世界显得尤为重要。

(二)教学目标

(1)通过职业介绍,帮助同学们了解社会中的职业。
(2)在众多的职业中,帮助同学们初步寻找到自己喜欢的职业。
(3)通过职业人物的访谈活动,让同学们感受到职业的要求。

(三)教学重点

在众多的职业中,帮助同学们初步寻找到自己喜欢的职业。

(四)教学难点

通过职业人物的访谈活动,让同学们感受到职业的要求。

(五)教学方法

(1)认知法(教师讲授、观看视频)。
(2)讨论法(专题讨论)。
(3)操作法(访谈)。

(六)课前准备

放松音乐、打印好的"职业决策平衡单"。

(七)教学场地

学生教室。

(八)教学过程

1. 导入之职业列车

教师引导:同学们,我们一起做个活动,名字叫"开火车"。具体规则如下:

教师先说:"嘿嘿,我的火车就要开。"

全班学生要边拍手边问开火车的人:"往哪儿开?"

教师答:"往公务员方向开。"

学生问:"谁来开?"

教师答:"张三同学开(说出班级一名同学的名字)。"

接着由张三同学扮演开火车的人,再从"我的火车就要开",开始依次进行。

学生进行活动。

2. 探索职业

教师引导:现如今社会上的职业如此形形色色,又有很多新兴职业如直播带货、短视频创作者、远程教育、试吃官、酒店试睡员、家庭收纳师等的加入,那么我们应该如何从众多的职业中找到自己适合的呢?

同学们我们一起来进行第二个活动叫"职业决策平衡单"。活动规则如下:

写出三个你最喜欢的职业。列出选择职业时你会考虑哪些因素,老师已经在表格9-1中呈现出符合自己能力、兴趣、价值观、社会地位、声望、经济报酬、未来发展性等,请大家按照自己的真实想法作答,正确评估每个方面对自己的重要性。

表9-1 职业决策平衡单

选项 考虑项目	权重范围 1~5倍	第一方案		第二方案		第三方案	
		得(+)	失(−)	得(+)	失(−)	得(+)	失(−)
1.符合自己的能力							
2.符合自己的兴趣							
3.符合自己的价值观							
4.满足自己的自尊心							
5.较高的社会地位							
6.带给家人声望							
7.符合自己理想的生活形态							
8.优厚的经济报酬							
9.足够的社会资源							
10.适合个人目前处境							
11.有利择偶以建立家庭							
12.未来有发展性							
……							
合计							
得失差数							

注:1.考虑因素赋予权重范围是1~5。一项因素的重要性越大,它的权重就越高。

2.可以根据该因素具有的优势(得分)、缺点(失分)考虑给打分,范围是1~10。

3.计算每个职业考虑因素的得分加起来乘以权重分,得分最高的是你目前想做的职业,但不是绝对的。

教师提问:

(1)你最看重的职业因素有哪些?

(2)选出来的结果是你理想的职业吗?

(3)在这个过程中你遇到了哪些问题？

(4)你是如何解决遇到的问题的？

(5)在对每一个职业进行因素分类的时候,你有没有好好想过这个职业的优缺点？

学生分析讨论。

3. 职业人物访谈

教师引导：实践才能出真理。为了更好地了解我们选出的职业是不是真正适合我们,请同学们根据自己最终选出的理想职业,进行一次社会调查,访谈一名优秀的真正喜欢这个职业的人群。下面是一个真实的访谈视频,大家可以根据这种模式制订自己的访谈提纲。

学生观看视频《3分钟走进95后UI设计师的职场世界》。

4. 思政链接

习近平总书记在党的二十大中指出：作为新时代青年,我们生在红旗下,长在春风里,我们热爱祖国,也热爱中国共产党。在党的指引下,我们要肩负起历史使命,心怀远大志向,坚定理想信念,提高自身素质,增强信心斗志,调整心态,摆正位置,吃苦耐劳,踏实负责,成为不负国家、不负人民的新时代好青年！

5. 总结

教师总结：一旦我们做出了选择,我们就需要承担起随之而来的荣辱苦乐。当你在践行之路上遇到那些意料之中和意料之外的压力时,请你时时回过头来看看当初满怀理想的自己。

(九)教学设计评析

对于高中生来说,职业是一个又陌生、又即将要面对的话题。如何帮助学生了解职业,学会规划自己未来的生涯发展,并让学生有感想、收获,实现自身价值,本节课的设计是一个很好的实例。

整个教学过程的设计,都在帮助学生思考自己的未来职业发展方向,活动思路清晰,层层递进,逐步深入,由游戏到访谈,从理论到实践,让学生在活动和游戏中思考自己的职业生涯,以自己的能力、兴趣等因素规划职业,对学生日后选择职业方面,有很好的引导和促进作用。

【本章小结】

(1)考前焦虑的原因:学习因素、认知因素、身体因素、性格因素、社会因素、家庭因素、学校因素。通过学习和掌握生理和心理放松的方式调控情绪;学习技能训练、学会自我暗示等技术调控,进而达到缓解焦虑。

(2)引起人们情绪困扰的并不是外界发生的事情,而是人们对事情的态度、看法、评价等认知方式。因此,要改变烦恼不是致力于改变外界事件,而是应该改变认知。

(3)中学生处于青年发展的中期,其身心发展最明显的特征是性机能的成熟和性心理走向成熟。

(4)心理学家斯滕伯格的"爱情三因素论"即亲密、激情、承诺三元素的组合才是真正的爱情。高中生的爱情不是真正的爱情,高中生应通过提升自我价值感,学会等待,进而去邂逅真正美好的爱情。

(5)培养爱的能力方法主要包括:把爱情变成学习的动力,去追求自我价值最大化;培养责任心;学会寻找依恋,尤其是朋辈依恋;学会爱自己。

(6)帮助高中生了解高考改革下职业生涯规划教育的意义,并且要学会规划自己未来的生涯发展。需要做到:明确目标、探索自我和选择自己心仪的专业。

(7)在了解职业后,根据自己的能力、兴趣、价值观、社会地位、声望、经济报酬、未来发展等,开始规划职业决策平衡单,并以访谈的方式了解和参与职业世界。

【实践演练】

(1)结合中小学心理健康教育指导纲要谈谈你对课程主题的理解。

(2)案例课程设计中是如何体现课程目标的?

(3)选择一个你感兴趣的主题,并进行课程设计。

(4)有没有更好的素材和活动可以替换案例中的内容?

【拓展阅读】

1.北京师范大学附属实验中学.高中生涯规划[M].北京:北京师范大学出版社,2015.

2.杨红梅,朱雅勤.中学生心理课:情绪管理[M].北京:中国轻工业出版社,2015.

【二维码】

情绪篇　　　　　择业篇

参 考 文 献

1. 费舍,弗雷.带着目的教与学[M].刘白玉,包芳,潘海会,译.北京:中国青年出版社,2014.

2. 埃姆斯,伊尔克,贝克.你的13—14岁孩子[M].王冰,译.北京:北京联合出版公司,2018.

3. 费尔德曼.发展心理学:人的毕生发展[M].苏彦捷,等译.北京:世界图书出版公司,2010.

4. 比德尔.如何更好地教学:优秀教师一定要知道的事[M].刘白玉,扈珺,顿小慧,译.北京:中国青年出版社,2014.

5. 贝克,奥尔福德.抑郁症[M].杨芳,等译.北京:机械工业出版社,2014.

6. 艾瑞里.怪诞行为学[M].北京:中信出版社,2010.

7. 曹茂宏.基于ADDIE模式的中学数学网络教学设计[D].苏州:苏州大学,2015.

8. 曹梅静.心理健康教育C证教程[M].广州:广东省语言音像出版社,2007.

9. 曹贤中,等.基于认知弹性理论的教学设计模式[J].电化教育研究,2008(1):80-84.

10. 曾玲娟,陈劲.学校心理健康教育教程[M].北京:北京理工大学出版社,2009.

11. 陈家麟.学校心理健康教育:原理、操作与实务[M].北京:教育科学出版社,2010.

12. 陈琦,刘儒德.简明教育心理学[M].北京:高等教育出版社,2019.

13. 丁青.怎样区别抑郁情绪和抑郁症?[J].解放军健康,2009(5):44.

14. 樊富珉,何瑾.团体心理辅导[M].上海:华东师范大学出版社,2010.

15. 范艳敏.学习者个体的学习需要分析研究[D].南昌:江西师范大学,2010.

16. 方双虎.学校心理健康教育课程建设的困境与出路[J].中国教育学刊,2007(8):53.

17. 22个部门印发《关于加强心理健康服务的指导意见》[EB/OL].(2017-01-24)[2021-10-10].http://www.gov.cn/xinwen/2017-01/24/content_5162861.html.

18. 郭念锋.心理咨询师:基础知识[M].北京:民族出版社,2005.

19. 何蔚.考试焦虑及其心理疏导[J].河南大学学报(社会科学版),1997(4):107-109.

20. 冀建伟.关于增强青少年心理弹性的教学案例设计[D].济南:山东师范大学,2011.

21. 贾茹.吴任钢.论罗伯特·斯腾伯格的爱情三元理论[J].中国性科学,2008(3):10-12,46.

22. 江光荣.关于心理健康标准研究的理论分析[J].教育研究与实验,1996(3):49-54.

23. 解翠玲.青少年逆反心理探微[J].内蒙古师大学报(哲学社会科学版),1998(2):95-99.

24. 李百珍.中小学生心理健康教育[M].北京:科学普及出版社,2002.

25. 李炳南.简论学校心理健康教育专门课程[J].现代教育科学,2003(11):72-74.

26. 李美华.新高考模式下培养高中生职业生涯规划意识的思考[J].教学与管理,2015(34):24-26.

27. 李月华.张利新,张彦云.新课改背景下学校教育改革的理论与实践[M].保定:河北大学出版社,2010.

28. 梁宝勇.变态心理学[M].北京:高等教育出版社,2002.

29. 蒋薇美.中学生心理课:生涯发展[M].北京:中国轻工业出版社,2015.

30. 林崇德.发展心理学[M].北京:人民教育出版社,1995.

31. 玲珑.构建理想的课堂教学[M].沈阳:万卷出版公司,2014.

32. 玲珑.教师如何做好课堂教学设计[M].沈阳:万卷出版公司,2014.

33. 刘宣文,赵晶.学校心理健康教育课程设计与教法[M].北京:中国人民大学出版社,2020.

34. 莫海菁.论中职学生的职业生涯规划教育[J].经济研究导刊,2012(22):293-294.

35. 潘永刚.刘俊强,我国教学设计的发展历程:浅析我国教学设计的历史、现状和发展趋势[J].现代教育技术,2007(11):13-17.

36. 彭聃龄.普通心理学[M].北京:北京师范大学出版社,2001.

37. 彭明芳.考试焦虑的理性思考[J].重庆交通大学学报(社会科学版),2002(3):80.

38. 七十三.中小学教育心理学[M].北京:北京师范大学出版社,2017.

39. 七十三.论青少年的科学素质教育[J].内蒙古师大学报(哲学社会科学版),1995(4):47-52.

40. 七十三.试论儿童心理的产生和发展[J].内蒙古师大学报(哲学社会科学版),2002(5):8-11.

41. 任俊.积极心理学[M].上海:上海教育出版社,2006.

42. 沈贵鹏.论融合型心理教育课程[J].现代教育论丛,2000(3):16-20.

43. 司家栋,张付山.班级团体心理辅导课程主题方案[M].北京:蓝天出版社,2012.

44. 田文.中小学心理健康教育活动设计与实施[M].北京:清华大学出版社,2013.

45. 铁龙.高中生职业生涯规划现状调查与对策建议[J].职业时空,2015(4):106-108.

46. 王会平.中学心理健康教育教学设计[M].长春:东北师范大学出版社,2006.

47. 王金焕.黄喜珊.中小学生抑郁心理问题的成因与辅导策略[J].中小学心理健康育,2021(2):4-6.

48. 王敬群,邵秀巧.心理卫生学[M].天津:南开大学出版社,2005.

49. 王帅.关于考试焦虑的研究综述[J].教育现代化,2018(42):365-366.

50. 王瑶.中学生心理健康与指导[M].北京:北京师范大学出版社,2015.

51. 魏芸.基于四要素教学设计4C/ID模型初探[J].科技视界,2012(28):62,86.

52. 吴增强,蒋薇美.心理健康教育课程设计[M].北京:中国轻工业出版社,2007.

53. 吴武典.学校心理辅导原理[M].广州:世界图书出版公司,2003.

54. 徐杰,等.名师课堂教学细节设计艺术[M].北京:中国轻工业出版社,2014.

55. 许思安.心理健康教育课程设计与组织[M].武汉:华中科技大学出版社,2016.

56. 杨震,王守良,段姗姗.中小学心理健康教育的理论与实践[M].合肥:合肥工业大学出版社,2004.

57. 姚本先.学校心理健康教育:理论研究与实践探索的整合[M].合肥:安徽大学出版社,2008.

58. 叶一舵.中小学心理健康教育基本原理:教师通识读本[M].福州:福建教育出版社,2008.

59. 张钦.普通心理学[M].北京:中国人民大学出版社,2012.

60. 张彦云,吴会东,勾晓铭.心理学[M].保定:河北大学出版社,2010.

61. 张祖忻,章伟民,刘美凤,等.教学设计:原理与应用[M].北京:高等教育出版社,2011.

62. 赵彬.基于5E教学模式的高中生物教学设计与实践研究[D].西安:陕西师范大学,2016.

63. 林崇德,俞国良.《中小学心理健康教育指导纲要(2012年修订)》解读[M].北京:北京师范大学出版社,2013.

64. 钟志农.心理辅导活动课操作实务[M].宁波:宁波出版社,2007.

后　记

　　本教材历经一年多的打磨终于完稿,教材的顺利出版得益于多方面的大力支持。在此我们感谢内蒙古师范大学教务处在思想高度、写作方向、经费与技术方面的大力支持,同时也感谢内蒙古师范大学心理学院的领导与同仁在教学设计模型建构理念等方面为我们提供了大量可借鉴的内容。

　　本教材的阅读对象为高校师范生,教育部倡导心怀"国之大者"做"顶天"的工作,坚持"久久为功"做"立地"的事情,这也是我们撰写本书的初衷,这句话是对教师提出的要求,师范生在校期间也应培养这样的情怀与意识,将来当好学生成长路上的引路人。

　　近年来,随着中小学生心理健康教育问题越来越受到关注,随着社会对心理服务要求加大,心理学已成为热门专业,对专业人员的实践能力提出了更高要求,对教材也提出了新要求,基于此,本教材针对上好一堂心理健康课的教学设计理念、教学程序、教学方法等内容进行呈现,目的是让心理学专业师范生在毕业后,在最短的时间内可快速开展心理健康教育活动,成长为心理健康教师。

　　本教材在借鉴、参考已出版的相关教材、读物的基础上,反复斟酌,精心打磨,力求编写出一本能够为心理学专业学生专业实践能力培养有所助益的教材。教材编写组由高校心理学专业教师和中小学心理健康教育课教师共同组成,结合心理学专业本科生学习需要和目前中小学生心理发展特点编写了此书。教材基于"人才培养为本,本科教育为根"的指导思想,全书共为九章,解翠玲撰写第一章和第五章;阿娜撰写第二章;格根图雅撰写第三和第六章;郑彩花撰写第四章和第七章;王双喜撰写第八章;韩智雅撰写第九章。2021级应用心理专业硕士苏德、黄玉两位同学投入大量时间与精力负责收集相关资料与校对工作。本书第一、二章为理论部分,第一章重点介绍心理健康教育及教学设计的发展过程;第二章重点介绍了心理健康教育教学设计所依据的理论;第三、四、五、六、七章为实践部分,旨在为学生提供具体的例子,使他们可以运用特定的概念或原理设计心理健康教育活动;第八、九章为案例部分,第八章为初中阶段心理健康教育课案例设计,第九章为高中阶段心理健康教育课案例设计,案例涉及的都是初、高中学生常见的心理问题,每个案例都有完整的流程。本书按照线上线下教学的要求,插入了二维码,便于学生理解,拓展思路。

希望本教材对学习心理健康教育教学设计的读者有所裨益。

编写组以极大的热情共同参与完成此书的编写,但是因为能力水平问题难免有不足之处,在此恳请同行和各位专家不吝赐教,后续将不断完善,为中小学心理健康教育奉献力所能及的力量!

2022年2月22日于内蒙古师范大学